Crítica e emancipação humana

Ensaios marxistas

Coleção Economia Política e Sociedade

João Antonio de Paula

Crítica e emancipação humana
Ensaios marxistas

autêntica

Copyright © 2014 João Antonio de Paula
Copyright © 2014 Autêntica Editora

Todos os direitos reservados pela Autêntica Editora. Nenhuma parte desta publicação poderá ser reproduzida, seja por meios mecânicos, eletrônicos, seja via cópia xerográfica, sem a autorização prévia da Editora.

COORDENADOR DA COLEÇÃO ECONOMIA POLÍTICA E SOCIEDADE
João Antonio de Paula

EQUIPE TÉCNICA DE ORGANIZAÇÃO
Jônatan Zülow; Eder Caroni; Jussara Raitz

EDITORA RESPONSÁVEL
Rejane Dias

REVISÃO
Cristina Antunes

PROJETO GRÁFICO DE MIOLO
Conrado Esteves

CAPA
Alberto Bittencourt

DIAGRAMAÇÃO
Jairo Alvarenga Fonseca

Dados Internacionais de Catalogação na Publicação (CIP)
(Câmara Brasileira do Livro, SP, Brasil)

Paula, João Antonio de
  Crítica e emancipação humana : ensaios marxistas / João Antonio de Paula. -- Belo Horizonte : Autêntica Editora, 2014. -- (Coleção Economia Política e Sociedade)

  ISBN 978-85-8217-501-9

  1. Economia marxista 2. Filosofia marxista 3. Marx, Karl, 1818-1883 - Crítica e interpretação 4. Política - Filosofia I. Título. II. Série.

14-09086   CDD-335.412

Índices para catálogo sistemático:
1. Economia marxista   335.412
2. Economia política : Crítica marxista   335.412

GRUPO AUTÊNTICA

Belo Horizonte
Rua Aimorés, 981, 8º andar . Funcionários
30140-071 . Belo Horizonte . MG
Tel.: (55 31) 3214-5700

Televendas: 0800 283 13 22
www.grupoautentica.com.br

São Paulo
Av. Paulista, 2.073, Conjunto Nacional,
Horsa I . 23º andar, Conj. 2301 . Cerqueira César .
01311-940 . São Paulo . SP
Tel.: (55 11) 3034-4468

Nada definitivo aconteceu no mundo, a última palavra do mundo e sobre ele ainda não foi dita, o mundo está aberto, livre, tudo está para acontecer e sempre será assim.

Mikhail Bakhtin

*Ainda não estamos habituados com o mundo.
Nascer é muito comprido.*

Murilo Mendes

Sumário

9   Prefácio

17 Introdução geral

21 **Parte I: O marxismo como pensamento crítico**

47 **Parte II: O método da crítica da economia política**
51 A introdução dos *Grundrisse*
69 O "Outubro" de Marx
91 O reino do capital

115 **Parte III: A crítica da economia política – desdobramentos**
119 O lugar do capital no mundo contemporâneo
139 Determinismo e indeterminismo em Marx
155 Aparência e efetividade no capitalismo: concorrência e dinâmica capitalista

177 **Parte IV: Capítulos de marxismo emancipatório**
185 Rosa Luxemburgo, Anton Pannekoek e Karl Korsch
207 Introdução ao pensamento de Ernst Bloch
225 Henri Lefebvre

247 **Referências**

Prefácio

O título deste livro de João Antonio de Paula parece-me inequívoco: *Crítica e emancipação humana: ensaios marxistas* – e uma das motivações deste prefácio é conferir suporte a esta observação elementar.

Ao reivindicarem a qualificação de *marxistas*, os ensaios enfeixados neste volume remetem à condição necessária da sua radicalidade e ao seu macrobjetivo: aquela condição é a crítica (*ontológica*) da Economia Política e é *necessária* na medida mesma em que só ela pode fundar, com consequência, o seu objetivo maior que, inarredavelmente, é a emancipação *humana*. Comecemos por retomar, mesmo que muito esquematicamente, *na ótica marxiana*, os dois núcleos semânticos que estão configurados no título escolhido por João Antonio de Paula – *crítica* e *emancipação humana*.

Inscrito sempre na esteira hegeliana do pensamento que resolve a positividade factual na contraditoriedade negativa que põe o devir, Marx concebeu a elaboração teórica como processo crítico (donde a expressão "teoria crítica", num quadro de referência marxista, ressoar como tautológica: só há teoria quando há crítica...), como atividade da razão que traz à consciência a raiz, o fundamento da dinâmica social; teoria (crítica) é o conhecimento verdadeiro e rigoroso, verificável mediante a prática sócio-histórica, do movimento da história – da sua complexa pluricausalidade, do seu vir-a-ser prenhe de possibilidades. Concepção que se articulou à descoberta essencial de Marx, descoberta que conduziu toda a sua pesquisa a partir de meados dos anos 1840 e que restou inteiramente concretizada na segunda metade da década seguinte: a descoberta segundo a qual *a plena compreensão da ordem burguesa está hipotecada à análise da produção das condições materiais que garantem a vida social própria a esta ordem. Marx jamais reduziu a vida social às condições materiais que a asseguram e nunca operou aproximações à vida social à base de uma qualquer teoria fatorialista* (o "fator econômico" mais o "fator social" e coisas que tais); o que a sua sistemática investigação demonstrou-lhe foi que, sem a análise da produção daquelas condições, uma teoria (de novo: conhecimento crítico e veraz) da ordem burguesa seria unilateral e, pois, falsa e mistificadora. Por isto, Marx dedicou o essencial da sua energia à *crítica* da Economia Política, na sua versão clássica (à dissolução da qual, entre 1830 e 1848, sucedeu a vulgaridade dos apologistas da ordem burguesa): Marx *não* fundou um novo "sistema" de Economia nem foi o teórico (e, menos ainda, o "profeta") do comunismo – fazendo a crítica da Economia Política, deixou-nos a teoria que dilucida o modo de produção capitalista e abre, pois, à nossa compreensão a vida social burguesa (atente-se: *abre* à nossa compreensão a vida social burguesa, não mais que isto – Marx legou-nos um imenso projeto de pesquisa).

A compreensão da ordem burguesa, que tem como ponto de partida a crítica da Economia Política, é projeto teórico que deve fundar, para Marx, o projeto prático-político, *revolucionário*, sinalizador do fim da *pré-história* humana e limiar da *história da humanidade*: a construção de uma ordem social pós-burguesa, em que pode se constituir a emancipação *humana* – aquela ordem liberada de toda e qualquer exploração, alienação e opressão, na qual "o livre desenvolvimento de cada um é a condição do livre desenvolvimento de todos", embasada na "livre associação de livres produtores", a ordem (conforme Marx) comunista.

Recordar, ainda e outra vez, essas basilares determinações teóricas e, indissoluvelmente, prático-políticas é necessário e urgente, depois de décadas e décadas de vulgarização manualesca das ideias de Marx e da perversão (historicamente nada enigmática) do seu projeto societário por muitos dos que se reclamavam seus continuadores – descontada a mais que compreensível e intencional deformação de suas ideias pelos seus antagonistas. Recordá-las, porém, ao mesmo tempo em que é preciso ponderar a gravitação e a revivescência de espectros de um passado que ainda nos pesa (o fantasma de Stalin, que o logo abaixo lembrado Sartre tentou esconjurar), não pode levar à desmemória da perdurabilidade da herança marxiana.

Com efeito, nos últimos 100 anos, esta herança não foi tão somente objeto de vulgarização, perversão e deformação intencional. Foi, também, um acervo desenvolvido, renovado e recriado. Não nos esqueçamos: nos dois decênios iniciais do século XX, tivemos os estudos sobre a emergência do estágio monopolista do capitalismo (Hilferding, R. Luxemburgo, Bukharin, Lenin), sobre o papel das massas trabalhadoras e sua organização revolucionária (R. Luxemburgo, Lenin, Trótski); na sequência da Revolução de Outubro, registramos a explosão – asfixiada depois de 1929 – teórico-cultural da Rússia dos Sovietes (da discussão econômica ao debate sobre o direito, as artes, etc.); nos anos 1920, emergiram os trabalhos seminais de Lukács, Korsch e Gramsci (o deste, toldado pela problemática produção e pela tardia divulgação), dissolventes da positivação do marxismo operada sob a égide da Segunda Internacional; no Ocidente, logo veio a emersão do "marxismo ocidental" e a inspiração marxiana chegou às periferias (*v.g.*, entre tantos, Mariátegui); verificamos a oposição possível, antes, durante e depois da Segunda Guerra, ao marxismo de Stalin nos países do chamado "socialismo real" (aqui, a solidão e a grandeza de Lukács, com seus recuos táticos e sua firmeza estratégica, não podem ser eludidas); no segundo pós-guerra, deu-se a renovação da "filosofia da práxis" na Iugoslávia e a forte inserção da tradição marxista na cultura *nacional* da Itália, da França e da Inglaterra; nos anos 1960, tornaram-se inegáveis o reconhecimento do marxismo como "insuperável quadro formal do pensamento filosófico" de nosso tempo (Sartre), a consolidação do marxismo acadêmico nos Estados Unidos e a sua incorporação por vanguardas políticas do então designado "Terceiro Mundo"; em seguida, na contracorrente dos pós-estruturalistas e depois dos pós-modernos e em resposta à ominosa rendição de ex-comunistas (com o colapso do "socialismo real") e social-democratas ao "pensamento único", constatamos um novo florescer dos influxos marxianos – tudo isso demonstra, nessas conjunturas tão diversas, que a tradição teórico-política instaurada por Marx deu mostras cabais não apenas da sua resistência, mas do seu potencial heurístico, da sua capacidade de atualizar-se e desenvolver-se.

Todo esse itinerário, agora apenas mencionado para sinalizar o seu traço acidentado e nada linear, expressivo da resiliência própria à herança marxiana, por uma parte demonstrou sobejamente a artificialidade de um marxismo único e identitário (de que a prova cabal foram as exéquias dos "marxismos-leninismos" oficiais no último terço do século XX), antes e sobretudo remarcando o legado de Marx como uma tradição tornada *polifônica*, constituída por *marxismos* (que – há que sublinhar – *não* dispõem dos mesmos recursos heurísticos nem implicam idênticas e/ou similares consequências). E, por outra parte, comprovou a sua vocação para incidir fecundamente sobre elaborações construídas a partir de substratos que lhes são estranhos (impossível avançar aqui sobre este dado tão relevante – mas pense-se, por exemplo, na evolução de um C. W. Mills ou, mais perto de nós, na produção de pensadores inscritos na Teologia da Libertação).

O eventual leitor tem o direito de perguntar, a esta altura, a que propósito vêm estas brevíssimas considerações na abertura deste livro de João Antonio de Paula. Respondo *al tiro*: examine-se a estrutura expositiva de *Crítica e emancipação humana: ensaios marxistas* e ver-se-á que ela reconstrói/restaura/recupera exata e substantivamente o movimento teórico marxiano: a primeira parte consiste na determinação do estatuto *radicalmente crítico* do pensamento de Marx, salientando que o seu centro nevrálgico é a *dialética* (que João Antonio de Paula toma simultaneamente como *método e ontologia*); a segunda parte descortina os *fundamentos* da crítica da Economia Política mediante a dissecação do *método* marxiano e a pontuação da sua *riqueza categorial*, ao mesmo tempo em que, mesmo sem dizê-lo expressamente, indica o caráter *totalizante* da apreensão da sociedade por Marx, ao aludir às sutis conexões, extremamente mediadas, entre, por exemplo, economia, Estado e cultura; na terceira parte, estendendo as determinações alcançadas na parte precedente, a reflexão esboça um criativo tratamento econômico-político da *contemporaneidade* do mundo do capital; a quarta parte, enfim, vai problematizar alguns "capítulos de marxismo emancipatório", com o foco em alguns revolucionários emblemáticos: uma vez que o projeto teórico de Marx (a crítica da Economia Política) viu-se restaurado nas partes anteriores, são os *dilemas teóricos e prático-políticos* do seu projeto revolucionário (o seu projeto de emancipação humana) o alvo do exame.

Nesta estrutura expositiva, é a incorporação/assimilação do projeto (teórico e revolucionário) de Marx, de que João Antonio de Paula tem hoje conhecimento e domínio maduros, que garante, até mesmo no plano formal, o *caráter orgânico* deste volume de ensaios: *Crítica e emancipação humana: ensaios marxistas* não se configura como uma simples antologia de textos, alguns já publicados (como o autor informa na "Introdução Geral"): é, de fato, um *livro* internamente articulado, cujos argumentos e partes constitutivas estão fortemente atados por um fio vermelho, aquele que se extrai mediante o árduo trabalho de exploração do núcleo duro do pensamento marxiano. A unidade formal da exposição apenas refrata a unidade e a inteireza do conteúdo teórico por ela expresso, conteúdo que diz respeito justamente àquele núcleo. Não se consegue um tal resultado senão pela pesquisa sistemática e rigorosa, pela meditação cuidada e metódica.

Não afirmei casualmente, no parágrafo anterior, que João Antonio de Paula possui hoje conhecimento e domínio maduros, da obra de Marx e dos marxismos que compõem a polifonia da tradição marxista, produtos da pesquisa e da meditação referidas. Este professor titular da Faculdade de Ciências Econômicas da Universidade Federal de Minas Gerais/UFMG, na sua maturidade intelectual, tem atrás de si uma trajetória que condensa muito de uma geração de economistas de que ele é expressão destacada – sólida formação acadêmica, continuada produção científica e definida intervenção cívica[1]

---

[1] Não cabe, aqui, obviamente, uma sinopse biobibliográfica do autor, nascido em 1951 (Belo Horizonte/MG), graduado em Ciências Econômicas pela mesma UFMG, mestre em Ciência Econômica (1977) pela Universidade Estadual de Campinas/UNICAMP – com uma dissertação centrada em Schumpeter – e doutor em História Econômica (1988) pela Universidade de São Paulo/USP – com tese que se ocupa da economia da capitania das Minas Gerais –, que desempenhou/desempenha funções importantes na administração universitária e é figura destacada, também por sua *competência técnica*, do *Centro de Desenvolvimento e Planejamento Regional*/CEDEPLAR-UFMG. Cumpre apenas realçar três aspectos que João Antonio de Paula compartilha, de modo peculiar, com vários outros economistas da sua geração ou próximos dela (inseridos especialmente no sistema

Esta geração, composta por economistas (e, também, por alguns intelectuais que vieram de outros campos do saber, mas que se voltaram para a Economia Política) que concluíram sua formação acadêmica, inclusive a pós-graduada, na transição dos anos 1970/1980 e começou a produzir mais regularmente a partir de meados desta última década, contando em muitos casos com o estímulo de eminentes e já consagrados mestres da área da Economia e das Ciências Sociais – esta geração, a que João Antonio de Paula pertence, tem sido responsável, no Brasil, nos últimos vinte anos, por uma revalorização teórica da crítica da Economia Política e pela construção (ainda em curso) de uma nova *ideia de Brasil*, como gostava de dizer o saudoso Octavio Ianni, duas faces de uma efetiva e mesma renovação da tradição marxista em nosso país.

A meu juízo, este não é um fenômeno peculiar ao Brasil: em todos os quadrantes, a herança de Marx vem sendo, mormente nas últimas duas décadas, revitalizada especialmente a partir da crítica da Economia Política. Sem deixar de lado inegáveis desenvolvimentos recentes marxistas noutras áreas, é fato que estes não dispõem, *ainda*, da relevância do que tem sido conquistado na crítica da Economia Política. Parece-me que estamos diante de um processo bem generalizado[2].

Penso que há causas e motivos vários que contribuem para esclarecer este fenômeno – e um vetor delas/deles (para além, obviamente, da amplitude e da inafastabilidade da crise estrutural do capital) pode localizar-se no fato de

---

universitário público): a) a referida produção científica continuada (que não tem nenhum traço em comum com o deletério produtivismo/fordismo intelectual imposto pelas chamadas "agências de fomento à pesquisa") – João Antonio tem a seu crédito, entre 1982 e 2013, mais de seis dezenas de artigos (de teoria e análise conjuntural) em periódicos científicos, a organização, entre 1987 e 2013, de 13 livros e a redação, entre 1986 e 2013, de 51 capítulos de livros, ademais de suas intervenções em revistas e jornais e em seminários e congressos; b) o tratamento crítico e histórico da realidade brasileira, destacável quer nos livros que organizou (*v.g.*, *Adeus ao desenvolvimento. A opção do governo Lula*. Belo Horizonte: Autêntica, 2005), quer em textos em que figura como autor solo (*v.g.*, *Raízes da modernidade em Minas Gerais*. Belo Horizonte: Autêntica, 2000); c) a combinação da excelência no desempenho acadêmico (que supõe a recusa do academicismo) com a frontalidade da ação política, posta pela sua militância partidária (primeiro, no *Partido dos Trabalhadores*/PT, de que foi um dos fundadores e, a seguir, no *Partido Socialismo e Liberdade*/PSOL).

[2] Em intervenção na abertura do *Colóquio Internacional Marx e o marxismo, 2013* (promovido pelo *Núcleo Interdisciplinar de Estudos e Pesquisas sobre Marx e o Marxismo*/IEP/UFF, em Niterói, entre 30/09 e 03/10/2013) registrei a magnitude dos avanços marxistas na "crítica da economia política do capitalismo contemporâneo: as criativas abordagens da mundialização do capital, dos novos dispositivos da sua centralização/concentração, das metamorfoses das relações imperialistas, da extrema gravitação das atividades financeiras – que subsidiam um novo tratamento analítico do *mundo do trabalho* e da extração de mais-valia, da *questão social* contemporânea, etc." E, em seguida, observei que "este acúmulo, já constatável na crítica da economia política contemporânea, constituirá a médio prazo a base indispensável para que a agenda marxista avance para cobrir competentemente fenômenos e processos contemporâneos de ordem social e cultural mais específica; nestes âmbitos, apesar de alguns acúmulos relativamente recentes, registra-se um inegável *déficit* no acervo marxista".

que a intelectualidade marxista, igualmente ela, padece dos impactos, na sua inserção/alocação socioprofissional, da extrema *divisão sociotécnica do trabalho intelectual*. Também sobre os marxistas se fazem sentir os efeitos das formações estreitamente especializadas, que reduzem enormemente os horizontes e os interesses dos intelectuais. Inclusive marxistas talentosos têm sido compelidos, crescentemente e em larga escala, a se tornarem "especialistas", levados a relegar a ampliação e o enriquecimento de seu universo anímico para o espaço cinzento e subsidiário do "tempo livre", do "lazer", do "ócio" – numa generalizada e equivocada concepção de que a excelência num campo do saber implica, quase que necessariamente, o cancelamento do trato regular com outras áreas do conhecimento, do cuidado e da fruição sistemática da arte e do mais significativo da herança cultural. Evidentemente, este fenômeno está vinculado a processos macrossociais, que transcendem responsabilidades individuais (na verdade, ele é um indicador do nível alcançado pela *alienação* na contemporaneidade).

Já salientei, creio que suficientemente, que João Antonio de Paula é expressão destacada de uma geração de marxistas que, no Brasil, tem feito avançar a crítica da Economia Política. Mas me atrevo a afirmar que, no marco desta geração (não cabe aqui nomear o seu elenco, composta que é de vários autores e autoras, entre outras razões porque certamente eu cometeria omissões imperdoáveis), João Antonio de Paula é uma das raras exceções, um dos poucos *pontos fora da curva*, um dos contados economistas marxistas brasileiros da sua geração verdadeiramente *atípico* – no exato sentido em que, dominando/exercendo com invulgar competência a crítica da Economia Política, *não* é um "especialista".

Com efeito, o "modo de ser" economista marxista de João Antonio de Paula é bem peculiar. Em primeiro lugar, porque a sua compreensão da essência da crítica da Economia Política ultrapassa largamente o espaço específico da Economia; como ele o diz, a crítica da Economia Política "não é *apenas* um projeto centrado em *instrumentos da teoria econômica*" (cf., infra, a p. 144; itálicos meus [JPN]); em segundo lugar, ele deixa bastante claro que o desenvolvimento da herança de Marx não se faz tão somente com a exploração dos textos marxianos: embora se refira a este ponto num passo bastante determinado deste livro – a questão da concorrência no capitalismo atual –, o argumento orienta toda a sua relação com a obra de Marx, na afirmação de que "esta teoria da concorrência, derivada de Marx, *para honrar seu inspirador, terá que estabelecer, com certas correntes do pensamento econômico contemporâneo, o mesmo exercício dialogal que Marx estabeleceu com o pensamento econômico de sua época*" (cf., infra, a p. 160; itálicos meus [JPN]).

O leitor deste livro terá bastantes, abundantes mesmo, provas desta peculiaridade do lugar ocupado por João Antonio de Paula na crítica marxista da Economia Política brasileira contemporânea. De uma parte, o leitor constatará os largos recursos extraeconômicos de que João Antonio de Paula se socorre para efetivar a sua crítica da Economia Política; de outra, verá que se, para o autor, Marx é *absolutamente imprescindível* para a compreensão da sociedade tardo-burguesa, ele não é *suficiente* – João Antonio de Paula, afortunadamente, não é um marxista que só estuda Marx (e continuadores da tradição marxista). Senão, vejamos:

> a) ao tematizar, na primeira parte, o marxismo como pensamento crítico, a interlocução com a tradição marxista é vasta e diferenciada (*v.g.*, H. Lefebvre, R. Fausto, M. Löwy, D. Bensaïd), o confronto com antimarxistas é aberto (P. Clastres) e no debate da pós-modernidade é largo o rol autores invocados (de marxistas como T. Eagleton a figuras como B. de Sousa Santos – mas sobre um pano de fundo onde estão as sombras de Burckhardt, aliás retomado noutros andamentos do livro, Nietzsche e Weber);
>
> b) na segunda parte, tratando do método da Economia Política, é brilhante a recorrência a Hegel e pertinente a conexão estabelecida entre Vischer e Stuart Mill, assim como é notável a apreciação feita às relações esboçadas por Marx (em 1857) entre arte e sociedade; aliás, é particularmente chamativa a percepção de João Antonio de Paula acerca da homologia entre as aberturas d'*O Capital* e de grandes realizações estéticas[3]; observe-se, ademais, a intimidade de João Antonio de Paula com o traço comum (a "enérgica universalidade") entre Hegel, Goethe e Novalis e a argúcia em face de Velásquez e Vermeer; nesta parte do livro, são substantivas as referências a Hegel e a Kant, há destaque para J. Huizinga e F. de Coulanges, H. Pirenne, F. Braudel e K. Polanyi; no contraponto, entre outros, estão G. Lukács, I. Rubin, K. Kosik e E. M. Wood;
>
> c) na terceira parte, onde os destaques são "o mundo da economia" e "o reino da mercadoria e do capital", com o interesse sendo o de "mostrar o lugar do capital no contexto da economia contemporânea" (cf., *infra*, a p. 126), um claro diagrama (p. 126) revela por que a crítica da Economia Política, para Marx e para João Antonio de Paula, "não é *apenas* um projeto centrado em *instrumentos da teoria econômica*" – expressa-se no diagrama a necessidade que ela tem de recorrer, por exemplo, a instâncias extraeconômicas como a *natureza* e o *Estado*; também nesta parte, a interlocução não se estringe a Marx (para não falar de alusões novamente estéticas, como aquela a Van Gogh), mas envolve o indispensável E. Sereni, os já citados Rubin e Lefebvre e ainda A. Chayanov, M. Mauss e M. Sahlins;
>
> d) na quarta parte (que não acidentalmente vem encimada por epígrafes extraídas de Goethe e de Hölderlin), porém, é que, neste livro, mais

---

[3] Depois de mencionar a *Odisseia*, *A metamorfose* e *Ana Karênina*, João Antonio de Paula escreve: "Grandes livros, a epopeia homérica, a novela de Kafka, o romance de Tolstói, são impensáveis sem as suas frases iniciais. É este também o caso da primeira frase de *O capital*" (cf., *infra*, a p. 70). Diga-se, *en passant*, que é amplíssima a referencialidade literária de João Antonio de Paula, que contempla de J. Joyce (aludido obviamente no subtítulo 8.3., *infra*, à p. 239) ao romance russo (cf., *infra*, a p. 192).

imediatamente aparece a amplitude do universo intelectual de João Antonio de Paula: ao repassar os primeiros anos da experiência bolchevique, discorrer sobre a polêmica de Lenin contra o esquerdismo, sumariar elementos das obras/posições de R. Luxemburgo, de A. Pannekoek, de K. Korsch, de E. Bloch (com o belo excurso sobre "a esquerda aristotélica" e a "esquerda filosófica") e de H. Lefebvre – é então que fica patenteado o acervo de informações históricas e políticas de que João Antonio de Paula se apropriou ao longo de décadas (e repito o que escrevi acima) de pesquisa rigorosa e meditação metódica[4].

Está claro que *Crítica e emancipação humana: ensaios marxistas* foge ao padrão dos livros contemporâneos cujo objeto central é a crítica da Economia Política, tipificados em geral por uma argumentação sólida, mas frequentemente reduzida ao restrito âmbito da Economia; este livro, operando tal crítica, incorpora criativamente um manancial pletórico de conhecimentos a sustentar (e saturar, como diria mestre Florestan) a argumentação expendida. É a exemplar expressão do caminho que deve, a meu juízo, seguir a elaboração dos marxistas. E é, também, emblemático do nível a que se alçou o que, acima, caracterizei como o "modo de ser" do economista João Antonio de Paula.

Realmente, o traço mais peculiar da intervenção teórica de João Antonio de Paula, que subjaz a todas as páginas deste livro, é que ele não é apenas um intelectual marxista de rara erudição (quem, por exemplo, dar-se-ia ao trabalho de recorrer, como ele o faz à p. 181, ao substantivo *macaréu*, de controversa origem, que teria ingressado no nosso léxico em 1563?) – ele é um *admirável escritor, de largas vistas e notável sensibilidade*. É, em suma, um marxista da velha cepa, cepa que deveríamos prezar e cuidar com especial delicadeza: um *marxista culto*[5]; a seu *ex-libris*, julgo que nada melhor seria que uma paráfrase de Lukács: *a crítica como meio, a cultura como fim*.

Todavia, acautele-se o leitor: não considere ele que o signatário deste prefácio se acredita satisfeito com o que João Antonio de Paula já nos ofereceu – em sua maturidade intelectual, João Antonio tem o dever de partilhar conosco, ainda mais intensivamente, os conhecimentos que acumulou e aqueles que está a produzir. Então, que venham outros livros.

Recreio dos Bandeirantes, julho de 2014
José Paulo Netto

---

[4] Percorrendo as páginas de *Crítica e emancipação humana: ensaios marxistas*, verificará o leitor que a interlocução intelectual de João Antonio de Paula excede largamente os autores que arrolei – inclusive omiti referências a brasileiros de importância, como o pe. Henrique de Lima Vaz, G. Bornheim, Milton Santos e a de estrangeiros ilustres (R. Rosdolsky, E. Mandel).

[5] Há um pequeno livro de João Antonio de Paula no qual o escritor de límpido estilo ao fazer o elogio da cultura emerge com evidência cristalina – *Livraria Amadeu: os livros e a cidade* (Belo Horizonte: Conceito, 2006).

Introdução geral

A crítica da economia política foi o projeto político, ideológico e intelectual a que Marx se dedicou a partir de 1843, quando descobriu que a plena emancipação humana não poderia se restringir à superação das formas alienadas da política. Com efeito, o essencial da descoberta de Marx é que o conjunto da vida social, suas formas de representação, sua sociabilidade, sua reprodução, enfim, são materialmente determinadas, isto é, que as formas dominantes na vida econômica, as relações sociais de produção, os interesses materiais que as presidem, determinam, também, as outras esferas da vida social, as relações jurídicas, as relações simbólicas, as formas de pensar e representar o mundo.

Nesse sentido, é toda a vida social, é toda a vida cultural que as relações econômicas impactariam, daí que a crítica capaz de superar as formas alienadas, que impedem o pleno desenvolvimento humano como liberdade e igualdade, tenha que desconstruir as bases materiais da dominação capitalista, tenha que começar pela crítica da economia política como condição para a superação da venalidade, da manipulabilidade, da mentira, da opressão, da exploração.

Se há fortes razões para acreditar nos compromissos inegociáveis do marxismo, da crítica da economia política, da filosofia da práxis, com a efetiva e plena emancipação humana, não se ignora o quanto de ominoso não se cometeu em seu nome. Quanto a isso, diga-se, que existiram marxismos e que nem todos eles se deixaram tragar pelo oportunismo, pelo pragmatismo, pela degeneração burocrática, pela acomodação corrupta, pela rendição a formas pseudossocialistas, de exercício do poder.

No essencial, o que este livro quer mostrar é que o marxismo continua a ser a filosofia insuperável do nosso tempo, como disse Sartre, não só porque partes importantes de sua tradição não se deixaram sufocar seja pela tragédia stalinista, seja pela degeneração social-democrata, e continuam capazes de se renovar, de se revolucionar como convém a quem entende a história como processo e projeto.

Vive-se, hoje, um dramático paradoxo marcado, de um lado, por exuberantes manifestações da barbárie da dominação capitalista, em variados planos, e de outro, pela perfeita desconstituição das perspectivas socialistas como alternativas à crise civilizatória, que o capital produziu, e que se expressa como desemprego, precarização do trabalho, destruição ambiental, corrupção, guerras, mercantilização da cultura, caos urbano, manipulação da informação e da comunicação, especularização da política transformada em atividade mediática e corrupta.

Ainda assim, reconhecidos todos esses problemas, não estamos muito distantes do que estiveram outras gerações, que também tiveram que enfrentar dificuldades. A nosso favor temos dois trunfos: nem toda a cultura da esquerda marxista, socialista e emancipatória foi afetada pela crise do socialismo burocrático e da socialdemocracia, e, mais importante, temos um passado, uma experiência histórica, que permitirá não cometermos os mesmos erros, que nos mostram que não há caminho possível para o socialismo, que não seja os do mais estrito compromisso com dois princípios básicos, como está em Henri Lefebvre: a livre associação dos produtores, isso é, a autogestão da produção, das empresas e da unidades territoriais; a reapropriação livre pelo ser humano de suas condições de liberdade no tempo, no espaço, nos objetos.

Não parece ser razoável, diante da tragédia engendrada pelo stalinismo e do descalabro da socialdemocracia, seja a aceitação do perfeito e irrecorrível fracasso do socialismo, seja a busca de justificativas, que apelando para o realismo, para a força das circunstâncias resultam em apequenar o projeto socialista. Com efeito, o projeto socialista não se realizou porque eram excessivas as expectativas que gerou, porque tinha subestimado as dificuldades a se enfrentar. Todos sabiam, mesmo os que mais nada sabiam, que a destruição do poder do capital e a construção de uma ordem, rigorosamente fundada na liberdade e na igualdade, não seria uma tarefa simples. O que, efetivamente, é imperdoável, nesse caso, não é que se ignorassem as dificuldades, é que diante delas, é que tendo que enfrentar o peso das contradições e oposições, que se mobilizam contra o projeto socialista, as lideranças socialistas tenham resolvido arbitrar o grau de violência e interdição de princípios inegociáveis do socialismo – a liberdade e autonomia política e organizativa dos trabalhadores – que seria admissível até que fosse possível se dar a ordem de comando para que tudo se fizesse segundo os melhores princípios socialistas. Ora, essa tática, a de renegar, na prática e em grande escala, aquilo pelo qual se diz lutar, essa tática de calar, destruir, adulterar vozes e forças que são a própria razão de ser do projeto, seus princípios, essa tática se mostrou, perfeitamente, o mais eficiente instrumento de denegação do socialismo que mereça esse nome.

É possível que, hoje, a grande maioria dos socialistas, tenha clareza sobre as trágicas consequências das decisões tomadas pelas lideranças bolcheviques, por Lênin e Trotsky, naquela dramática conjuntura de 1921 – a proibição da democracia interna no partido; a repressão à revolta de Kronstadt. É possível, que a consciência sobre a existência de princípios inegociáveis na construção do socialismo, a saber, o compromisso com a efetiva transferência de poder para os trabalhadores, tenha se universalizado entre os socialistas, e que tenhamos aprendido, todos, com os trágicos erros dos que nos antecederam.

Contudo, isso não é suficiente como antídoto contra tentações de recaídas burocrático-autoritárias. É preciso ir mais fundo no reconhecimento da intransigente defesa de um socialismo da liberdade e da igualdade, que tanto exige permanente esforço de construção programática e organizativa à luz desses princípios, quanto significa mostrar que o marxismo crítico é, ainda e decisivamente, insubstituível instrumento para a construção desse socialismo.

Os ensaios reunidos neste livro estão divididos em quatro partes: a primeira é uma introdução geral e reafirma a centralidade da crítica no projeto marxista. A segunda parte, reúne ensaios que buscam mostrar a especificidade do método da crítica da economia política desenvolvida por Marx. A terceira parte, inclui ensaios que incidem sobre o núcleo central do que se pode chamar de crítica da economia política, tal como construída por Marx. Finalmente, a quarta parte discute a obra de marxistas como Rosa Luxemburgo, Anton Pannekoek, Ernst Bloch a Karl Korsch, Henri Lefebvre, esquecidos alguns, incômodos outros, radicalmente criativos e críticos todos eles são exemplares manifestações de um marxismo imprescindível, que, relembrado, ajuda a perseverar na construção de um projeto efetivamente emancipatório.

Dois dos capítulos deste livro são inéditos, o sobre Rosa Luxemburgo, Pannekoek e Korsch e o sobre Ernst Bloch. Os restantes foram publicados em revistas, sendo que um deles apareceu como capítulo de um livro: *Ensaio geral: Marx e a crítica da economia (1857-1858)*.

Nos mais de 30 anos de minhas atividades intelectuais tenho recebido ajuda e apoio de mais pessoas e instituições que serei capaz de agradecer adequadamente. Ao mesmo tempo que é preciso agradecer a editores e pareceristas, que viabilizaram a publicação de artigos, não posso deixar de reconhecer o quanto o que aqui está de aproveitável, deve-se a gerações de estudantes e auditórios, que ouviram essas ideias em cursos, palestras, e aos muitos, amigos e colegas, com quem tenho compartilhado dúvidas, convicções, projetos, ações e mal-entendidos. Cito alguns: Alexandre Mendes Cunha, Ana Elizabeth, Antônio Luiz Paixão, Cândido Guerra Ferreira, Carlos Antônio Leite Brandão, Carlos Eduardo Carvalho, Carlos Eduardo Suprinyak, Clélio Campolina Diniz, Eduardo Albuquerque, Eduardo Maldonado, Eleutério Prado, Ester Vaisman, Fernando Damata Pimentel, Fernando Novais, Flávio Andrade, Frederico Gonzaga Jaime Júnior, Gustavo Brito, Gustavo Gama Torres, João Machado Borges Neto, José Alberto Magno de Carvalho, José

Jobson do Nascimento Arruda, José Paulo Netto, Juarez Guimarães, Hugo Eduardo da Gama Cerqueira, Leda Maria Paulani, Leonardo Gomes de Deus, Luiz Gonzaga Belluzzo, Luiz Henrique de Oliveira Cunha, Marco Aurélio Crocco Afonso, Marco Antônio Ribas Cavalieri, Maria Beatriz Miranda Lima, Maria da Consolação, Maria de Lourdes Rollemberg Mollo, Maria Malta, Mario Duayer, Maurício Borges Lemos, Maurício Campomori, Maurício Coutinho, Mauro Borges Lemos, Plínio de Arruda Sampaio Júnior, Reinaldo Carcanholo, Roberto Luís de Melo Monte-Mór, Rodrigo Simões, Ronald Rocha, Sávio Bones, Sérgio Miranda, Simone Sette, Tamás Szmrecsányi, Valdemar Servilha, Virginia Maria Guimarães Pinheiro, Wilson Suzigan.

O artigo "O Marxismo como pensamento crítico" foi publicado na *Revista da Sociedade de Economia Política*, ano 6, n. 9, em dezembro de 2001. "A introdução dos Grundrisse" apareceu, inicialmente, como capítulo do livro *O ensaio geral: Marx e a crítica da economia política* (1857-1858), publicado em 2010, pela Autêntica Editora. "O 'Outubro' de Marx" foi publicado na *Nova Economia*, Revista do Departamento de Ciências Econômicas da UFMG, v. 18, n. 2, maio-agosto de 2008. "O reino do capital", foi publicado na *Revista de Economia Política*, v. 23, n. 4, em outubro de 2003. "O lugar do capital no mundo contemporâneo" apareceu na *Revista Brasileira de Economia Política*, n. 17, em dezembro de 2005, "Determinismo e indeterminismo em Marx", foi publicado pela *Revista Brasileira de Economia*, FGV/RJ, v. 48, n. 2, abril-junho de 1994. "Aparência e efetividade no capitalismo: concorrência e dinâmica capitalista" foi publicado na *Revista Estudos Econômicos*, IPE/USP, v. 33, n. 1, em 2003. Os capítulos sobre Rosa Luxemburgo, Anton Pannekoek e Karl Korsch e sobre Ernst Bloch são inéditos. O capítulo sobre Henri Lefebvre apareceu em *Síntese – Revista de Filosofia*, v. 33, n. 16, em 2006.

PARTE I

O MARXISMO COMO PENSAMENTO CRÍTICO

O marxismo é um modo de pensar, uma generalização derivada de um imenso desenvolvimento histórico; [...] a doutrina pode estar equivocada quanto a detalhes ou pontos secundários, porém, em sua essência, nada lhe foi retirado, nem nada parece ser capaz de privá-lo, de sua pertinência, validade e importância para o futuro.

Isaac Deutscher

Desde que surgiu, na segunda metade do século XIX, o marxismo vem sendo alvo de permanente contestação. Ao longo deste mais de século, a contestação ao marxismo assumiu diversos matizes e motivações. Se houve quem, contestando-o, reconhecesse nele méritos e contribuições para o avanço do conhecimento –, como Schumpeter, houve também quem fizesse dele uma das raízes do totalitarismo contemporâneo –, como Popper ou Aron... Na verdade, a história da contestação ao marxismo tem várias etapas e características, que, é claro, correspondem e refletem as circunstâncias do processo histórico, as características, a cada tempo, da luta de classes.

Cada época, cada sociedade retoma e inventa seus antecedentes, suas referências de tal modo que se há um Hegel, baluarte da monarquia prussiana, há também um Hegel crítico de todo o existente; um Hegel existencialista de Kojève; um Hegel marxicizado de Lukács... São vários, como são várias as maneiras de se ver e apropriar-se de Pascal, de Descartes, de Vico, de Spinoza, de Kant, de Nietzsche. Veja-se, neste sentido, a bela, insuspeitada e instigante apresentação de Nietzsche que nos deu o marxista Henri Lefebvre. Para Lefebvre, Nietzsche foi capaz de entender uma das duas grandes cisões que estão na base da alienação humana. Diz ele: "Nietzsche definiu, admiravelmente, um problema fundamental: a reconciliação do homem com o mundo, a elevação da natureza – o instinto e a vida espontânea – ao nível do espírito" (LEFEBVRE, 1993, p. 173, tradução nossa).

Quanto à outra cisão decisiva – a do homem em relação aos outros homens – é problemática a posição de Nietzsche, porque, diz Lefebvre: "Faltava a Nietzsche, para analisar essa cisão, uma teoria corrente da 'alienação', e, em particular, uma teoria da intelectualidade como resultado da diferenciação social e da divisão do trabalho" (LEFEBVRE, 1993, p. 174, tradução nossa).

Tão interessante quanto a apresentação que Lefebvre faz de Nietzsche é a motivação desse gesto intelectual cheio de significados. É que a primeira edição deste livro é de 1939, e seu propósito básico foi questionar a apropriação de Nietzsche pelo nazismo no momento mesmo em que este iniciava a sua trágica aventura guerreira e expansionista.

Trata-se, neste sentido, de uma leitura que realiza o melhor da inteligência, que é a sua capacidade de resistir ao obscurantismo. De resto, este complexo encontro – uma leitura marxista compreensiva de Nietzsche – é, sobretudo, a explicitação do caráter historicamente condicionado das relações entre conhecimento e sociedade. Isto é, que as maneiras como autores, obras, ideias são recebidas e apropriados refletem, de alguma maneira, os contextos histórico-culturais em que essas realidades intelectuais circulam. Não se tome isto como defesa da existência de relações diretas e unívocas entre pensamento e interesses materiais, entre conhecimento e sociedade, entre ideias e circunscrição de classe, porque existe autonomia relativa e especificidade do pensar e do pensado, e, sobretudo, porque o pensamento é sempre resultado de um conjunto complexo de *mediações*.

Ao longo de sua história o marxismo enfrentou uma série de correntes de contestações, que são vocalizações, a cada momento, de certos interesses envolvidos na luta de classes. Estas contestações falam tanto sobre a dinâmica do momento social, da capacidade do marxismo de iluminá-lo, fornecendo-lhe instrumentos prático-analíticos, quanto das vicissitudes da dinâmica capitalista, suas crises, seus impasses, suas retomadas expansivas.

Este texto é uma tentativa de acompanhar algumas contestações ao marxismo, buscando explicitar suas motivações e significados. Toda a argumentação que se vai desenvolver aqui está apoiada em dois pontos fundamentais: 1) na ideia de que o marxismo não é uma realidade monológica ou homogênea, que ele é, ao mesmo tempo, uma *filosofia* – uma concepção de mundo; uma *teoria* com pretensões científicas em vários campos – economia, história, sociologia, etc.; e um chamamento à *prática política*, uma proposta de organização e mobilização social, uma exortação à transformação do mundo, à construção de uma nova ordem social. 2) O segundo ponto quer insistir em algo que, sendo decisivo no pensamento de Marx, foi omitido – desconsiderado tanto por simpatizantes, quanto por antagonistas do marxismo, que é a centralidade da dimensão crítica na obra de Marx. É este inarredável *compromisso crítico* do marxismo, que lhe permitiu, até aqui, recusar-se a ser autopsiado, e que lhe permite sempre desafiar estes renitentes legistas e levantar-se da mesa de necropsia tão saudável quanto pode ser o eterno sonho de justiça e liberdade.

Para realizar o que se pretende aqui é essencial que se inicie buscando apresentar, em grandes linhas, o objeto mesmo desta discussão, o marxismo.

Um marxismo, os marxismos

Em seu *Dicionário de Filosofia*, José Ferrater Mora diz que existem pelo menos três grandes acepções para a palavra marxismo. Uma primeira diz respeito ao marxismo como conjunto das ideias contidas nas obras de Marx. Uma segunda acepção de marxismo é a que decorreria da interpretação da obra de Marx e sua posterior transformação em vulgata, em interpretação oficial dos partidos comunistas e dos Estados Socialistas burocráticos. A terceira acepção se caracterizaria por ser crítica da interpretação oficial, e por buscar uma maior abertura e criatividade para o marxismo. Todas estas formas de existência do marxismo, suas várias possibilidades de leitura e apropriação, se, de um lado, são sinais de vitalidade, de outro induzem e permitem confusões e incompreensões profundas, com graves e amplas consequências.

Uma primeira aproximação, e que não esgota os vários planos em que se realiza o marxismo, é o seu registro como concepção de um mundo determinado, o mundo capitalista. Este mundo capitalista, teria como sua dimensão essencial a centralidade de certas relações econômicas e o caráter contraditório de sua dinâmica. O marxismo seria, nesse sentido, a busca da compreensão de um mundo marcado pela divisão e pelo conflito, concepção materialista, que terá que ser distinguida tanto do materialismo mecanicista, típico do século XVIII, o que o próprio Marx fez nas teses sobre Feuerbach, quanto de versões posteriores, igualmente estreitas, de concepções mecanicistas da história das quais é exemplar a posição de Plekhanov.

A concepção materialista do mundo elaborada por Marx parte da constatação da centralidade do dado material na produção e reprodução da vida social. Independente das formas como a sociedade capitalista se pensa, constrói seus mitos, seus imaginários, como se estrutura como portadora e produtora de cultura, independente de tudo isso, impondo-se a tudo isso, há exigências essenciais e fundantes da própria existência social, que decorrem do fato inescapável da produção e seus requisitos e consequências. Uma sociedade existe porque se autoconstitui, sistematicamente, sendo a garantia da existência dessa sociedade o trabalho, que é a mediação fundamental da apropriação da natureza pelos homens, condição essencial da existência social. Esta é a fundamentação básica da concepção marxista do mundo capitalista, concepção materialista, na medida em que está baseada na centralidade da produção e do trabalho, como as mediações fundantes da sociedade.

Antes de avançar, é preciso registrar, que se a produção e o trabalho são os dados essenciais da existência social, são, exatamente, as configurações históricas que vão assumir o processo de produção e a organização do trabalho, que vão definir o que Marx chamou de "modos de produção" e que são as estruturas materiais das "formações econômicas sociais", que são a própria matéria da história em sua irredutibilidade à esquematismos e etapas predeterminadas, que o que move a história é a luta de classes como processo aberto.

Este registro é particularmente importante como resposta às objeções de certa corrente antropológica contemporânea, que tem apontado a existência de sociedades primitivas onde a produção, o trabalho, a economia encontram-se sob controle, isto é, não se autonomizaram, não se transformaram em fins em si mesmos. Nestas sociedades primitivas, o trabalho, a produção, a economia, são capítulos da cultura, submetidos a uma organização social, que interdita que se transformem em objetivos em si mesmos, que circunscreve a economia ao controle do social, do político, do cultural. Nestas sociedades, a economia não é máquina de acumulação, o trabalho é o livre compartilhamento de tarefas com propósitos absolutamente coletivos, que bloqueiam o surgimento do excedente controlado pelo "não trabalhador", que dele se apropria, processo que está na base da gênese do Estado e das classes sociais.

Esta perspectiva, que reúne historiadores, economistas e antropólogos como Pierre Clastres, Marshall Sahlins, Lawrence Krader, Eric Wolf, Alexander Chayanov e Karl Polanyi, que têm inúmeras e importantes diferenças entre si, ampliou o repertório conceitual das ciências sociais, pelo questionamento da universalidade e inevitabilidade do mercado, do lucro e da acumulação. Karl Polanyi denunciou a "nossa obsoleta mentalidade mercantil" e a ideologia decorrente dela, que afirma ser o mercado a matriz necessária e superior da sociabilidade humana.

Assim, ao afirmar a centralidade da produção e do trabalho na história da humanidade, não se deve desconhecer a diversidade histórica das formas de organização da produção e do trabalho. As formas de organização da produção e do trabalho, típicas do capitalismo, não esgotam o universo das possibilidades de desenvolvimento da vida econômica.

No centro desta questão há um aspecto crucial, do ponto de vista histórico e metodológico, que é o referente ao lugar do econômico na estrutura social, o que remete aos conceitos de história e de sociedade em Marx. Para um certo marxismo, a economia seria fundante do social, de todas as sociedades, em todos os tempos e em todos os lugares. Esta universalização da economia parece ser a condição para a sustentação da validade da teoria marxista. Na verdade, Marx não se propôs construir uma teoria geral da economia, atemporal e a-histórica. Nada mais incompatível com o seu projeto. Marx tentou pensar a sociedade do seu tempo, o capitalismo. É sobre esta realidade particular, que ele construiu sua teoria, sua metodologia, suas análises. De modo mais geral, é possível dizer que o marxismo é instrumento analítico pertinente, quando tratando de sociedades divididas em classes, dotadas de Estados, em que há exploração do trabalho e desigualdade social.

Esta é uma advertência fundamental para prevenir equívocos reiterados que acabaram por deformar o marxismo transformado em economicismo. Em texto arrasador por sua audácia e contundência Pierre Clastres diz,

> O marxismo é um economicismo, reduz o corpo social à infraestrutura econômica, define o social como econômico. Eis porque os antropólogos marxistas projetam sobre o corpo social primitivo aquilo que, segundo

pensam, funciona em outros lugares: as categorias de produção, de relações de produção, de desenvolvimento das forças produtivas, de exploração, etc. Operação que exige o uso de fórceps, como diz Adler. E é assim que os mais velhos exploram os mais novos (Meillassoux), e que as relações de parentesco são relações de produção (Godelier) (CLASTRES, 1982, p. 166).

Clastres afirma, ao contrário, nestas sociedades primitivas, a centralidade do político; diz ele: "É refletir sobre a origem da desigualdade da divisão social, das classes, da dominação, é refletir no campo da política, do poder, do Estado e não no campo da economia, da produção, etc. A economia é engendrada a partir do político, as relações de produção provêm das relações de poder, o Estado engendra as classes" (CLASTRES, 1982, p. 165).

O texto de Clastres remete a uma outra e ainda mais complexa questão, que é a referente à gênese do Estado. A isto Clastres não responde. Sua resposta é um eco de assombro e mistério. Fala de um mau encontro primordial, que teria desnaturado as regras básicas das sociedades sem Estado (CLASTRES, 1982b, cap. XI).

Do ponto de vista marxista esta questão tem que ser respondida rigorosamente, isto é, a resposta legítima aqui tem que considerar tanto a dimensão filosófica da questão, o lugar do econômico e do político na formulação de Marx, quanto a dimensão histórica. Neste sentido a resposta marxista tem que ser capaz de tomar a questão em sua abrangência e dinâmica, isto é, que a resposta a esta questão do ponto de vista marxista só será legítima quando for capaz de incorporar decisivamente a dialética.

É este o propósito básico dos livros de Ruy Fausto, *Marx, lógica e política*. No referente à gênese do Estado, Ruy Fausto retoma texto de Pasukânis em que este se pergunta porque a dominação de uma classe sobre outra está, em última instância, apoiada num aparelho de poder impessoal, destacado da sociedade, o Estado. A resposta de Ruy Fausto a esta questão afirma, que o essencial de uma resposta consequentemente dialética, deve ser buscado em *O Capital*, na explicitação das relações entre economia e política, entre propriedade, direitos, troca e Estado (FAUSTO, 1987, p. 291). A resposta tem como ponto de partida a circulação simples de mercadorias. É neste nível, que a presença e a gênese do Estado devem ser surpreendidas. A solução se dá pela explicitação do que está oculto na forma da circulação simples. A tese de Ruy Fausto faz lembrar que, toda troca, a circulação simples de mercadorias, pressupõe direitos, o direito de propriedade, logo pressupõe um instrumento capaz de garantir estes direitos, o Estado. Ou seja, que o Estado está *pressuposto* no momento mesmo da constituição da circulação simples, que a circulação simples não é apenas uma relação econômica, posto que é, também, relação jurídica. Nas palavras de Pasukânis citado por Ruy Fausto:

> O Estado, isto é, a organização da dominação política de classe, nasce sobre o terreno das relações de produção e de propriedade dados. As relações de produção e sua representação jurídica formam o que Marx chamava, depois de Hegel, a sociedade civil. A superestrutura política e sobretudo a vida política oficial do Estado é um momento secundário e derivado –A relação jurídica que se costuma colocar na superestrutura jurídica ela reaparece lá – se acha no próprio nível da relação econômica (FAUSTO, 1987, p. 295-296).

A passagem anterior questiona o fundamento de certa tradição reiterada de entendimento da relação "infraestrutura X superestrutura" em Marx. Nas palavras de Ruy Fausto: "Dizer que a lei está pressuposta mas não posta na própria 'infraestrutura' (este é o sentido da apresentação da relação jurídica que 'coincide' com a relação econômica) é dizer que a lei é e não é, e portanto, que a superestrutura está e não está na 'infraestrutura'" (FAUSTO, 1987, p. 298). Com efeito, a regularidade da dominação capitalista, pressupõe um conjunto de instituições cujo propósito é fazer acreditar que a igualdade formal que rege os contratos, inclusive o que se dá entre capital e força de trabalho, é, de fato, uma igualdade substantiva. A sociedade mercantil simples, que antecede a forma capitalista de produção, tem em seus fundamentos, como pressupostos, a desigualdade e a violência. A aparência e a mistificação da igualdade, a ilusão da não violência e da sociedade dos livre-contratantes, são os efeitos materiais e concretos da hegemonia da "forma mercadoria", seu papel ao mesmo tempo estruturante das relações sociais e legitimadora da ordem social fundada na desigualdade e na violência.

Assim, a crítica de Clastres, de que o marxismo é um economicismo, não se sustenta, pelo menos quando se ultrapassa a leitura positivista e estreita da obra de Marx e se leva a sério a dimensão dialética de sua escritura e projeto.

Em Hegel, e também em Marx, a dialética não é só método, só gramática e sintaxe. A dialética é método e é ontologia, é um discurso sobre o ser, que para resultar racional tem que assumir as características essenciais do ser, isto é, o discurso racional sobre o ser tem que se constituir como ontologia. É este o sentido da *Ciência da lógica* de Hegel. O discurso racional sobre o ser terá que incorporar e reproduzir a natureza mesma do ser em seu movimento de totalização. A dialética é tanto o método capaz de captar o ser, quanto o ser mesmo em seu devir.

Como é, afinal, o mundo capitalista sobre o qual a teoria marxista se debruça? Em primeiro lugar, diga-se logo que ele é totalidade em movimento. Isto é, que a realidade é, permanentemente, um vir-a-ser. Goethe sintetizou esta característica do ser, numa frase plena de consequência: "Tudo o que existe merece perecer". E este perecimento é o modo necessário do movimento do ser, que, negando-se, afirma sua incoercível vocação para o absoluto, para a superação de todo o contingente. É preciso, também, perguntar-se sobre o motor deste movimento. E a resposta é: o que move o ser é a contradição, a negação que possibilita ao ser, ao desdobrar-se, explicitar todas as suas potencialidades e, assim, realizar-se. No Fausto de Goethe, Mefistófeles, a própria encarnação da negação, diz assim sobre o seu papel: "Eu sou aquele que tudo nega e com razão" – o papel fundamental da negatividade na afirmação do ser enquanto totalidade em movimento, que faz emergir o novo, o qual será também negado, sendo, assim, o caminho para a superação da minoridade da humanidade, para a superação da pré-história da humanidade, para a construção de uma sociedade de homens e mulheres livres, libertos da opressão e da violência de classes e da alienação.

É comum ouvir-se que a teoria marxista, neste sentido, seria determinista e teleológica. A inevitabilidade do socialismo encerraria a história, fazendo cessar todo o movimento, porque apaziguadora de toda a contradição.

Em Marx, por todas as razões já apontadas com relação a sua concepção de dialética, há explícita condenação de esquematismos e unilateralidades. Em Marx, há explícita valorização do político, isto é, a luta de classes é a categoria fundamental da concepção marxiana de história. Se for assim, então, a indeterminação, a surpresa, o acaso não são manifestações estranhas à dialética marxiana. Para a dialética marxiana o mundo é apreensível por meio de mediações, prático-conceituais elaboradas por homens e mulheres, tais como são, em suas subjetividades e interesses, a partir do nível de organização e consciência dos grupos, classes, partidos, a partir da mobilização de instrumentos concretos de legitimação e de contestação da ideologia dominante.

As grandes tendências, as manifestações concretas das contradições estruturais da realidade capitalista são mediadas pela política e só se expressam a partir das mediações interpostas pelos conteúdos e formas da luta de classes. A ilusão de que há mecanismos automáticos, que levarão, inevitavelmente, a sociedade burguesa para um fim já estabelecido, foi criticada por Lênin em *Que fazer?* como economicismo espontaneísta. Lênin e Marx viram a história como espaço fundamental da dinâmica política. De tal modo, que a concepção marxista do mundo capitalista poderia ser sintetizada como totalidade em movimento, movimento este impulsionado pela contradição, pela negação, que é manifestação da razão, que não se põe no mundo unívoca e linearmente, que é razão astuciosa, que se manifesta através de uma rede de mediações, de conexões, de possibilidades, de aberturas. Concepção materialista e dialética do mundo capitalista.

No centro da permanente transformação que marca a realidade capitalista haveria um núcleo que sintetizaria todo o conjunto. Trata-se da tensão de duas categorias mobilizadoras de todo o movimento dialético: a categoria práxis e a categoria reificação (alienação – fetichização). Lukács, em sua teoria estética, expressou esta tensão de forma precisa e rica dizendo que a tensão fundamental do mundo capitalista é a que contrapõe o herói problemático (portador da práxis, potencial e conflitivo representante da razão) e o mundo alienado (o mundo das aparências e dos instrumentos de dominação e legitimação da ordem). O marxismo quer ser manifestação privilegiada da práxis, que abre caminho para superação da reificação, do mundo alienado. Nesse sentido, o marxismo é, como nos disse Gramsci, filosofia da práxis, isto é, concepção do mundo que só se realiza mediante a intervenção sobre o mundo, através da crítica e da autocrítica, através da criação de instrumentos analíticos e políticos capazes tanto de revelar o caráter alienado do mundo, quanto de criar as condições para a sua superação.

O marxismo é um método de compreensão e superação do mundo capitalista, em que os instrumentos desta operação crítica são, ao mesmo tempo, teóricos e práticos, e se realizam tanto pela ciência, quanto pela política.

Se o marxismo é plural em seus desdobramentos, nas formas como foi entendido e praticado, se são múltiplas as suas implicações e virtualidades, nem todas as suas vertentes foram capazes de, efetivamente, se realizarem como instrumentos inequivocamente emancipatórios.

Contestações aos marxismos

O período de 1893 a 1917 foi marcado, do ponto de vista da contestação ao marxismo, por duas grandes características: a primeira diz respeito à alta qualidade intelectual dos contestadores, todos eles grandes nomes das ciências sociais, do pensamento econômico, da filosofia. A segunda característica desse período reflete o momento histórico tanto no que ele significou de afirmação do movimento operário-sindical, quanto no que ele expressou da longa crise da estabilidade burguesa, os "Cem Anos de Paz" (1815-1914), de que falou Karl Polanyi, e suas implicações político-econômico-culturais. Não é possível exagerar a riqueza cultural deste momento, que viu surgir tanto as vanguardas artísticas, quanto a psicanálise, a revolução da física quântica, da relatividade, etc. É neste contexto, que o marxismo se apresentou sintonizado à época, que é de prestígio das ciências, com um viés positivista, que marcou a trajetória da II Internacional. Se o marxismo da II Internacional buscou ser científico, seus críticos de então buscaram negar, exatamente, essa autoatribuída cientificidade. É este o sentido do livro de Vilfredo Pareto, de 1893, em que se buscou invalidar os fundamentos teóricos de *O Capital*, de Marx. É este também o sentido da crítica de Eugen von Böhm-Bawerk, de 1896, em que ele apontou a existência de inconsistência entre a teoria do valor e a teoria dos preços de produção de Marx, isto é, entre os livros I e III de *O Capital*. São também de contestação à economia política de Marx os artigos escritos, entre 1899 e 1909, por Benedetto Croce e publicados em volume que se chamou *Materialismo histórico e economia marxista*.

Lembrem-se, ainda, dos trabalhos de Max Weber e Joseph Schumpeter sobre Marx – que são contestações a aspectos da teoria de Marx: ao seu determinismo materialista (Weber); ao equívoco de sua teoria do valor (Schumpeter).

A Revolução Russa de outubro de 1917 provocou significativa alteração nas formas e motivações da crítica ao marxismo

A Revolução Russa, este acontecimento crucial do século XX, redefiniu inteiramente o lugar e o sentido do debate sobre o marxismo. Seu exemplo, seu prestígio, as esperanças e ações que ela mobilizou vão colocar o marxismo no centro de decisiva disputa político-cultural do século XX.

A grande diferença, entre os dois períodos considerados até aqui, o anterior e o posterior à Revolução Russa, é que nesta nova etapa o debate não se restringiu ao questionamento da cientificidade do marxismo. Tratou-se, a partir daí, de um questionamento global do marxismo na medida em que ele era a referência, real ou presumida, do movimento socialista em curso expansivo. Nesta nova etapa, contestou-se o marxismo não por sua eventual inconsistência teórica, mas, sobretudo, pelas implicações político-econômicas de movimentos e experiências que se reclamaram marxistas. Deste modo, o período que vai de 1917 a 1968 foi marcado, no que interessa discutir aqui, por um combate ideológico generalizado, em que a luta contra o marxismo mobilizou todo o aparato ideológico burguês, em uma estratégia de guerra total, pela utilização de todo um arsenal ideológico: o controle dos meios de comunicação; o controle dos recursos para ensino e pesquisa; a imposição e controle da indústria cultural...

Nessa etapa, a contestação ao marxismo vai perder certa atitude cavalheiresca, o respeito pelo oponente, e vai realizar-se, sobretudo, pelo ataque implacável, que não recua em seu intento, mesmo que para isto precise mistificar, falsificar, caluniar. É este o sentido da fúria antimarxista de Popper, de Hayek, de Aron. Com este trio se está muito longe da elegância respeitosa da contestação do período anterior. É o tempo da contestação selvagem do marxismo – Marx visto como que precursor dos grandes males do século XX: do autoritarismo, do totalitarismo, do stalinismo, do Gulag, de grandes tragédias do século XX.

Contudo, esse período (1917-1968), se é de contestação exaltada do marxismo, é, também, marcado por outra estratégia de contestação. Mais sutil, ela se expressará por uma difusa, e nunca explicitada, incorporação de certos temas da luta socialista num processo que tem como resultado a constituição do chamado Estado de Bem-estar Social. A emergência desta experiência de atendimento de certas demandas da luta social é um resultado importante da luta socialista que, neste sentido, sobretudo entre 1945-1980, conseguiu *civilizar*, em parte, o capitalismo.

Trata-se, no essencial, de uma mudança da velha prática de interdição de direitos sociais, que marcou o capitalismo durante seus primeiros tempos.

Essa nova estratégia, não por acaso, surgiu na Alemanha, onde o movimento operário-sindical mais se expandiu, na segunda metade do século XIX. É assim, como tentativa de resposta às demandas do movimento operário, que vai se constituir e se generalizar o Estado de Bem-estar Social. Esse processo, no plano político-ideológico, foi protagonizado pela social-democracia europeia, que tendo ocupado, por várias vezes e por muito tempo, vários governos, acreditou estar pavimentando o caminho para um certo socialismo, ao mesmo tempo em que buscava tornar desnecessário o marxismo revolucionário.

O Estado de Bem-estar Social, que teve ampla vigência entre 1945 e 1980, buscou neutralizar o marxismo na medida de sua ampla audiência, na medida em que era referência importante tanto para os países centrais, quanto iluminava muito da luta anticolonialista e anti-imperialista, que eram travadas então. É esta acuidade, esta pertinência do marxismo, sua capacidade de contribuir para o enfrentamento emancipatório das grandes contradições do capitalismo, que está na base da frase de Sartre: "O marxismo é filosofia insuperável do nosso tempo", que define o horizonte político-ideológico, que marcou o mundo desde a Revolução Russa até os eventos marcantes de 1968. Ao dizer isso não se está assumindo postura ufanista, senão que reconhecendo o quanto o marxismo continua oferecendo contribuição decisiva para a compreensão do mundo contemporâneo.

O ano de 1968 representou uma mudança nesse quadro em dois sentidos básicos: 1) porque marcou o último grande lampejo de rebeldia do século XX, a última grande manifestação coletiva de inconformismo e mobilização de massas, que fez lembrar as grandes revoluções dos séculos XVIII e XIX – 1789, 1830, 1848, 1871; 2) porque atualizou a miséria da degeneração do regime soviético com a invasão à Tchecoslováquia e a destruição da auspiciosa experiência de construção de um socialismo humanista, democrático que lá se processava.

As periodizações não podem ter a pretensão de serem absolutas. Na verdade, certas tendências que marcaram, fortemente, o período 1917-1968 prolongaram-se além daí, como o comprova a influência do marxismo sobre a luta do povo vietnamita, sobre a Revolução Portuguesa de 1974 e a descolonização africana.

A partir dos anos 1970 a crise econômica capitalista interrompeu o longo ciclo expansivo do pós-guerra, modificando o quadro político-ideológico, que pode ser caracterizado, a partir daí, como de definhamento da social-democracia e da burocracia soviética. Ao mesmo tempo, houve recuperação da hegemonia norte-americana, que, a partir de 1979, lançou uma ofensiva de grande impacto político, econômico, ideológico e militar sob a forma do que foi chamado depois de do neoliberalismo.

Nesse novo período, 1968-1991, o marxismo sofreu a mais pesada e ampla das contestações. Essa nova investida caracterizou-se pela tentativa de definitivo cancelamento do marxismo. Na nova ordem que se queria impor, o capitalismo globalitário, não havia lugar para o dissenso, para a alteridade. Só o conformismo, só a submissão ao pensamento dominante eram consideradas ações racionais, legítimas. A crise e o patético desmoronamento do regime soviético, entre 1989 e 1991, de um lado, e de outro a retomada do crescimento da economia americana, pareceram as provas irrefutáveis da definitiva morte do marxismo, e, mais do que dele, de todo projeto dissonante do ditado imperial capitalista.

O impacto desses processos atingiu marxistas e não marxistas e foi grande a crise político-ideológica. Houve quem abandonasse o universo da cultura marxista, como Lucio Colletti, como François Furet, porque, finalmente, teriam descoberto: um, Colletti, o caráter metafísico-anticientífico do marxismo; o outro, Furet, porque, invocando Tocqueville, descobriu a irracionalidade e inutilidade da revolução. Ao lado destas deserções, alardeadas com estrépito, o marxismo experimentou outras contestações que podem ser agrupadas em dois tipos: de um lado agruparam-se os que como Habermas e Offe entenderam superadas certas categorias marxistas – como as que decorrem da centralidade da produção e do trabalho – porque insubsistentes no capitalismo contemporâneo, que teria substituído o paradigma do trabalho pelo paradigma da comunicação. Um outro tipo de contestação agrupou os que veem o marxismo como definitivamente comprometido com a modernidade, no que esta teria de autoritária, dogmática, determinista, posição que foi sintetizada por Lyotard e configura o que foi chamado de pensamento pós-moderno.

Parcialmente vinculado a esta última corrente, Boaventura de Souza Santos em seu texto "Tudo o que é sólido se desfaz no ar: o marxismo também?" (Santos, 1999), permite discussão sobre o fundamental dos impasses do marxismo contemporâneo.

A reação pós-moderna

Desde o manifesto de Lyotard, de 1979, com *A condição pós-moderna*, muito se expandiu e se contraiu a vaga pós-moderna, depois de ter chegado a ser quase inundação. O debate sobre a pós-modernidade desbordou, de muito, a circunscrição acadêmica e tornou-se um fenômeno cultural amplo, que envolveu ciências, artes, filosofia, literatura, a imprensa e mesmo teve incidência sobre o grande público só alcançado pela cultura de massas.

A amplitude e frequência desse debate e, sobretudo, sua permanência, a partir dos anos 1980, sugere que se trata de fenômeno, que expressa conteúdos significativos da vida contemporânea, mesmo quando a sua superexposição, sua quase transformação num fenômeno *pop*, conspirem para que se o veja como mais uma futilidade descartável das tantas que nos impõe a indústria cultural. Neste sentido, registre-se, então, que a questão da pós-modernidade tem dimensão importante e expressiva *malgré tout*.

O manifesto-provocação de Lyotard tem o mérito de impedir conciliações oportunísticas. Ao questionar o essencial da herança moderna – o iluminismo, o socialismo, as meta-narrativas, como elas as chama – Lyotard convida à radicalidade (LYOTARD, 1989).

Lyotard participou de um grupo – *Socialismo ou Barbárie* – que desde os anos 40 buscou questionar a degeneração stalinista pelo apelo à dimensão emancipatória.

Outros membros do grupo *Socialismo ou Barbárie* – Castoriadis e Lefort – encaminharam suas posições no sentido da afirmação da *autonomia* como a única garantia efetiva de emancipação. Com efeito, mesmo durante a longa dominação stalinista do marxismo, a luta socialista desenvolveu projetos e iniciativas crítico-emancipatórias, como é o caso de grupos, como *Socialismo ou Barbárie*, de diversas correntes e partidos de esquerda não stalinistas, que buscam referências nos conselhistas, em Rosa Luxemburgo, em Bloch, em Lefebvre, em Korsch, em Benjamin, em Gramsci.

De tal modo que, de diversas maneiras, em diversos contextos, na França, na Alemanha, na Inglaterra, na Itália, na América Latina, o marxismo ocidental, até os anos 1970, demonstrou que poderia superar tanto as consequências da longa hegemonia stalinista, quanto recuperar o ânimo revolucionário amortecido pela vitória da indústria cultural e da acomodação social-democrata. A explosão de 1968, a escalada das lutas de libertação colonial na África e na Ásia, a Revolução Portuguesa de 1974, pareciam as melhores confirmações dessas esperanças. Porém, essas manifestações de rebeldia foram não o prenúncio de vitória do socialismo emancipatório mas, sim, a senha para uma reescalada conservadora, para uma derrota de grandes proporções e consequências sobre as perspectivas de esquerda. A emergência e expansão, no interior de setores da esquerda, da perspectiva pós-moderna são uma das consequências dessa derrota política. A pós-modernidade tem referências heterogêneas, e se alguns de seus expoentes vieram da esquerda, outros são, clara e fundamente, comprometidos com a direita. Diz Eagleton:

> O pós-modernismo conta com várias fontes – o modernismo propriamente dito; o chamado pós-industrialismo; a emergência de novas e vitais forças políticas; o recrudescimento da vanguarda cultural; a penetração da vida cultural pelo formato mercadoria; a diminuição do espaço "autônomo" para a arte; o esgotamento de certas ideologias burguesas clássicas; e assim por diante (EAGLETON, 1999, p. 29).

Se a derrota da esquerda, se o fracasso patético do socialismo burocrático, incrementaram a incredulidade dos pós-modernistas com relação aos projetos emancipatórios, o sucesso do capitalismo neoliberal levou-os a uma rendição incondicional ao poder e ao dinheiro e mesmo gerou um entusiasmo pela vacuidade cultural, que caracteriza o tempo presente, como se vê, exaltadamente, em Gilles Lipovetsky (LIPOVETSKY, 1989).

A partir do texto de Lyotard, de 1979, vão se formar três grandes correntes sobre a pós-modernidade: 1) a dos seus entusiastas, composta pelo próprio Lyotard, por Baudrillard e mais provocativamente ainda por Lipovetsky; 2) a dos que recusam, radicalmente, por razões diversas, a pós-modernidade e que reúne nomes como Habernas e Callinicos; 3) e, finalmente, uma corrente, que a partir do marxismo reconhece a existência de modificações importantes no mundo da cultura no "capitalismo tardio" e tenta atualizar o marxismo para dar conta desses novos fenômenos, como se vê com Fredric Jameson e David Harvey (PICÓ, 1988).

Uma quarta posição será acrescentada aqui, a de Boaventura de Souza Santos. O característico desta posição é, de um lado, absorver parte do argumento dos entusiastas da pós-modernidade, e de outro lado, recusar-se a abandonar perspectiva emancipatória. Para Boaventura, neste novo projeto emancipatório necessário, Marx não tem uma posição central. Diz ele: "Marx deve ser posto no mesmo pé que os demais fundadores da sociologia moderna, nomeadamente Max Weber e Durkheim" (SANTOS, 1999, p. 33). Para Boaventura, Marx ainda teria o que nos dizer pelo que sua obra ensina de leitura do real: "Marx ensinou-nos a ler o real existente segundo uma hermenêutica de suspeição e ensinou-nos a ler os sinais de futuro segundo uma hermenêutica de adesão. O primeiro ensinamento continua a ser preciso, o segundo tornou-se perigoso" [...] E conclui: "Em suma, a utopia de Marx é, em tudo, um produto da modernidade e, nesta medida, não é suficientemente radical para nos guiar num período de transição paradigmática" (SANTOS, 1999, p. 43).

A contestação a Marx é, então, de que seu pensamento seria insuficientemente radical e fortemente comprometido com a modernidade. Veremos o que isto pode significar. Mas, antes disso, registre-se que para Boaventura o mais problemático em Marx é sua incapacidade de reconhecer a contradição ambiental. Diz ele:

> A ideia de Marx de que a sociedade se transforma pelo desenvolvimento de contradições é essencial para compreender a sociedade contemporânea, e a análise que fez da contradição que assegura a exploração do trabalho nas sociedades capitalistas continua a ser genericamente válida. O que Marx não viu foi a articulação entre a exploração do trabalho e a destruição da natureza e, portanto, a articulação entre as contradições que produzem uma e outra (SANTOS, 1999, p. 44).

Esta acusação da insensibilidade de Marx para a questão ambiental tem uma resposta significativa em artigo de John Bellamy Foster em que ele mostra que:

> Embora não se concentrando em seus trabalhos, na crítica ecológica ao capitalismo – sem dúvida porque pensava que o capitalismo seria

substituído por uma sociedade de produtores livremente associados muito antes desses problemas se tornarem realmente graves –, as alusões de Marx à sustentabilidade indicam que ele estava agudamente consciente das devastações ecológicas perpetuadas pelo sistema (FOSTER, 1999, p. 167).

Ver Marx e Engels como impenitentes produtivistas, seduzidos pelo mito prometeico, deterministas *sans phrase,* é ignorar que eles reconheceram um ponto fundamental: "que a sustentabilidade terá que estar no âmago da relação humana com a natureza em todas as futuras sociedades" (FOSTER, 1999, p. 168-169).

Assim, invalide-se por insubsistente a recorrente acusação do unilateralismo produtivista de Marx, e reconheça-se que se é exagerado, e um tanto ridículo, vê-lo como um pioneiro ecologista, é de justiça vê-lo como pertinentemente consciente das contradições "ecológicas" decorrentes da produção capitalista.

O central da contestação pós-moderna ao marxismo é que ele seria de tal forma um produto de modernidade que a crise desta, sua virtual desaparição, teria o efeito de cancelar sua capacidade heurística, sua pertinência política. Diz Boaventura:

> Se para quase todos os cientistas sociais era claro que Marx se equivocara nas suas previsões acerca da evolução das sociedades capitalistas, o mais importante era, no entanto, reconhecer que estas sociedades se tinham transformado a tal ponto desde meados do século XIX que, qualquer que tivesse sido o mérito analítico de Marx no estudo da sociedade do seu tempo, as suas teorias só com profundas revisões teriam alguma utilidade analítica no presente. Cada um à sua maneira, Alain Touraine (1974) e Daniel Bell (1965; 1973) viram neste presente uma ruptura radical com o passado; designaram-no por sociedade pós-industrial, uma nova solidez que desfizera no ar tanto o capitalismo industrial, como a sua melhor consciência crítica, o marxismo (SANTOS, 1999, p. 29).

Tal afirmativa é a negação da frase famosa de Sartre pela invocação de que o *"nosso tempo"* teria "passado", vigorando hoje o tempo da pós-modernidade. A essa contestação somaram-se os pós-estruturalistas franceses, que adicionaram uma acusação política – o marxismo seria cúmplice, no mínimo, das grandes tragédias coletivas contemporâneas. Veja-se o que diz Huyssen: "a ilustração se identifica simplesmente com uma história de terror e encarceramento que vem desde os jacobinos, passando pelas metanarrativas de Hegel e Marx, até o Gulag soviético" (PICÓ, 1988, p. 40).

Esse último juízo produziu prodígios, galvanizou uma estranhíssima aliança de que vão participar liberais exaltados – como Aron, Popper, Hayek; furibundos saudosistas do czarismo russo – como Solzhenítsin; ex-esquerdistas arrependidos como Furet.

Um decreto tão peremptório também pode levantar suspeitas, e é até possível que alguém, menos anestesiado pela avalanche condenatória, se lembre de perguntar se foi só essa a herança da ilustração, e, mais complexamente, indague sobre, afinal, o que é específico da modernidade, e qual a relação do marxismo com esta tradição-paradigma.

Boaventura tem posição precisa sobre o assunto. Ao contrário das diatribes pós-modernistas ele não vê o marxismo como linha auxiliar inspiradora dos grandes crimes stalinistas e das funestas ilusões do socialismo. Sua condenação do marxismo centra-se no seguinte: "Marx, acreditou, sem reservas, no desenvolvimento neutro e infinito das forças produtivas, no progresso como processo de racionalização científica e técnica da vida, na exploração sem limites da natureza para atender às necessidades de uma sociedade de abundância para todos" (SANTOS, 1999, p. 43).

Em outro trecho, e mais genericamente, ele vai dizer que: "A questão está, pois, em saber em que medida a alternativa de Marx, que é tão radicalmente anticapitalista quanto é moderna, pode contribuir para a construção de uma alternativa assumidamente pós-moderna" (SANTOS, 1999, p. 36).

Essa alternativa pós-moderna, defendida por Boaventura, que ele chama de "pós-modernismo inquietante ou de oposição", para se contrapor ao "pós-modernismo reconfortante ou de celebração" (SANTOS, 1999, p. 35), interroga o marxismo sobre três aspectos importantes. Diz ele: "Procurarei determinar a seguir o contributo de Marx nas seguintes três áreas temáticas: processos de determinação social e autonomia do político; ação coletiva e identidade; direção da transformação social" (SANTOS, 1999, p. 36).

Com relação ao primeiro tema a resposta de Boaventura é que Marx padece de irreversível "reducionismo econômico", o que não daria conta da realidade pós-moderna, que teria embaralhado o econômico, o político e o cultural: "cada vez mais, os fenômenos mais importantes são simultaneamente econômicos, políticos e culturais, nem que seja fácil ou adequado tentar destrinçar estas diferentes dimensões" (SANTOS, 1999, p. 38).

Sobre o segundo tema, o que discute a ação coletiva e a identidade, a posição de Boaventura busca superar certa perspectiva que vê o conceito marxista de classe social como tendo apenas determinação econômica, alargando-o pela incorporação de outras dimensões ao conceito de classe social – pela incorporação da discussão sobre a opressão de gênero, pela incorporação de aspectos políticos, étnicos, religiosos ao conceito de classe social. Neste ponto registre-se que tal providência não é recente no marxismo, como se sabe pelas contribuições decisivas de Antonio Gramsci e Edward Thompson.

Finalmente, sobre o terceiro tema, a direção da transformação social, a posição de Boaventura, reconhecendo a necessidade ingente da utopia no mundo contemporâneo, trata-se de avaliar o marxismo a partir de sua capacidade de suspeição sobre o existente, ao mesmo tempo em que o próprio marxismo deveria ser questionado no que nele haveria se estiolado. Diz ele:

> A solidez do marxismo reside essencialmente em necessitarmos dessa hermenêutica de suspeição para decidir sobre o que do marxismo deve ser desfeito no ar. Exercê-la igualmente contra o marxismo com o objetivo de agudizar, não de obnubilar, a vontade da utopia é hoje talvez a melhor maneira de honrar a brilhante tradição que ele instaurou (SANTOS, 1999, p. 45).

Com Boaventura estamos longe do pântano pós-moderno. Sua contestação do marxismo, a pós-modernidade, que ele reivindica para questionar certos aspectos do marxismo, nada tem da má-fé dos que se escudando na *malaise* do marxismo da II Internacional e na trágica experiência do stalinismo, renderam-se ao capitalismo neoliberal. Contudo, toda a pertinência da posição de Boaventura apoia-se na existência de uma efetiva mudança paradigmática – da modernidade para a pós-modernidade – e na incapacidade do marxismo de dar conta de aspectos centrais deste novo paradigma.

A discussão desse tema tem que começar por caracterizar o específico da modernidade. Trata-se de tarefa difícil porque incidente sobre realidade que tem a espessura do mundo, numa época marcada pelo alargamento de perspectivas, pela multiplicação de descobertas e inventos, por uma série de revoluções no plano de ideias, no plano institucional, na vida material. Realidade múltipla, que ensejou diversas interpretações e datações. Há quem, como Burckhardt, identificasse a modernidade com o Renascimento, em sua versão italiana, que teria emergido no século XIV. Há uma grande corrente, exemplificada aqui por Barraclough, que vê a modernidade como processo inaugurado pelos eventos da segunda metade do século XV – a queda de Constantinopla, em 1453, a viagem de Colombo, 1492, e de Vasco da Gama, 1498. Há quem, como Paul Hazard tenha datado o processo a partir de uma efetiva viragem intelectual – a crise da velha mentalidade europeia – que teria ocorrido entre 1680 e 1715. Para outros, como Alan Macfarlane, a modernidade só ter-se-ia instalado com a Revolução Industrial, no século XIX. Outros adiaram, ainda mais, o início da modernidade, como Arno Meyer, que a vê apenas, de fato, vigorando depois de 1914.

Se a periodização é controversa é porque são várias as acepções de modernidade. Um de seus maiores estudiosos, Max Weber, caracterizou-a como época que se distingue da pré-modernidade pelo que ela significa de *autonomização* da *arte*, da *ciência* e da *ética*.

De tal forma é vasto o campo de significados da modernidade, que é recomendável cautela com relação às tentativas de inventário exaustivo e peremptório.

Em que pesem nuances importantes, é possível encontrar-se um significativo consenso entre grandes pensadores sobre o específico da modernidade.

Deve-se admitir também que a modernidade tem diversas dimensões: é período histórico, e neste sentido é marcada por certas instituições e características específicas, históricas, isto é, realidades em permanente transformação; e, nesta perspectiva, a modernidade é uma totalidade aberta, heterogênea, cujo sentido é dado pela presença de uma multiplicidade performativa.

Dentre as múltiplas instituições da modernidade cinco parecem expressar o essencial de sua natureza – a cidade; o Estado Moderno; o indivíduo; a racionalidade instrumental; o mercado generalizado. Em seu nascimento a modernidade, a partir destas instituições, era promessa emancipatória. A *cidade*, como dizia o velho adágio medieval, libertava, permitia constituir sociabilidade alargada e democrática. O *Estado Moderno*, entre suas virtualidades, prometia a prevalência do interesse público sobre o interesse do soberano, prometia a garantia dos direitos individuais, era a própria possibilidade do surgimento do *indivíduo*, como disse Burckhardt. O indivíduo, o eu individual, forjou-se pela emergência do humanismo renascentista, mas só pôde consolidar-se na medida em que o Estado passou a garantir certos direitos que passaram a ser vistos como definidores, como inalienáveis. A *racionalidade instrumental* é a matriz da grande revolução da ciência moderna, mas é, também, a matriz sancionadora de uma nova ética, de uma ética de resultados. Finalmente, o *mercado generalizado*, a transformação do trabalho e da natureza em mercadorias, seriam os instrumentos da dinamização da vida econômica, da ampliação da produção material.

Deste conjunto de instituições é possível derivar-se uma imagem da modernidade como promessa de uma sociabilidade enriquecida, de segurança e prosperidade, de saúde e bem-estar, de liberdade e justiça. São estes valores, estes atávicos desejos humanos, que estão na base da formidável adesão que a modernidade angariou, a adesão de grandes maiorias como se viu em episódios emblemáticos como a Revolução Francesa, como nas grandes revoluções burguesas do século XIX.

Contudo, se a modernidade é promessa emancipatória, também ela foi capturada e transformada pela ação de um novo senhor, o capitalismo. Senhor exigente, tendente ao exclusivismo, que empalmando o conjunto das instituições da modernidade hipertrofiou algumas – o mercado e o indivíduo, transformados em religiões absolutistas; esgarçou e fragmentou outras, a cidade transformada em ruínas e interdições; amesquinhou outras, o Estado transformado em instrumento de garantia de privilégios...

É este o quadro que se delineou no século XIX e que inspirou uma ampla e diversificada suspeição sobre a modernidade, seja sob a forma de revolta individual contra a inautencidade do mundo, cujo exemplo maior é a filosofia de Nietzsche, seja como revolta coletiva contra este mesmo mundo de alienação e opressão. É um tempo de desencanto o século XIX. Max Weber, partindo de Marx e Nietzsche, sumarizou esse desencanto na denúncia que fez das consequências da racionalização do mundo, que ele vê como uma *nova servidão*, como jaula de aço, que aprisiona e interdita toda a possibilidade de vida autêntica. Se o diagnóstico sobre a modernidade de Weber é herdeiro do de Marx, em que a *racionalização é sinônimo* de *alienação*, suas propostas seguem Nietzsche e só podem enxergar saída na recusa aristocrática do mundo. É este o sentido da obra de Weber, que Gabriel Cohn sintetizou magnificamente no título de seu livro *Crítica e resignação* (COHN, 1979).

O século XIX é, decisivamente, o auge da modernidade na medida em que é o século da plena vitória do capitalismo, da ordem burguesa, auge da modernidade e início da explicitação de suas contradições fundamentais. No centro dessas contradições a luta entre o capital e o trabalho, em que o trabalho, herdeiro do melhor da tradição emancipatória, denuncia o capital como obscurantismo, como barbárie. Para o trabalho, para o movimento operário e sindical, para os partidos e movimentos socialistas, trata-se de afirmar os melhores valores da modernidade – a *cidade* como espaço da sociabilidade livre e generosa; o *indivíduo* como sujeito autônomo e criativo; o *Estado* como força que se realiza pela distribuição –, dissolução do poder na sociedade; a *racionalidade* reconciliada com a natureza e com a alteridade; o *bem-estar material* resultado da produção colocada a serviço da reprodução ampliada da vida.

Os que se reclamam pós-modernos, entendem que as formas degeneradas com que a modernidade se apresenta, desde o século XIX, são seus resultados necessários e inelutáveis, seu caminho natural, o qual deve ser radicalmente abandonado, porque definitivamente comprometido. Nesse processo de abandono há seletividade. Nem tudo os pós-modernos querem abandonar. Se condenaram Marx ao *índex* dos modernistas empedernidos, exaltaram Nietzsche como infenso ao veneno moderno. Nietzsche, ao recusar o patrimônio da modernidade, ao ver todo o esforço ocidental, desde Platão, de civilizar-se, como decadência, estaria imune à contaminação da modernidade, às perigosas ilusões da modernidade. Na atitude dos pós-modernos há uma escolha radical: condenam a ilusão moderna em nome da mistificação nietzschiana sobre a existência de uma época de ouro, feita de beleza e força, imune à culpa e ao sofrimento. Dessa escolha arbitrária e problemática resulta, afinal, a incapacidade de entenderem que o que eles veem como a emergência de um novo paradigma, a pós-modernidade, não é, senão, a perfeita manifestação da crise da modernidade, que longe de ser a última, atualiza a necessidade de atualização das ainda não realizadas promessas emancipatórias da modernidade.

Incapazes, de fato, de entender a natureza e os desdobramentos da crise da modernidade, os pós-modernos substituem a necessidade da intervenção crítica pela derrisão adesista, pela rendição entusiástica à ordem globalitária (SANTOS, 2000).

O resultado da adesão da pós-modernidade à ordem neoliberal é o completo esvaziamento de todos os conteúdos emancipatórios presentes nas instituições da modernidade. Se a cidade foi destruída pela lógica capitalista da acumulação, abandone-se a cidade, e não o capitalismo; se a ideia de indivíduo, de sujeito autônomo, degenerou-se, no capitalismo, em individualismo, egoísmo e privatismo, recuse-se qualquer projeto de reconstituição de identidades coletivas. Se o Estado, sob o capitalismo e na experiência do socialismo de caserna, tornou-se opressivo, conivente ou instrumento de privilégios, sancione-se o Estado mínimo, o que só garante a propriedade privada. Se a racionalidade instrumental mostrou-se instrumento de poder, rejeite-se qualquer outra forma de racionalidade, desconheça-se a existência de uma racionalidade emancipatória, não manipulatória. Se o mercado é o grande vitorioso do momento acomode-se a ele, locupletem-se todos.

O marxismo como filosofia da práxis

É possível encontrar na obra de Marx diversos momentos e passagens em que há explícita adesão à perspectiva determinista, unilateral, justificando certo juízo condenatório, que se faz dele. De outro lado, não será, também, difícil encontrar ali momentos e passagens que, também explicitamente, assumem perspectiva aberta, não determinística, que reafirmam a centralidade da *história*, como projeto, como possibilidades, como luta de classes. Daniel Bensaïd, sintetizou esta questão chamando a atenção para a existência de uma tensão, no interior da obra de Marx, entre a *ciência alemã* e a *ciência inglesa* (BENSAÏD, 1999, p. 284). Isto é, uma ciência positiva e determinística (inglesa, por assim dizer) em contraponto à complexa trama discursiva e conceitual que marca, por exemplo, a crítica de Goethe à teoria das cores de Newton.

Hoje, sabemos que Goethe não tinha razão contra Newton, contudo, o equívoco de Goethe não o impediu de desenvolver não uma teoria física de cores, como ele pretendia, mas uma teoria psicológica das cores, isto é, de desenvolver uma teoria sobre a percepção psíquica das cores, sobre a recepção das cores pelo cérebro e suas determinações sensoriais-afetivas. Generalizando este exemplo, pode-se dizer que se a ciência inglesa apreende o fenômeno apenas em sua imediaticidade, a ciência alemã seria sempre uma indagação sobre o fenômeno tomado como síntese de muitas determinações, como realidade complexa, que só se revela inteiramente, quando desdobrada, mediante a explicitação do conjunto de determinações que a conformam.

Para Bensaïd, Marx teria absorvido essas duas "ciências" resultando daí, uma tensão, permanente em sua obra, tensão que só pode ser superada se for assumida, isto é, se levada a sério, como diz Michael Löwy em comentário ao livro de Bensaïd (LÖWY, 2000, p. 57).

A posição de Bensaïd é, claramente, um passo à frente em relação aos esforços unilaterais e equívocos, de afirmar ou um Marx determinista ou um não determinista. Contudo, insista-se, ainda, num ponto sobre isto. Não há qualquer cesura temporal entre, por exemplo, um Marx não determinista, que seria típico de fase juvenil, versus um Marx determinista-cientificista, que seria típico da fase madura, ou vice versa. Os argumentos deterministas e não deterministas ocorrem em todas as fases da obra de Marx. Trata-se, na verdade de ambiguidade permanente, oscilação de significados não superada ao longo de toda a obra.

Além desta ambiguidade, é possível encontrar-se outros pontos de incoerência, de equívocos, de lacunas na obra de Marx. Há quem o tenha visto como profeta falhado, como ricardiano menor, como matriz do historicismo autoritário contemporâneo, e, finalmente, como, acusação maior, *definitivamente moderno*.

Essas acusações, contestações fazem parte do repertório da disputa político-ideológica do nosso tempo.

Nada para estranhar quanto a isso. O marxismo provoca reações que transcendem o meio acadêmico, que galvanizam fúrias militantes contra si, porque é apenas uma teoria, uma filosofia, porque tem incidência política, porque é convite e aposta na transformação do mundo. Também não deveria causar estranheza a constatação da existência de erros e lacunas entre seus enunciados. Afinal, é uma construção histórica, humana, sujeita às mesmas precariedades, que acompanham as obras humanas como suas sombras, tão constitutivas delas como os brilhos de suas maravilhas.

Neste sentido, a atualidade que se reivindica para o marxismo, sua permanência como filosofia insuperável do nosso tempo, não decorre de sua infabilidade, de sua absoluta coerência, de sua completude universal, que estes são resultados que transcendem o humano, e o que o marxismo quer ser, sobretudo, é a imanência, a aposta radical na capacidade da construção do ser social autônomo e livre. Para a realização deste propósito, o mais decisivo do marxismo, é o indescartável de seu compromisso crítico.

É desconcertante, de certo modo, a pouca ênfase que adeptos e contestadores do marxismo dão à crítica no âmbito do projeto marxiano. Mais do que isto, diga-se que parte considerável dos equívocos de interpretação do marxismo decorre da incapacidade de se levar a sério a centralidade da crítica na obra de Marx.

Esse sentido crítico, que se quer central na obra de Marx, tem um sentido específico, que não se esgota na acepção corrente da palavra crítica tal como dicionarizada, que remete à: "arte ou faculdade de examinar e ou julgar obras do espírito"; que também não é o sentido metodológico que lhe deu Kant em sua obra filosófica, em que a *crítica* busca estabelecer os limites das pretensões do absoluto, numa operação cujo propósito é relativizar as pretensões absolutizantes da razão na trajetória da metafísica ocidental, desde Platão. Para Kant, a *coisa em si* seria inapreensível pela razão humana, contudo seria possível traçar-se todo um itinerário seguro até às "portas" da *coisa em si*, um itinerário crítico fornecido pela revolução científica representada pela obra de Newton. Para Kant a crítica da metafísica seria empreendida pela ciência. Exatamente, sob esse aspecto incidiu a contestação de Hegel a Kant. Hegel dirá que a metodologia crítica de Kant teria falhado na medida em que teria tomado como ponto de partida de sua crítica da metafísica a ciência, a qual pressuporia, de algum sentido, alguma metafísica, isto é, alguma filosofia. De tal modo, que a crítica de Kant padeceria de má-infinitude, isto é, buscaria criticar a filosofia por meio da ciência, a qual pressupõe alguma filosofia, mesmo quando essa não é explicitada.

A resposta de Hegel, redefinida por Marx, é que a única maneira de se evitar a circularidade ou a arbitrariedade do ponto de partida da ciência, seria a totalidade, totalidade que sendo tudo, é por isso mesmo, a possibilidade de sua integral negação. Desse modo, a crítica tal como considerada aqui não é uma operação externa ao objeto, mas a explicitação necessária de suas figuras constitutivas.

Tal como apropriada por Marx a crítica tem uma dupla origem. Deriva, em primeiro lugar, de Vico e da tese de que só conhecemos o que fazemos e que este exercício de construção é *práxis*, é intervenção sobre o mundo, *intervenção crítica*. A segunda matriz do sentido de crítica em Marx é a herança hegeliana, que Marx transformou assim: 1) o mundo não se revela imediata e transparentemente, isto é, a essência não se revela de imediato, porque nessa primeira presentificação o ser, que estava recolhido em sua condição de pura potencialidade, sai de si mesmo, aliena-se, desconhecendo, nesse primeiro momento, que, natureza e história, são o próprio ser em sua caminhada para a autoconsciência e plena realização, que se dará quando o ser se reconciliar consigo mesmo, como síntese, a superação de tudo o que no ser não convoca o que de melhor pode existir, plenamente; 2) a intervenção capaz de desvelar a aparência do mundo, de superar a alienação, é a *práxis*, a intervenção crítico-prática, que se realiza pela *explicitação* das contradições constitutivas da realidade, tomada como totalidade.

Se várias são as possibilidades de compreensão da obra de Marx, insista-se na centralidade da crítica como sua máxima expressão: da crítica da *religião* à crítica da *filosofia*; da crítica da *filosofia* à crítica do *estado*; da crítica ao *estado* à crítica da *sociedade*; da crítica da *sociedade* à crítica da *economia*; da crítica da *economia* à crítica da economia *política*. Itinerário complexo, de nenhum modo linear ou evolucionista, em que a explicitação dos vários momentos parciais do ser busca a totalização, a realização do ser como totalidade que experimentou a radical visão de si mesmo e que depois disso pode se reconciliar, pode retornar ao seu leito original enriquecido pela experiência de se ter posto, de se existir como contingência e possibilidade, garantindo ao movimento de reconciliação a última condição que faltava ao ser, sua experiência como limitação.

Com efeito, a obra de Marx é uma permanente operação crítica, senão, vejamos: sua tese de doutoramento, em 1841, é um exercício de crítica das filosofias de Demócrito e Epicuro; de 1843 é *Para a crítica da Filosofia do Direito de Hegel*, de 1844 é a *Sobre a questão judaica*, que é crítica ao filósofo Bruno Bauer; também de 1844 é para a *Crítica da Filosofia do Direito de Hegel: Introdução*; de 1845 é a *Sagrada Família*, cujo subtítulo é *A crítica da crítica crítica*; também são de 1845, *As teses sobre Feuerbach*; de 1845-1846, *A ideologia alemã*, crítica aos hegelianos de esquerda; de 1847 é *A Miséria da Filosofia*, crítica a Proudhon; de 1848, o *Manifesto Comunista*, que é crítica do capitalismo e de grupos socialistas; de 1850 é *Luta de classes na França*; de 1852, a crítica ao golpe de estado de Luís Bonaparte; de 1857/1859 os *Grundrisse* cujo título completo é *Fundamentos da crítica da economia política*, e *Para a crítica da economia política*; de 1862/1863 *A história crítica da teoria da mais-valia*; de 1867 é a publicação do Livro I de *O Capital*, a *Crítica da economia política*; de 1875, *Crítica do Programa de Gotha*; de 1880, *As glosas marginais sobre o Tratado de Adolf Wagner*.

Na obra de Marx, a crítica é o modo necessário de apreensão e transformação do mundo, por meio da *práxis*, da permanente construção da autonomia do social, pela radical distribuição do poder, da riqueza, do conhecimento.

A obra de Marx é uma síntese crítica da totalidade da realidade social, síntese que em seus próprios termos não pode se acomodar, que só pode se realizar como crítica totalizadora do existente. Daí que qualquer tentativa de interromper a caminhada crítica pela adesão a qualquer de seus momentos parciais seja contraditória com o essencial do projeto de Marx, que deve ser visto como realização efetiva do contido no *Fausto* de Goethe, quando Mefistófeles diz que "tudo o que existe merece perecer".

Esta frase, sobre o papel decisivo da negatividade, impõe uma conclusão essencial – a de que o marxismo está condenado à crítica, que ele só realiza pelo seu movimento de perpétua indagação, cujo propósito é a plena realização da liberdade.

PARTE II
O MÉTODO DA CRÍTICA DA ECONOMIA POLÍTICA

*A dialética leva a alma a contemplar
o que de melhor existe.*

Platão

A dialética trata da "coisa em si". Mas a "coisa em si" não é uma coisa qualquer, e, na verdade, não é nem mesmo uma coisa: a "coisa em si", de que trata a filosofia, é o homem e seu lugar no universo, ou (o que em outras palavras exprime a mesma coisa): a totalidade do mundo revelado pelo homem na história e o homem que existe na totalidade do mundo.

Karel Kosik

A introdução dos *Grundrisse*

Não são muitas as tentativas de leitura circunstanciada, passo a passo, compreensiva da "Introdução" dos *Grundrisse*[6]. Parte desse descuramento relativo deve-se ao explícito abandono de Marx do texto, quando, no Prefácio à *Contribuição à crítica da economia política*, de 1859, diz que estava prescindindo de uma introdução geral: "pois, bem pensada a coisa, creio que adiantar resultados que terão que ser demonstrados, seria, de fato, um estorvo, restando ao leitor que quiser seguir-me estar disposto a remontar do particular ao geral" (MARX, 1972, p. 34).

Outras circunstâncias terão pesado, também, para que a *Introdução* tenha sido pouco estudada, apesar de estar disponível desde 1903, quando foi publicada por Kautsky. Entre estas circunstâncias está o fato do texto ter ficado incompleto, com passagens importantes expressas de modo quase telegráfico, além do considerável grau de dificuldade que oferece sua inteira compreensão, sobretudo em sua última parte, quando Marx apenas indicou, à moda de um roteiro-índice, temas que pretendia retomar, sistematicamente, depois, o que acabou não sendo feito.

É possível que essas circunstâncias, sobretudo a explícita negativa de Marx em validar ou concluir a *Introdução*, justifiquem o pouco que se fez, no sentido de sua efetiva elucidação.

Neste texto assume-se posição diversa em dois aspectos básicos: 1) no sentido em que se valoriza o contido na *Introdução* como momento importante, e sob certos aspectos insubstituível, de explicitação do método especificamente marxiano de elaboração da crítica da economia política; 2) no sentido em que

---

[6] Uma leitura sistemática relativamente recente, 1988, da "Introdução" dos Grundrisse está em *Marx's Grundrisse and Hegel Logic*, de Hiroshi Uchida, que busca mostrar a correspondência entre a "Introdução" e a "Doutrina do conceito" da *Ciência da Lógica*, de Hegel; enquanto o capítulo sobre a moeda, dos *Grundrisse*, teria correspondência com a "Doutrina do ser", da *Ciência da Lógica*; finalmente, o capítulo sobre o Capital, dos *Grundrisse*, estaria relacionado à Doutrina da essência", da *Ciência da Lógica*. Disponível em: <http://www.marxists.org/subject/japan/uchida/index.htm>

se crê possível uma leitura compreensiva, isto é, sistemática e abrangente do conjunto da *Introdução*, reconstituindo tanto a trama conceitual do texto, quanto os nem sempre explícitos diálogos e referências que estão na base de sua estrutura expositiva.

Este último aspecto é ainda mais agravado quando se sabe que tanto a *Introdução*, quanto os *Grundrisse* como um todo, não foram escritos visando publicação senão que para "esclarecimento de minhas próprias ideias" [...] sendo que "a elaboração sistemática de todos estes materiais, segundo o plano estabelecido, dependerá de circunstâncias externas" (MARX, 1972, p. 34).

Insista-se, ainda, preliminarmente, que não é o caso de se tomar como absoluta a recusa de Marx em elaborar uma introdução "metodológica" à sua crítica da economia política. De fato, se Marx diz, em 1859, que havia prescindido da introdução, no trecho já citado do Prefácio à *Contribuição à crítica da economia política*, também é certo que este mesmo Prefácio refaz, ao lado de reconstituir, sinteticamente, o itinerário intelectual de Marx, é um resumo da *Introdução* que estava sendo abandonada, sendo um decisivo registro de princípios metodológicos estruturantes do projeto marxiano sob a forma tanto da centralidade das determinações materiais da vida social, quanto do conceito de modo de produção.

Há na recusa de Marx em dar sequência, em concluir a *Introdução*, motivação semelhante à Hegel, que no Prefácio de *A fenomenologia do espírito* escreveu:

> Uma explicação, dessas que se costumam antepor a uma obra qualquer num Prefácio – seja sobre o fim que o autor nela se propôs, seja sobre as circunstâncias ou a relação que ele crê descobrir entre sua obra e outras, anteriores ou contemporâneas que tratem do mesmo assunto –, parece, no caso de um escrito filosófico, não somente supérfluo, mas, em razão da matéria a ser tratada, até inconveniente e oposta à finalidade almejada [...] a filosofia reside essencialmente no elemento da universalidade, que contém em si o particular, nela mais do que nas outras ciências parece que a coisa mesmo, e justamente na perfeição de sua essência, deveria exprimir-se no fim e nos resultados finais (HEGEL, 1974, p. 11).

O paradoxal neste caso é que este Prefácio, escrito depois de redigida *A fenomenologia do espírito*, sobre o qual Hegel lança suspeitas de inconveniência, que deveria ser suprimido, não só foi mantido, mas representa, segundo a opinião de considerados especialistas em Hegel, como o padre Henrique Cláudio de Lima Vaz, "uma grandiosa introdução ao *Sistema da ciência* que Hegel projetava publicar na época, e do qual a Fenomenologia seria justamente a primeira parte..." (VAZ, 1974, p. 11).

Invoque-se este episódio, para afirmar uma analogia importante. Devidamente considerada, isto é, reconhecida em suas limitações e incompletude, a *Introdução* aos *Grundrisse* tem lugar equivalente ao Prefácio da *Fenomenologia* na obra de Hegel, no sentido de ser a primeira abrangente e provisória *apresentação* do ponto de vista metodológico, que vai informar a crítica da economia política como processo de *superação* da economia política desde seu nascimento no século XVII.

É de se considerar com cuidado, que tanto no caso de Hegel, e o lugar da *Fenomenologia* em sua obra, quanto no caso de Marx, e o lugar dos *Grundrisse*, não há propósito em afirmar a superioridade destes livros na obra dos dois autores. De fato, seria uma impropriedade tanto ver equivalência estrita entre os dois livros nas obras de seus autores, seja, mais decisivo, ver equivalência substantiva entre os dois livros, já que um nem mesmo foi escrito com vistas à publicação.

Apesar disto, não se subestime o significado dos dois livros, posto que representam, cada qual a seu modo, uma primeira totalização de projetos intelectuais de grande envergadura. Que estes projetos tenham sido retomados e requalificados adiante, não retira, de suas primeiras apresentações de conjunto, seus decisivos méritos, e mesmo deve ser ressaltado o que neles é único, que é certa convocação do que está além do sistemático: que no caso da *Fenomenologia* a aproxima da grande tradição narrativa da cultura ocidental, das epopeias homéricas ao "romance de formação" (KOSIK, 1976, p. 165-166); e que no caso dos *Grundrisse* lança-o como instrumento crítico do mais alto que tinha atingido a cultura burguesa nos campos da filosofia, da economia política e da literatura.

De resto diga-se que Marx, que havia dito prescindir de uma introdução "metodológica", em 1857, volta a mencionar a necessidade de "uma introdução dessa natureza" nos manuscritos de 1863 (ROSDOLSKY, 2001, p. 481).

O problema da impossibilidade de uma "introdução metodológica" a um objeto que só se deixa apreender pela explicitação do conjunto de seus conteúdos aparece também no referente a uma introdução à Lógica de Hegel. Diz Hartmann:

> Este é o motivo que torna impossível uma introdução propriamente dita à *Lógica* de Hegel. Não há maneira alguma de indicar de antemão o que nela acontece realmente. Teremos que introduzir-nos imediatamente na própria coisa, no meio do fluxo da dialética; e como, ao sermos arrastados por ela, estaremos privados de pontos de apoio – de indícios externos por serem exteriores e de internos porque a dialética os absorve – encontramo-nos no princípio imersos num torvelinho e como que atacados de cegueira. Esta impressão não cessará até começarmos a ver no interior das estruturas que emergem dele, e até seguirmos o ritmo peculiar de seu ir e vir como uma ordem legal sui generis. Ao experimentar esta mutação, realizaremos no próprio pensar o movimento da lógica e mesmo ter-se-á convertido em pensamento dialético (HARTMANN, 1983, p. 446).

Considerada esta exigência, que Marx também a fez para si, é possível pensar a *Introdução* como uma espécie de balanço crítico dos modos mais avançados como o pensamento burguês buscou apreender a sociedade, que resultaram em efetivos ganhos de conhecimento sobre o mundo, como os decorrentes das obras de Petty, Boisguillebert, Stewart, Smith, Ricardo, Rousseau, Hegel, que apesar de ponderáveis devem ser "superadas", "suprassumidas" pela operação de um princípio, sintetizado no verbo "aufheben" ("suprassumir"), que remete às noções de *levantar, sustentar, erguer*, anular, abolir, destruir, revogar, cancelar, suspender, conservar, poupar, preservar" (INWOOD, 1997, p. 302). O que, enfim, permite que se leia o conceito de "superação", de "suprassunção" como uma operação que "agarrando" o conceito, o que é aqui uma redundância significativa, retira-o de seus gonzos, expurgando dele o que nele deve ser *revogado*, ao mesmo que se lhe *conservam* seus melhores atributos, do que resultará, de fato, sua *elevação*, seu *soerguimento* enriquecido pela reflexividade.

O procedimento analítico que será adotado aqui não ignora os condicionamentos postos pela exigência, legítima, para quem, de algum modo, pretende trabalhar no campo da história, que é a busca da superação do anacronismo.

Com efeito, o que se vai buscar aqui é a reconstituição do andamento expositivo de Marx pela explicitação da trama dialógica que organiza todo o texto e que nem sempre é explicitamente reportada por Marx. Na verdade, cada uma das quatro partes de que é composta a *Introdução* dos *Grundrisse* é organizada segundo uma estrutura expositiva, que, à semelhança de certas composições polifônicas, sob a forma de uma fuga, em que a voz de Marx apresenta e desafia o seu contendor, seguindo-se a intervenção de outras vozes e temas, em contraponto, sem que o tema central se dissipe.

A redação da *Introdução* teve início em 23 de agosto de 1857 e prolongou-se até meados de setembro daquele ano, tendo ficado inconclusa, o que se manifesta de diversos modos no texto a começar pela numeração de suas partes. O texto é aberto com o número I, seguido das palavras Produção, Consumo, Distribuição, Troca (circulação). É de se supor que Marx planejasse escrever um item II, III, etc., o que não foi feito. Deste modo, este item I [Produção, Consumo, Distribuição, Troca (circulação)] remete direta e imediatamente à tradição da economia política, em particular ao texto então hegemônico daquela tradição, que é o Livro de John Stuart Mill, *Princípios de economia política*, cuja primeira edição é de 1848. Com efeito, nem sempre explicitamente, a estratégia expositiva de Marx na *Introdução* fez da crítica ao livro de Stuart Mill o ponto arquimediano a partir do qual ele elaborará a sua crítica teórico-metodológica baseada, como não é desnecessário lembrar, num procedimento que, valendo-se de Hegel, chama-se de *superação* (Aufhebung), em que os conceitos, são, pelo exercício de uma dupla operação, a um tempo, despojados do que nele é merecedor de descarte e preservados do que neles brilha como universalidade.

Sustenta-se aqui que, tendo o livro de Stuart Mill como alvo central, cada uma das quatro partes de que é composta a *Introdução* tem uma interlocução estruturante, a saber: na primeira parte, o diálogo é com o mais avançado do pensamento burguês do ponto de vista filosófico e literário; a segunda parte é uma crítica direta e explícita aos *Princípios de economia política* de Stuart Mill; a terceira parte é uma crítica de conjunto ao método do melhor da economia política clássica, a partir do século XVII; finalmente, a quarta parte que projetou ser uma ampla discussão sobre as determinações materiais das formas de consciência acabou se realizando como uma desconcertante introdução a uma estética materialista a partir de uma crítica à estética hegeliana tal como praticada por Vischer.

Primeiro Movimento: a produção ou a crítica da cultura burguesa

O capítulo 1 da *Introdução* (Produção) tem dois subitens: "Indivíduos autônomos. Ideias do século XVIII"; "Eternização das relações de produção históricas, Produção e distribuição em geral – Propriedade". O primeiro invoca tanto temas diretamente filosóficos – o "contexto social" de Rousseau; a sociedade civil tal como definida por Hegel; o *"zoon politikon"* de Aristóteles; a filosofia da história – quanto temas históricos, literários e de economia política. Ao lado de nomes como Smith, Ricardo, Stuart, a quem Marx atribui méritos, estão outros – Bastiat, Carey, Proudhon, John Stuart Mill, que mereceram dele decidida recusa.

O ponto de partida é, num primeiro momento, o mesmo da melhor tradição da economia política. Trata-se de reivindicar a *produção* como objeto a ser considerado em primeiro lugar. Esta posição demarca diferença com perspectivas, como a de Say, e que vai se tornar a regra no pensamento econômico neoclássico, que partem da *circulação*, que na verdade transformam a teoria econômica numa teoria das trocas.

Mas, ao lado de afirmar a centralidade da produção material, a *Introdução* também é afirmação do caráter necessariamente coletivo, social desta produção, afastando, por insubsistentes, as teses de autores respeitáveis, como Smith e Ricardo, que remetem às *robinssonadas* que pretendem fundar a sociedade humana a partir do mito do homem isolado, o caçador, o pescador, o homem natural. Marx vê nestas "imaginações desprovidas de fantasias" (MARX, 1978, p. 3), que repercutem, de algum modo, o personagem de Defoe sob um duplo ponto de vista. De um lado, as "robinssonadas" se apresentam, para certa corrente historiográfica, como reação ao excesso de refinamento típico do século XVIII, isto é, como uma petição de volta ao "natural" depois dos excessos iluministas. Para Marx esta visão, reage apenas à *aparência* do fenômeno das *robinssonadas* que, na verdade, antes de remeter ao passado, é, de fato, a "antecipação da 'sociedade civil", que se preparava desde o século XVI e que no século XVIII marchava a passos de gigante para sua maturidade" (MARX, 1972, p. 3).

Trata-se aqui, então, de ver em Rousseau, como em Smith e Ricardo, não um recuo a um mítico passado de homens isolados e naturais, mas a firme convocação da sociedade burguesa como espaço da "livre concorrência, onde cada indivíduo aparece como desprendido de laços naturais, etc." (MARX, 1972, p. 3).

Marx dirá que a efetiva realização do "zoon politikon", do "animal social", que Aristóteles afirmou ser a nossa insuperável condição, é um produto do século XVIII, da sociedade civil que permite a plena individualização dos indivíduos pela experimentação de suas diversas potencialidades, de que é exemplo maior a linguagem. Para Marx igualmente absurda são seja a produção de um homem isolado, fora da sociedade, quanto o desenvolvimento da linguagem sem indivíduos que vivam juntos e falem entre si (MARX, 1972, p. 4).

Marx diz que não haveria propósito em discutir o tema das *robinssonadas*, se a questão que tinha certo sentido no século XVIII, não tivesse reaparecido no século XIX, na economia moderna, pelas mãos ineptas de Bastiat, Carey, Proudhon, etc. (MARX, 1972, p. 4).

Afirmado o primeiro ponto, que define que o ponto de partida da crítica da economia política é a produção, é a produção material, socialmente concreta, Marx passa a considerar um outro conjunto de problemas constitutivos da economia política clássica a saber: sua tendência a eternizar, "naturalizar", relações da produção que são essencialmente históricas. Desta tendência decorrem desdobramentos importantes sobre a concepção de produção, de distribuição, de propriedade, de instituições jurídicas, de formas de governo.

Na primeira parte da discussão a crítica à economia política clássica não poupou nenhum de seus cultores, mesmo os mais relevantes, pois que todos tenderam a fazer da sociedade burguesa, das relações capitalistas de produção realidades eternas e inexcedíveis.

A crítica de Marx a esta tradição da economia política de eternizar o que é histórico e socialmente determinado, resultou na criação do conceito de *modo de produção*, que estando presente na obra de Marx desde *A ideologia alemã*, escrita com Engels entre 1845 e 1846, reapareceu e se enriqueceu na Introdução de 1857, adquirindo plena maturidade no Prefácio da *Contribuição à crítica da economia política*, de 1859, assim:

> na produção social de sua existência, os homens travam determinadas relações necessárias e independentes de sua vontade, relações de produção que correspondem a uma determinada fase de desenvolvimento de suas forças produtivas materiais. O conjunto destas relações de produção forma a estrutura econômica da sociedade, a base real sobre a qual se eleva um edifício (*Überbau*) jurídico político e a que correspondem determinadas

formas de consciência social. O modo de produção da vida material determina (*bedingt*) o processo da vida social, política e espiritual em geral (MARX, 1972, p 35).

A marcha da argumentação de Marx nesta parte do capítulo 1 da *Introdução* está baseada na relação entre geral e particular, isto é, na necessidade de conciliar aspectos que são comuns, invariantes, a todas as épocas históricas da produção, e as formas historicamente concretas que estes aspectos assumem em cada período. Trata-se, enfim, de reconhecendo que o *sujeito* de toda produção é a *humanidade*, e que o *objeto* desta produção é a *natureza*, isto é, que a produção tem como pressuposto estas duas determinações universais e aistóricas, apreender os *modos necessários* da efetivação da produção, que para se realizar tem que desprender-se dessa condição abstrata, e se por no mundo como formas concretas de existência do sujeito da produção, do objeto da produção (a natureza) e dos instrumentos de produção (trabalho acumulado), que vêm a ser os elementos invariáveis do processo de produção, a que se vem agregar um quarto elemento, o *não trabalhador*, como constituintes de todos os modos de produção de sociedades divididas em classes sociais.

A tese central de Marx neste passo é negar a existência de uma *produção em geral*, pela afirmação de que toda produção é historicamente determinada, do mesmo modo que também não há propósito em falar de *produção geral*. Diz Marx: "Se não existe produção em geral, tampouco existe uma produção geral. A produção é sempre um ramo *particular* da produção, por exemplo, a agricultura, a pecuária, a manufatura, etc. – ou bem é uma *totalidade*" [...] e conclui: "a produção é sempre um organismo social determinado, um sujeito social que atua em um conjunto maior ou menor, mais ou menos pobre, de ramos da produção" (MARX, 1972, p. 6).

Na sequência desta frase Marx deixa indicada uma questão que tem decisiva importância metodológica, que é a distinção que ele estabelece entre *representação* científica e o *movimento real* (MARX, 1972, p. 6), tema que foi retomado por Marx no Posfácio à 2ª Edição de *O Capital*, em 1873, quando disse:

> É mister, sem dúvida distinguir, formalmente, o método de exposição do método de pesquisa. A investigação tem de apoderar-se da matéria, em seus pormenores, de analisar suas diferentes formas de desenvolvimento, e de perquirir a conexão íntima que há entre elas. Só depois de concluído esse trabalho, é que se pode descrever, adequadamente, o movimento real. Se isto se consegue, ficará espelhada, no plano ideal, a vida da realidade pesquisada, o que pode dar a impressão de uma construção a priori (MARX, 1968, p. 16).

De fato, a superação das aporias que Marx vê no tratamento, pela economia política, da relação entre *produção em geral* e *ramos particulares da produção*, resulta em convocar a *totalidade da produção* como síntese da contradição entre Produção em Geral x Ramos particulares da Produção (MARX, 1972, p. 6).

A partir deste ponto, e até o final do segundo capítulo da *Introdução*, o explícito objeto da crítica de Marx é John Stuart Mill e seu Livro de 1848. O centro da crítica de Marx num primeiro momento é a distinção feita por Stuart Mill entre as leis que regeriam a produção e as que determinariam a distribuição. Diz Stuart Mill:

> A produção da riqueza; a extração dos materiais da terra, dos instrumentos para a subsistência e a felicidade humanas, não é, evidentemente, uma visão aistórica. Têm suas condições necessárias. Destas, umas são físicas, dependem das propriedades de matéria e do grau de conhecimento das que se possua em um determinado lugar e em determinada época. Estas não as investiga a economia política, senão que as supõe; recorrendo às ciências físicas e à experiência ordinária para fundamentar-se. Combinando com esses fatos da natureza exterior outras verdades relacionadas com a natureza humana, tenta descobrir as leis secundárias ou derivadas, que determinam a produção da riqueza e da pobreza tanto do presente como do passado, e a razão de qualquer aumento de riqueza que o futuro nos reserve.
>
> As leis da distribuição, diferentemente das leis da produção, são em parte obra de instituições humanas: já que a maneira segundo a qual se distribui a riqueza, em uma sociedade determinada, depende das leis e dos costumes da época (MILL, 1943, p. 51-52).

Essa distinção estabelecida por Mill receberá por Marx explícita contestação. Diz Marx: Trata-se, veja-se por exemplo, o caso de Mill, de apresentar a produção, diferentemente da distribuição, etc., como regida por leis eternas da natureza, independentes da história, ocasião esta que serve para introduzir, subrepticiamente, as relações *burguesas* como leis naturais da sociedade *in abstracto* (MARX, 1972, p. 7).

Marx moverá sistemático e cerrado combate às teses, tanto de Mill, mas, também, de Proudhon, que buscaram separar *produção* e *distribuição* como se esferas rigidamente separadas e distintamente determinadas. É crucial para o projeto teórico marxiano mostrar que a produção da *mais-valia* se dá no momento e no processo mesmo da produção, o que significa dizer que produção e distribuição fazem parte da mesma *totalidade*, que devendo ser distinguida em seus momentos constitutivos, não pode ser arbitrariamente seccionada.

Para Marx, mais que um equívoco teórico, este procedimento atende a certos interesses de classe, como também tem o mesmo sentido a discussão sobre propriedade como fundamento da distribuição, em particular da propriedade privada.

O livro II dos *Princípios de economia política*, de John Stuart Mill, trata da *Distribuição* e seu primeiro capítulo é sobre a *Propriedade*, a qual é, sem mais, igualada à propriedade privada ignorando-se as diversas formas de propriedade que precederam e coexistiram como propriedade privada (MARX, 1972, p. 8). Decorre da discussão sobre a propriedade um desdobramento necessário, que é o fato de que "toda forma de produção engendra suas próprias instituições jurídicas, sua própria forma de governo, etc." (MARX, 1972, p. 8).

O ponto central do argumento de Marx é mostrar que o que os economistas burgueses só percebem como relações fortuitas e articuladas por nexos reflexivos, são, de fato, partes de um "todo orgânico" que reúne produção, distribuição e determinadas formas jurídico-políticas a que "correspondem determinadas formas de consciência social" (MARX, 1972, p. 8 e 35).

Segundo Movimento: a relação geral da produção com a distribuição, a troca e o consumo ou desconstruindo os Princípios de economia política de John Stuart Mill

A escolha de John Stuart Mill como interlocutor privilegiado da *Introdução* atinge nesta parte seu pleno significado. Afinal, trata-se aqui, de tomar de conjunto os *Princípios de economia política*, sua estrutura analítica e seus conceitos, e submetê-los a um escrutínio que reitera a disposição de Marx de realizar a "crítica da economia política", tomando como objeto uma obra que era amplamente reconhecida como a súmula e a culminância da trajetória da economia política desde seu vigoroso nascimento no século XVII. Para Marx esta atribuição de clímax ao livro de Stuart Mill está longe de corresponder à realidade, ainda que reflita a própria perda de referências que assolava a economia política então. Nas *Teorias sobre a mais-valia*, que Marx escreveu entre 1861 e 1863, e que foram publicadas por Kautsky, entre 1905 e 1910, Marx estabeleceu periodização do pensamento econômico que vê no repúdio à teoria ricardiana a entrada em cena do que ele chamou de *economia vulgar*, e que se notabilizou por substituir a "investigação científica imparcial pela consciência deformada e pela intenção apologética" (MARX, 1980, vol. III).

Sabe-se que Marx não nutria grandes simpatias pela obra de John Stuart Mill, sobretudo pelos *Princípios de economia política*, que ele via inferior ao *Essays on Some Unsettled Questions of Political Economy*, escritos entre 1829 e 1830, e publicados em 1844, e que para Marx: "contêm, na realidade, todas as ideias originais do senhor J. St. Mill sobre "political economy" (diferentemente de seu grosso compêndio)" [...] (MARX, 1980, vol. III, p. 171-172). De todo modo, Marx não incluiu Stuart Mill entre os economistas vulgares. Diz ele: "Para evitar mal-entendidos observaremos que, se homens como J. St. Mill merecem crítica pela contradição entre seus velhos dogmas econômicos e suas tendências modernas, seria absolutamente injusto confundi-lo com a classe dos economistas vulgares" (MARX, 1968, p. 710).

Marx vê em Stuart Mill ecletismo e ambiguidades que, no entanto, não o desqualificam como interlocutor. Disse Maurice Dobb:

> Em sua época foi, por certo, considerado como a encarnação da ortodoxia ricardiana; e a partir de 1848, e até a oposição de Marshall, seus *Principles of Political Economy with some their Applications to Social Philosophy* ocuparam um lugar único como o livro texto aceito sobre o tema. Bagehot falou de "influência monárquica" sobre seus contemporâneos e disse que desde então todos os estudantes "viam o total da matéria através dos olhos de Mill"; acresceu que "eles viam em Ricardo e em Adam Smith, o que ele disse que veriam (DOBB, 1975, p. 137).

Os *Principles* de Stuart Mill estão divididos em 5 livros: Produção; Distribuição; Troca, Influência do Progresso da Sociedade sobre a Produção e a Distribuição; Influência dos governos.

Esta estrutura, que remete mais a Smith que a Ricardo, ainda que não lhe seja incompatível, é, claramente, o mote da *Introdução* aos *Grundrisse* sobretudo em suas duas primeiras partes. A segunda parte Marx chamou de "A relação geral da produção com a distribuição, a troca e o consumo". Na base do argumento de Marx a denúncia do procedimento de Stuart Mill de separar, rigidamente, essas esferas, ignorando a decisiva tese de Marx: "o resultado a que chegamos não é que a produção, a distribuição, a troca e o consumo sejam idênticos, senão que constituem as articulações de uma totalidade, diferenciações dentro de uma unidade" (MARX, 1972, p. 20).

A estratégia expositiva de Marx nesta segunda parte da *Introdução* basear-se-á na reiteração do equívoco da separação rígida daquelas esferas e nas implicações nem de longe neutras ou ingênuas destes procedimentos.

Em vez da separação rígida de esferas Marx mostra a sua articulação orgânica, dialeticamente posta, mediante a exposição de um silogismo em que a *Produção* apresenta-se como *universalidade/generalidade*; a *Distribuição/Troca* como *particularidade* e o *Consumo* como *singularidade*. Diz Marx: "A produção aparece como o ponto de partida, o consumo como o ponto final, a distribuição e a troca como o termo intermediário, termo que por sua vez é duplo já que a distribuição é determinada como momento que parte da sociedade, e a troca como momento que parte dos indivíduos" (MARX, 1972, p. 9).

Depois de afirmar a existência do silogismo Marx insiste em que mais que um encadeamento lógico ele expressa determinações reais, que se apresentam na inter-relação entre produção e consumo, distribuição e produção, troca e circulação e troca e produção, que, encadeados deste modo, configuram as esferas da vida econômica pela confirmação de uma estrutura em que se reconhece que produção é também consumo, que produção é distribuição, que troca é circulação e que troca é produção, a partir do seguinte quadro geral: a) a produção cria os objetos úteis e necessários segundo determinada configuração de forças produtivas; b) a distribuição reparte a produção segundo as relações sociais de produção; c) a troca reparte o que já foi repartido segundo as necessidades individuais; d) o consumo faz com que a produção abandone a esfera social e converta-se em objeto de satisfação das necessidades individuais, segundo o seguinte esquema:

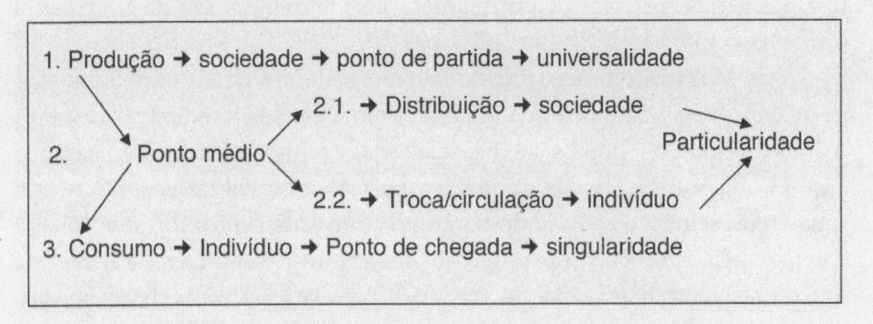

```
1. Produção → sociedade → ponto de partida → universalidade
                          2.1. → Distribuição → sociedade
2.       Ponto médio                                         Particularidade
                          2.2. → Troca/circulação → indivíduo
3. Consumo → Indivíduo → Ponto de chegada → singularidade
```

Neste esquema a produção realiza-se como consumo objetivo e subjetivo e como consumo produtivo e improdutivo; a produção e a distribuição apresentam-se como os dois lados da moeda em que se manifesta o capital como agente da produção (terra, trabalho e capital) e como fonte de renda (renda, salário, lucro e juro); a circulação não é mais que um momento determinado da troca, isto é, a troca considerada em seu conjunto; finalmente, é preciso ver a troca como um momento da produção, só aparecendo como independente da produção no momento em que propicia a realização do consumo (MARX, 1972, p. 9-20).

Registre-se ainda que a decisiva questão do fetichismo da mercadoria, ausente da *Contribuição à crítica da economia política*, de 1859, que foi introduzida na primeira edição do Livro I, *O Capital*, em 1867, e modificada na segunda edição do Livro I, em 1873, encontra-se esboçada na *Introdução* aos *Grundrisse*, quando Marx diz: "Na produção, a pessoa se objetiviza, e no consumo a coisa se subjetiviza" (MARX, 1972, p. 9), termos que remetem à análise de Isaak Rubin, que fala da "coisificação das relações de produção e personificação das coisas" como processos inerentes à imposição da sociedade mercantil-capitalista (RUBIN, ISAAK, 1974, cap. III).

Terceiro Movimento: o método da economia política ou a "Suprassunção" da "Suprassunção".

Mais forte neste capítulo que nos anteriores é a presença da dialética e sua necessária mobilização para a efetivação da crítica da economia política, que é, a um tempo, tanto crítica dos procedimentos empíricos dos economistas no tratamento dos termos econômicos, quanto crítica do método que informa e organiza a prática dos economistas.

O movimento da argumentação de Marx inicia-se pela arguição do método da economia política, que prevaleceu no século XVII, com Petty, Boisguillebert, que consideravam o objeto, a vida econômica, a partir do "todo vivente, a população, a nação, o Estado, vários Estados, etc., porém terminavam sempre por descobrir, mediante a análise, um certo número de relações gerais abstratas determinantes, tais como a divisão do trabalho, o dinheiro, o valor, etc." (MARX, 1972, p. 21).

Para Marx este procedimento padeceria de um defeito metodológico insanável, que é o fato de tomando a economia em sua imediaticidade fenomênica, tomando a população, base de todas as atividades econômicas, por exemplo, na multiplicidade de sua composição e de suas relações, ter-se-ia uma "representação caótica do conjunto", um "mau-infinito", que só será rompido pela intervenção de procedimentos de arbitrários cancelamentos de inumeráveis elos intermediários. Assim, da população se vai às classes sociais, destas aos elementos sobre os quais repousam, o trabalho assalariado, o capital, a propriedade fundiária, etc., e daí, mediante processo de decomposição analítica, mediante sucessivas abstrações, chegar-se-ia às determinações mais simples, a partir do qual seria possível chegar-se novamente à população, agora não mais como "uma representação caótica de um conjunto" mas como uma rica totalidade com múltiplas determinações e relações" (MARX, 1972, p. 21).

Esse método, diz Marx, não é o cientificamente correto ainda que tenha estabelecido pontos decisivos para a plena constituição da economia política, como está consignado, por exemplo, no capítulo 1 da *Contribuição à crítica da economia política*, de 1859.

Com efeito, será com os economistas dos séculos XVIII e início do XIX, que a economia política constituiu o método cientificamente correto, o que parte do simples: "trabalho, divisão do trabalho, necessidade, valor de troca – até o Estado, a troca entre as nações e o mercado mundial" (MARX, 1972, p. 21).

A argumentação de Marx procurará: 1) afirmar o método da economia política, prevalecente nos séculos XVIII e XIX, como o cientificamente correto; 2) reconhecer que esta afirmação deriva da aceitação de critério decorrente da lógica hegeliana.

Poderá parecer desconcertante a utilização de Hegel para legitimar os procedimentos metodológicos da crítica da economia política. De fato, isto está longe de ser arbitrário e permitiu a Marx, não só estabelecer a grandeza teórica da economia política, quanto suas limitações, quanto, na mesma operação, permitiu explicitar a "suprassunção" da dialética hegeliana, que Marx realizou mediante a concretização da *crítica da economia política*, como crítica do conjunto das formas de *existência* e de *consciência* da sociedade burguesa.

Há texto célebre de Marx onde ele estabeleceu o conceito de *concreto*, definição que remete à Hegel, seja à *Enciclopédia das Ciências Filosóficas*, publicada a primeira vez em 1817, depois em 1827, e em 1830, volume I, *A Ciência da Lógica*, § 82: "Este racional, portanto, embora seja algo pensado – também abstrato –, é ao mesmo tempo algo *concreto*, porque não é unidade *simples, formal*, mas *unidade* de *determinações diferentes*. Por isso a filosofia em geral nada tem a ver, absolutamente, com simples abstrações ou pensamentos formais, mas somente com pensamentos concretos" (HEGEL, 1995, p. 167); seja à *Introdução à História da Filosofia*, publicado em 1833, quando Hegel diz: "Na realidade, a filosofia está na região do pensamento, e por isso tem de se ocupar de generalidades. O seu conteúdo é abstrato, mas só pelo que respeita à forma, ao elemento, porque em si mesma a ideia é essencialmente concreta, visto ser essa a unidade de distintas determinações" [...] "o concreto é simples e, ao mesmo tempo, diverso" (HEGEL, 1961, p. 65-66).

Marx diz do concreto: ele "Aparece no pensamento como processo de síntese, como resultado, não como ponto de partida, ainda que seja o verdadeiro ponto de partida e, por consequência, o ponto de partida também da intenção e representação" (MARX, 1972, p 21). No primeiro caminho, o caminho dos economistas do século XVII, diz Marx, a representação plena é volatizada em uma determinação abstrata; no segundo caminho, o dos economistas do século XVIII-XIX, as determinações abstratas conduzem à reprodução do concreto pelo caminho do pensamento (MARX, 1972, p. 21). Mas, se Hegel trouxe-nos até aqui por meio do conceito de *concreto*, não é possível, diz Marx, continuar a segui-lo a partir do momento em que ele, absolutizando-o, atribuiu ao pensamento a condição de produzir o real a partir do processo que consiste em "concentrar-se em si mesmo, aprofundar-se em si mesmo e mover-se a si mesmo. Para o método que permite elevar-se do abstrato ao concreto o pensamento é só a maneira de apropriar-se do concreto, de reproduzi-lo como um concreto espiritual. Porém, isto não é, de nenhum modo, o processo de formação do concreto mesmo" (MARX, 1972, p. 22).

A discussão sobre o método da economia estabeleceu a superioridade do método adotado pela economia política dos séculos XVIII-XIX em relação ao método da economia política do século XVII. Esta superioridade baseada na construção conceitual que se eleva do abstrato ao concreto, do simples ao complexo, é procedimento que produz no campo da economia política o movimento equivalente presente na filosofia hegeliana. A descoberta desta similitude, longe de por termo ao projeto marxiano, é o ponto decisivo para a efetiva presentificação do específico deste projeto, que não só não se dissolve na resolução hegeliana, quanto não pode se contentar com os termos que a economia política dos séculos XVIII-XIX colocou a questão, sobretudo, e decisivamente, porque o projeto marxiano não busca ser uma versão mais bem acabada da economia política, senão que pretendeu ser a sua "suprassunção", ser a *crítica da economia política*.

Insista-se na questão. Ao dizer que Marx não buscou apenas retificar ou melhorar a economia política não se deduza daí que sua teoria da estrutura e dinâmica capitalista não seja plenamente bem sucedida nos seus termos, isto é, considerados o alto grau de abstração com que trabalha nos *Grundrisse*, na *Contribuição à crítica da economia política* e em *O Capital*.

Para muitas e decisivas questões como no referente à teoria do valor, a teoria marxiana não só oferece respostas melhores que as da economia política no referente à substância e magnitude do valor, quanto introduz uma problemática inteiramente nova, a referente à *forma do valor*, que é o que, efetivamente, permitiu a teoria marxiana "suprassumir" a teoria clássica do valor-trabalho, pela descoberta da "*Teoria da forma do valor* como expressão material do trabalho abstrato, que, por sua vez, pressupõe a existência de relações sociais de produção entre produtores autônomos de mercadorias" (RUBIN, 1974, p. 126).

Marx não buscou completar, retificar, glosar a economia política, mesmo reconhecendo seus avanços teóricos e metodológicos. Marx, como a economia política descobriu em seu itinerário, como Hegel estabeleceu em sua filosofia, também sabe que o caminho do conhecimento é o que leva do abstrato ao concreto, mas também deixou claro que sua visão sobre isso nem repetia a economia política, nem ratificava Hegel. Seu caminho ele enunciou-o assim: 1) as determinações abstratas gerais que correspondem, em maior ou menor medida a todas as formas de sociedade; 2) as categorias que constituem a articulação interna da sociedade burguesa e sobre as quais repousam as classes fundamentais, capital, trabalho assalariado, propriedade territorial. Suas relações recíprocas. Cidade e Campo. As três grandes classes sociais. Troca entre elas. Circulação. Crédito (privado); 3) Síntese da sociedade burguesa sob a forma do Estado. A Sociedade Burguesa considerada em si mesma. As classes "improdutivas". Impostos. Dívida do Estado. Crédito Público. A população. As colônias. Emigração; 4) Relações internacionais de produção. Divisão internacional do trabalho. Troca internacional. Exportação e importação. Movimento cambial; 5) Mercado mundial e as crises" (MARX, 1972, p. 29-30).

Estes itens, que encerram o terceiro capítulo da *Introdução* aos *Grundrisse* constituem o plano geral de redação da *crítica da economia política*, plano que não será inteiramente realizado, e que sofreu algumas alterações, mas que no essencial não foi abandonado por Marx, diz Rosdolsky: "Depois de estudar os manuscritos de *O Capital* podemos concluir que Marx nunca abandonou definitivamente os últimos três dos seis livros planejados. Eles estavam destinados a um "desdobramento da obra". Por isso, a verdadeira modificação do plano só diz respeito aos livros I, II e III" (ROSDOLSKY, 2001, p. 58).

Quarto Movimento: as determinações materiais da existência, da consciência e do Estado

Esta quarta e última parte da *Introdução* aos *Grundrisse* oferece ainda mais dificuldades de interpretação por seu caráter, diga-se epigramático, em sua primeira parte, e desconcertantemente complexo, e não desenvolvido, em sua segunda parte. Na primeira parte os oito itens listados dizem respeito às relações entre o modo de produção – relações de produção, distribuição, troca/circulação e consumo – e as formas concretas de Estado e de consciência, que lhe correspondem. Desde logo, afastem-se as interpretações que querem ver nestas relações pura unilateralidade materialista.

Nesta parte do capítulo são apresentados vários exemplos de desigualdade de ritmos entre o desenvolvimento histórico geral e certas formas de consciência e relações jurídicas, como: a guerra que se desenvolveu antes da paz, como também foi nos exércitos que se desenvolveram certas relações econômicas mais avançadas – divisão do trabalho, assalariamento – a maquinaria; a desigualdade da relação entre desenvolvimento material e desenvolvimento artístico, afastando a ideia de progresso linear quando se trata das manifestações artísticas. Ou então a disparidade entre o desenvolvimento material dos Estados Unidos quando comparado com o desenvolvimento cultural europeu. Ou ainda o desenvolvimento do direito privado romano em relação à produção moderna (MARX, 1972, p. 30-31).

Há, nesta parte do capítulo, indicações seguras da emergência de processos, e que se confirmaram com o tempo, como sobre a influência dos meios de comunicação na sociedade moderna. Há, ainda, uma observação decisiva sobre a história universal, quando Marx diz que ela nem sempre existiu, que a história universal é um resultado (MARX, 1971, p. 31). Um resultado da atividade humana, marcada por determinações naturais; subjetivamente e objetivamente (MARX, 1972, p. 31).

Mas, o ponto alto do capítulo e das mais instigantes considerações de Marx sobre as relações entre a arte e a sociedade está no item "A arte grega e a sociedade moderna" que fecha a *Introdução*. Aqui, como nos capítulos anteriores, há um interlocutor, que permaneceu inominado. Trata-se de Friedrich Theodor Vischer (1807-1887), filósofo especialista em estética, que pertenceu à corrente de centro do hegelianismo. A *Estética* de Hegel foi publicada em 1835, entre 1846 e 1857 Vischer publicou seus 6 volumes sobre estética. Marx leu Vischer entre 1857 e 1858. Diz Lukács: "Não esqueçamos que Marx havia lido a estética de Vischer no período preparatório de *O Capital*, muito pouco tempo antes da redação definitiva da *Contribuição à crítica da economia política*" (LUKÁCS, 1968, p. 274).

Marx menciona Vischer em carta a Lassalle de 22 de fevereiro de 1858 a propósito do formato da publicação da *Contribuição à crítica da economia política*, que ele pretende seja sob a forma de "cadernos bastante análogos àqueles em que aparecem, pouco a pouco, a *Estética* de Vischer" (MARX; ENGELS, 1974, p. 70).

Marx havia lido a *Estética* de Vischer e fez dela o equivalente, como objeto crítico, do que fora John Stuart Mill no segundo capítulo da *Introdução*. Aqui, de novo, um representante credenciado do pensamento burguês, no campo da estética, é escolhido para, mediante o contraste crítico, que se manifeste a posição de Marx agora sobre as relações entre o modo de produção e as formas artísticas.

Há, no itinerário de Vischer, algo semelhante ao de Stuart Mill. Ambos, tendo partido de grandes nomes, nomes máximos do pensamento burguês nos campos da filosofia e economia, Hegel e Ricardo, acabaram por não honrar, devidamente, aos seus mestres. No caso de Vischer sua posição política tendeu a um apoio decidido a Bismarck, o que não pode ser imputado a Stuart Mill, que praticou uma sorte de social-liberalismo.

De todo modo, o que interessa aqui são as ideias estéticas de Vischer e a maneira meticulosa como Marx estudou-as. Ressaltem-se duas questões que para Lukács motivaram o interesse de Marx pela estética de Vischer: 1) "o problema da *participação ativa* do sujeito na origem do "*belo*"; 2) o segundo problema diz respeito ao "desenvolvimento irregular" da arte com relação ao desenvolvimento social geral" (LUKÁCS, 1966, p. 275-276). As duas questões remetem à luta de Marx *contra o idealismo* e *contra o materialismo mecanicista* e, por contraste, a uma concepção decisivamente não mecanicista e não reducionista.

É, de fato, a partir de perspectiva não mecanicista e não reducionista que Marx enfrenta o grande desafio de explicar a grandeza inexcedível das grandes obras de arte do passado, arte grega, à luz da debilidade de suas bases materiais.

A pergunta que Marx se faz quanto à arte grega e seu permanente encanto parte do descompasso entre a grandeza artística e a precariedade das bases materiais, precariedade bem sui generis, diga-se, já que os gregos clássicos, em seu teatro, usavam máquinas e artefatos para a produção de maravilhas, como por exemplo, a descida do Olimpo de deuses em cena, mas que se recusavam a utilizar essas máquinas para a produção material.

A tese de Marx é que o inexcedível da arte grega clássica não pode ser afirmado pela negação da precariedade material daquela sociedade. Ela era, de fato, incipiente e precária materialmente. O decisivo da questão é que aquela grandeza artística não estava em "contradição com o caráter primitivo da sociedade em que ela se desenvolveu. É, de fato, seu resultado; na verdade está ligado ao fato de que as condições sociais imaturas nos quais aquela arte surgiu, e que eram as únicas em que poderiam surgir, não podem mais" (MARX, 1972, p. 33).

E o que significa esta frase? Não há como saber, inteiramente, mas, uma resposta possível, talvez possa ser que o que Marx viu na sociedade grega, e que explica a sua grandeza artística, foi a existência de um mundo em que os deuses ainda não haviam abandonado os homens, a humanidade ainda podia se pensar como irremediavelmente condenada à felicidade, à emancipação, à tragédia, de tal modo que o que nos fascina ainda hoje, nesta encantadora etapa da história da humanidade, é que ela nos permite pensar que, talvez, a última palavra sobre o nosso futuro ainda não tenha sido dita.

Com efeito, a arte grega é a expressão, no plano estético, da mesma largueza de espírito que imaginou o mundo como morada de uma humanidade tanto livre e feliz quanto inteiramente submetida ao destino, implacável, à tragédia. Assim, o que é inexcedível na grande arte clássica grega é a perfeita miscibilidade entre base e superestrutura social, em que o conjunto da sociedade se sente inteiramente representada pelas formas de representação simbólica, sejam elas as artes, as ciências, as filosofias, as formas de organização jurídico-políticas.

Nesse sentido, os mitos tal como presentificados pela epopeia, pela tragédia, são as decantações de fenômenos e processos histórico-sociais significativos tal como podem aparecer para a consciência imediata dos indivíduos, isto é, como as formas necessárias de fusão entre a vivência individual e as determinações e condicionamentos sociais, numa sociedade em que todos se sentem membros de uma comunidade mesmo na vigência de desigualdades sociais estruturais. Nessa sociedade, a Grécia da antiguidade clássica, o fenômeno cultural é a própria manifestação da *Paideia*, o que educa a tudo e todos para a realização do bem comum, em que a cultura é a efetiva possibilidade da realização da humanidade plenamente emancipada.

Na tradição clássica o périplo do herói, Ulisses por exemplo, tem que resultar num efetivo apaziguamento. Não há mal que sempre dure, nem viagem que não chegue a seu termo. Daí que o herói, seja o da epopeia clássica, seja o da epopeia medieval, como o poeta da *Divina Comédia*, estejam destinados à plenitude. Muito outro o lugar da cultura na sociedade contemporânea. Aqui, se está diante do irremediável da visão social, do esgarçamento dos vínculos entre o mundo real e suas formas de representação. No mundo moderno a arte, a cultura deixaram de ser a Paideia geral, para se tornarem mercadorias, puras manifestações dos particularismos de uma sociedade que abriu mão de pensar a totalidade, que transformou a arte em entretenimento/lenitivo de uma vida cada vez mais dominada pela alienação, pela venalidade, pela manipulação. Nesse sentido, a força magnífica que vimos na grande arte da antiguidade clássica é, de fato, nosso nostálgico reconhecimento de uma época em que a humanidade se sabia capaz de superar sua precariedade, pela mobilização de que em nós, ainda agora, continua a nos motivar para o melhor, para a felicidade. Que isto se resolva, se realize pela transformação das relações sociais de produção, pela reorganização das condições materiais da existência e à grande descoberta de Marx, da crítica da economia política.

O "Outubro" de Marx

Até quase às vésperas da publicação do livro *Contribuição à crítica da economia política*, em 1859, que é a primeira manifestação sistemática da crítica da economia política, Marx ainda planejava iniciar sua obra com um capítulo sobre o "Valor", como Ricardo o fizera em seu *Principles*.

Este fato está longe de ser irrisório, sobretudo, se se levar em conta que em 1858 Marx já se acreditava habilitado para apresentar sua "crítica da economia política", isto é, uma obra que efetivamente "superaria" a longa e gloriosa trajetória da disciplina. Trata-se, neste sentido, de surpreender o momento da história da construção da obra de Marx em que ele "descobriu" a chave da sustentação da abóbada, a peça que possibilitava o travamento e a solidez da monumental estrutura.

Muitos estudiosos da obra de Marx destacaram a importância do capítulo inicial de *O Capital*, o capítulo sobre a mercadoria, para a efetiva materialização da "exposição" dialética da "crítica da economia política". Há, neste capítulo, a apresentação da "totalidade" das manifestações da realidade capitalista tal como esta pode "aparecer" num primeiro movimento de totalização conceitual, cujo âmbito abarca a mercadoria tomada em sua imediaticidade fenomênica, como produto do trabalho humano concreto, como objeto dotado de utilidade, que, apesar de sua irredutível especificidade como valor de uso, coisa singular e específica, ainda assim é trocado, isto é, igualado a outros valores de uso, pela superveniência da dimensão trabalho abstrato de todo trabalho social.

De fato, tanto a primeira seção do Livro I de *O Capital*, seus três primeiros capítulos, quanto o primeiro capítulo, quanto a primeira oração do capítulo inicial, perfazem, cada um no seu nível abstração, tanto mais alto quanto mais inaugural a abordagem, o conjunto do movimento do capital como "*totalidade simples*", que se põe, inicialmente, como mercadoria, no processo de circulação, que dá origem ao dinheiro, o qual é a manifestação mais abstrata da riqueza capitalista, a forma mais "*universal*" que o capital pode assumir no âmbito da troca de mercadorias.

Com efeito, todas as manifestações da "forma" mercadoria estão postas desde o capítulo inicial. A mercadoria apresenta-se, sucessivamente, como forma simples, fortuita, singular do valor; como forma extensiva do valor; como forma geral do valor; como forma dinheiro; e como forma preço do valor, prefigurando por meio destas metamorfoses figurais, o movimento real da mercadoria no âmbito da circulação das mercadorias tomada abstratamente, isto é, antes que se ponham, em todas as suas mediações, as manifestações concretas da mercadoria que vai se tornar capital.

São vertiginosos o ritmo e a amplitude conceitual da primeira oração de *O Capital*: em 5 linhas, 36 palavras, a súmula, rigorosa, de uma longa exposição que vai se desdobrar em 3 livros, em 2.580 páginas, a "odisseia da mercadoria", o inventário de suas formas e metamorfoses até sua plena realização como capital e seus disruptivos desdobramentos.

Como no início da *Odisseia*, de Homero, em poucas linhas, a extraordinária aventura do herói engenhoso e de seus companheiros: "as aventuras do herói engenhoso, que, após saquear a sagrada fortaleza de Tróia, errou por tantíssimos lugares vendo as cidades e conhecendo o pensamento de tantos povos e, no mar, sofreu tantas angústias no coração, tentando preservar a vida e o repatriamento de seus companheiros" [...] (HOMERO, 1997, p. 9).

Para lembrar Moses Finley, é preciso ver o mundo do Odisseu como, de alguma forma, o nosso mundo, mundo em que se substituíram os fados e susceptibilidades de deuses caprichosos, pelos também implacáveis desígnios do capital, que se se impôs como deus tirano, profano e mesquinho.

É certo que esta propriedade de sintetizar, num único gesto rápido e abrangente, todo um mundo não é exclusividade da epopeia. É isto que também nos dão, por exemplo, Kafka e Tolstói. Em *Metamorfose*, lê-se: "Quando Gregor Samsa despertou, certa manhã, de um sonho agitado, viu que se transformara, em sua cama, numa espécie monstruosa de inseto" (KAFKA, 1969, p. 13). E nesta frase insinua-se, mais que a estranheza, a terrível presença de um mundo capaz de transformar um homem em inseto. Em *Ana Karênina*, de Tolstói, a primeira frase do romance é a síntese de uma moral desencantada: "Todos os gêneros de felicidade se assemelham, mas cada infortúnio tem o seu caráter particular".

Grandes livros, a epopeia homérica, a novela de Kafka, o romance de Tolstói, são impensáveis sem as suas frases iniciais. É este também o caso da primeira frase de *O Capital*. E, no entanto, a "descoberta" do significado metodologicamente indispensável da mercadoria como ponto de partida do capital só se deu, de fato, quando Marx já havia "descoberto" todo o essencial de sua "crítica da economia política". Este fato, ao lado de reafirmar as diferenças entre "o modo de investigação" e "o modo de exposição" do conhecimento, do ponto de vista dialético, também sublinha a importância da reconstituição do processo de elaboração da "crítica da economia política".

Não é o caso aqui de se falar em surgimento inesperado da categoria "mercadoria" na obra de Marx. Com efeito, o que é preciso reconhecer é o fato de que a "crítica da economia política" não se apresentou completa e acabada de uma vez por todas, senão que se processou por etapas marcadas pela operação de "superação" das categorias da economia política: da rejeição à aceitação da teoria do valor-trabalho; a criação do conceito de "força-de-trabalho" e a sua distinção do conceito de "trabalho"; a criação do conceito de mais-valia; a criação do conceito de modo de produção; a "superação" da teoria do valor-trabalho pela criação da teoria da forma do valor e do fetichismo da mercadoria (MANDEL, 1968; RUBEL, 1970; ROWTHORN, 1972; RUBIN, 1974; COUTINHO, 1997; ROSDOLSKY, 2001).

Ainda que dando respostas diferentes à problemática do valor, ainda que movido por perspectiva radicalmente distinta da de Ricardo, do ponto de vista político e ideológico, o projeto teórico de Marx, mesmo depois do crucial ajuste de contas com o conjunto da "economia política" representado pelos *Grundrisse*, redigidos entre 1857 e 1858, ainda continuava referenciado ao que os grandes clássicos, Adam Smith e David Ricardo em destaque, haviam consignado. Se a ruptura com o universo conceitual da "economia política" já se processara, se Marx já podia denominar sua obra de "crítica da economia política", num sentido dialeticamente rigoroso, esta "crítica" ainda não superara, inteiramente, as marcas da "forma" como a economia política clássica apresentara o conteúdo desta disciplina.

Para lembrar uma diferenciação básica, para o discurso dialético, trata-se de surpreender em Marx, até 1858, a incompletude do projeto da "exposição" (Darstellung) da "crítica da economia política", em descompasso com a realização da "crítica da economia política" do ponto de vista de seu conteúdo, do desvelamento de sua estrutura, dinâmica e contradições, que, desde os *Grundrisse*, já é possível tomar como, no essencial, realizada. Isto é, os *Grundrisse* são o termo do esforço de apropriação crítica do conteúdo da "economia política", iniciado por Marx em Paris, em 1844. O material dos *Grundrisse*, publicado como livro em 1939, dá conta da "superação", (*Aufhebung*) dos conteúdos característicos da "economia política". Nesse sentido, trata-se de ver os *Grundrisse* como súmula do processo de investigação, como primeira apresentação de conjunto dos resultados da crítica dos conteúdos da economia política, de seus modos tradicionais de aprender as relações econômicas sob o capitalismo, mediante uma operação em que num mesmo movimento crítico, há *conservação* do núcleo racional de certas categorias, posto que dotadas de universalidade; há *abandono* de outras categorias, porque irremediavelmente aistóricas e comprometidas com a ordem burguesa; há o *melhoramento* de algumas outras categorias, aperfeiçoadas em capacidade heurística; e, finalmente, há a *invenção* de categorias e questões novas pelo influxo da pesquisa orientada pela dialética, tal como Marx a transfigurou.

Nesse texto, surpreende-se o momento em que se dá a complementação da "crítica da economia política" representado pela adoção de um "método de exposição" que respeitou as exigências do discurso dialético, isto é, que é "a explicitação racional imanente do próprio objeto e a exigência de só nela incluir aquilo que foi adequadamente compreendido" (MÜLLER, 1982, p. 17).

Esse momento, chave e roteiro da "exposição" da "crítica da economia política", está sintetizado na escolha da categoria "mercadoria" como "ponto de partida", necessário e rigoroso, tanto da *Contribuição à crítica da economia política*, de 1859, quanto de *O Capital*, em 1867.

Chamou-se a esse momento, o momento-chave da escolha da "mercadoria" como ponto de partida da exposição da crítica da economia política, o *"outubro"* de Marx, numa metáfora que remete ao também decisivamente disruptivo representado pelo "outubro vermelho" da Revolução Russa. Para insistir na metáfora diga-se que a escolha da "mercadoria" como ponto de partida da exposição da crítica da economia política, significa afirmar que a superação do capitalismo e suas mazelas passa pela superação da "mercadoria" e das suas condições de produção e reprodução, isto é, pela superação do capital e todas as implicações de seu domínio sobre a vida econômica, política, social e cultural.

A mercadoria e a Odisseia

Foi o filósofo tcheco Karel Kosik quem nos deu a bela imagem da "mercadoria" como "ersatz" do Odisseu da epopeia homérica. Diz Kosik que tanto Marx, quanto Hegel antes dele, foram tributários de uma época cultural que tomou a "odisseia" como motivo simbólico, que influenciou tanto a filosofia, quanto a literatura, quanto a ciência. Diz Kosik:

> Este motivo próprio da época da obra literária, filosófica e científica é a "odisseia". O sujeito (o indivíduo, a consciência individual, o espírito, a coletividade) deve *andar em peregrinação* pelo mundo e conhecer o mundo para conhecer a si mesmo. O conhecimento do sujeito só é possível na base da atividade do próprio sujeito sobre o mundo; o sujeito só conhece o mundo na proporção em que nele intervém ativamente, e só conhece a si mesmo mediante uma ativa transformação do mundo (KOSIK, 1976, p. 165).

Esta metáfora que aproxima a "mercadoria" do Odisseu tem um significativo rendimento conceitual. Tanto quanto o herói da Guerra de Tróia, a "mercadoria" perambula pelo mundo e nesta peregrinação tanto se transforma, pela experiência, quanto transforma e enriquece o mundo que toca, resultando daí, que, ao final da jornada, tanto o herói, quanto o mundo estejam alterados, irreconhecíveis quando comparados com o que eram no início da jornada. E, no entanto, deformados, metamorfoseados, eles, a mercadoria e o odisseu, são os mesmos que iniciaram o périplo, apesar de agora se apresentarem transfigurados, seja como forasteiro maltrapilho que chega a Ítaca, mas que ainda é Ulisses, seja como *capital*, que não é, apesar de seu fastígio, senão "coleção de mercadorias".

Lembre-se mais um pouco a *Odisseia*. Ela registra os dez anos posteriores ao fim da Guerra de Tróia, que também durara dez anos, em que o herói, Ulisses, vagou pelo mundo como condenação por sua ofensa ao deus Posseidon. Diz Finley:

> Havendo ofendido ao deus Posseidon, teve que vagar por outros dez anos antes de ser resgatado, em grande parte por intervenção de Palas Atena, e de poder voltar à Ítaca. Foi esta segunda década que deixou seu povo perplexo. Ninguém em toda Hélade sabia o que havia acontecido ao Odisseu, se havia morrido em sua viagem de regresso de Troia, se estava vivo em algum lugar do mundo exterior. Esta incerteza estabeleceu a base do segundo tema do poema, a história dos pretendentes (FINLEY, 1961, p. 56).

Há uma outra implicação conceitual importante decorrente da utilização da metáfora da *Odisseia* para apreender a *"exposição"* da crítica da economia política. Ulisses incógnito e irreconhecível em sua própria casa, depois dos longos anos de ausência, envelhecido e enriquecido de experiências, só é, afinal, reconhecido por uma cicatriz. Erich Auerbach relata assim a passagem:

> Os leitores da *Odisseia* lembram da bem preparada e emocionante cena do canto XIX, na qual a velha ama Euricleia reconhece Ulisses, que regressa à sua casa, e de quem tinha sido nutriz, por uma cicatriz na coxa. O forasteiro tinha-se granjeado a benevolência de Penélope; segundo o seu desejo, ela ordena à governanta que lhe lave os pés, segundo é usual nas velhas estórias, como primeiro dever de hospitalidade para com o viandante fatigado. [...] Logo que a anciã apalpa a cicatriz, ela deixa cair o pé na bacia, com alegre sobressalto; a água transborda, ela quer prorromper em júbilo; com silenciosas palavras de lisonja e de ameaça Ulisses a contém; ela cobra ânimo e oprime o movimento. Penélope, cuja atenção tinha sido desviada do acontecimento, aliás, pela previdência de Ateneia, nada percebeu" (AUERBACH, 1971, p. 1).

O que se quer apontar aqui é que o reconhecimento de Ulisses, o que permite que ele seja reconhecido, ou seja, sua identidade, sua íntima e indescartável natureza, não está em sua aparência, em seu aspecto fenomênico imediato. De fato, a essência do herói, sua verdadeira essência, só é possível ser vislumbrada pelo que nele é defeito, deformação: a cicatriz que o *singulariza*.

Na exposição da crítica da economia política é preciso reconhecer o mesmo movimento. O *"capital"*, termo da odisseia da categoria mercadoria, apresenta-se, à primeira vista, como tendo muitas outras dimensões que a de simples mercadoria prosaica e banal. E, no entanto, o capital, poderoso senhor do mundo burguês, não é mais que mercadoria, mercadoria que se multiplicou, que foi acumulada. O capital, como Ulisses, só revela sua natureza essencial, sua identidade efetiva, pela irrupção de uma modalidade específica de precariedade. No caso do capital esta deformidade decorre de sua insopitável busca de acumulação, de sua incontornável avidez compulsória pelo lucro, de que resultam a superprodução de mercadorias, a superacumulação, a crise, que é, assim, o equivalente funcional da "cicatriz de Ulisses", a presentificação de sua inescapável condição de "coisa", que por algum tempo é capaz de transcender sua inerte condição e como que adquirir vida, multiplicar-se como *valor* e como *riqueza*, por absorver trabalho, por ser trabalho humano coagulado sob a forma de *mercadoria*, mas, que, no entanto, não pode assegurar para sempre seu conteúdo valor, seja porque a concorrência entre os capitais força à permanente desvalorização das mercadorias, seja porque esta mesma insofreável concorrência leva à superprodução de valores de uso, que assim acrescidos, não podem ser sancionados em seus conteúdos de valor, na medida em que, com a produção acrescida de valores de uso, há desencontro entre as dimensões valor de uso e valor de mercadoria.

Foi também Karel Kosik quem mostrou as consonâncias entre o tema da "odisseia" referido tanto ao "romance de formação", seja em sua versão francesa, com o *Emílio*, de Rousseau, seja em suas manifestações alemãs, com Goethe e Novalis, quanto às obras no campo filosófico e científico como a *Fenomenologia do espírito*, de Hegel, e o *O Capital*, de Marx (KOSIK, 1976, p. 166).

Kosik diz que terá sido Josiah Royce, em texto de 1919 – *Lectures on Modern Idealism* – o primeiro a apontar a conexão entre a *Fenomenologia do espírito* de Hegel e o "Bildungsroman alemão" (KOSIK, 1976, p. 166). Antes disso, no início do século XIX, Pushkin, o grande poeta russo, diz Georg Lukács, já estabelecera a relação entre a literatura de Goethe e a literatura da antiguidade clássica. Pushkin disser ser "o *Fausto* a Ilíada da vida moderna", no sentido em que, diz Lukács: "transcende os marcos do "pequeno mundo" da tragédia de Margarida e chega ao "grande mundo" de domínio da vida pelo homem moderno" (LUKÁCS, s.d., p. 69-70).

Mesmo Novalis (Georg Friedrich von Hardenberg), um dos grandes nome do romantismo alemão, que reprovava seus compatriotas do período iluminista por seus excessos cerebrinos, reconheceu em alguns deles uma característica decisiva: "poucos artistas existentes entre nós, tão únicos, tão extraordinários, que, com segurança, podemos contar, que, entre nós, são criadas as obras artísticas mais brilhantes, pois enquanto enérgica universalidade nenhuma nação pode competir conosco" (NOVALIS, 1984, p. 129).

É esta *"enérgica universalidade"* o que anima tanto a obra de Goethe, quanto a de Novalis, quanto a de Hegel, para tomar três grandes autores que tendo sido contemporâneos (Goethe – 1749-1832; Hegel – 1770-1831; Novalis – 1772-1801), realizaram obras em muito diversas do ponto de vista de suas motivações e conteúdos, ainda que igualmente exemplares em buscarem fazer da vida intelectual um testemunho do desejo de melhoramento da humanidade.

Não será equívoco ver a mais exemplar manifestação daquela "enérgica universalidade", no campo da literatura, na trilogia de *Wilhelm Meister*, de Goethe. O primeiro livro *A missão teatral de Wilhelm Meister*, também conhecido como *Ur-Meister*, foi escrito entre 1777 e 1785, e só publicado em 1911; o segundo, *Os anos de aprendizado de Wilhelm Meister*, foi publicado entre 1795 e 1796; o terceiro, *Os anos de peregrinação de Wilhelm Meister*, foi publicado entre 1827 e 1829. Nos três livros, em particular no segundo, que é o, formalmente, mais bem acabado, estão interligadas todas as grandes questões de sua época. Para dizer com Márcio Suzuki: "O romance não é, na verdade, a narrativa da vida de uma única personagem, mas de uma 'individualidade plural', e nisso reside a genialidade de *Wilhelm Meister*": [...] "A individualidade construída pelo romancista não é uma pálida imagem do criador, mas a coesão orgânica interna de um caráter plural: [...]" (SUZUKI, 1998, p. 114).

Este caráter plural do personagem, que, sendo uno, é capaz de abrigar o múltiplo, faz da "forma romance" a epopeia possível de um tempo marcado pela alienação, a alienação imposta pela divisão do trabalho e pela truncada sociabilidade capitalista.

Friedrich Schlegel (1772-1829), grande nome do romantismo alemão, filósofo, crítico e romancista, também destacou, no Wilhelm Meister de Goethe, a capacidade do escritor de construir uma individualidade, que se fraciona, que se divide em várias pessoas, e assim capacita-se a representar o mundo em sua multiplicidade (SCHLEGEL, 1994, p. 144). Ou como disse Márcio Suzuki: "o romance é por isso a forma mais adequada para a *Darstellung* da dupla série da reflexão: o indivíduo pelejando concretamente na vida, espelhando em si um mundo inteiro se une ao narrador onisciente e distante num todo orgânico" (SUZUKI, 1998, p. 115).

O ciclo de *Wilhelm Meister* marcou uma geração, ensejou "réplicas" como a de Novalis e seu *Heinrich von Ofterdingen*, "romance de formação", que restou incompleto, publicado postumamente, em 1802. Motivou tradução filosófica, que levou ainda mais longe aquela enérgica universalidade, que é a *Fenomenologia do espírito*, de Hegel, publicada em 1807, e que é "o romance de formação" da consciência: "a viagem da consciência natural que atinge à verdadeira ciência" ou a "viagem da alma que atravessa a série das suas formas como uma série de etapas", a fim de que, "com plena experiência de si mesma" possa alcançar o "conhecimento daquilo que ela é por si mesma" [...] (HEGEL, *apud* KOSIK, 1976, p. 166).

Sabe-se que o *Heinrich von Ofterdingen* de Novalis, é a resposta do romantismo ao "romance de formação" classicista de Goethe, que teria desvalorizado a poesia, ao privilegiar, quase que exclusivamente, os grandes problemas políticos e sociais da época. O herói de Novalis, um trovador do século XIII, que vivia na corte de Frederico II, é também um odisseu, um homem que viaja, vive, experimenta. Mas, ao contrário de Wilhelm Meister, cuja peregrinação e aprendizagem têm um sentido público e civil e trata-se da busca do aperfeiçoamento teatral com o propósito de educação nacional e universal, o herói de Novalis persegue o inefável, a mística "flor azul", essência do poético, manifestação de um ideal irredutível à razão luminosa e diurna de Goethe.

É como parte dessa mesma matriz, que gerou o Wilhelm Meister de Goethe, que nasceu a *Fenomenologia do espírito*, de Hegel. Esta matriz, este solo ideológico, político e cultural é o mesmo que nutriu a Revolução Francesa e sua profunda influência sobre o pensamento alemão. Diz Lukács:

> O velho Hegel, o mesmo cujas palavras sobre a vitória inevitável da prosa capitalista acabamos de escutar, diz o seguinte sobre o período da Revolução Francesa: 'Trata-se de uma magnífica aurora. Todos os seres cogitantes celebraram esta época. Naquele tempo reinava uma sublime emoção, um entusiasmo do espírito estremeceu o mundo como se houvesse chegado o momento da verdadeira reconciliação entre o divino e o mundo (Lukács, 1972, p. 61)

A Revolução Francesa permitiu que se vislumbrasse um mundo redimível. É essa a motivação, a força imantadora que fez luzir a razão, que ousando se por no mundo e a tudo revelar, abriu caminho para a postulação da plena emancipação humana. Nesse sentido, vejam-se tanto os "romances de formação", como a *Fenomenologia do espírito*, de Hegel, como os sinais da abertura de uma nova jornada da humanidade, auspiciosa porque liberta das amarras do Antigo Regime. A *Fenomenologia*, nova odisseia, faz da consciência o herói peregrinador, que, experimentando o mundo, revela-o, transforma-o, transformando-se também nesta mesma interação. Diz Lukács:

> Na *Fenomenologia*, Hegel expõe o processo através do qual a consciência do homem surge da interação entre suas aptidões internas e o mundo ambiente, o qual foi em parte gerado por sua própria atividade, em parte dado por natureza; além disso, expõe como a consciência – após inter-relações análogas mas do tipo mais elevado – se desenvolve até chegar à autoconsciência; e mostra também como, desse desenvolvimento do homem, deriva o espírito enquanto princípio determinante do caráter essencial do gênero humano" (Lukács, 1979, p. 31).

Reconhecer "afinidades eletivas" entre *A Odisseia*, os "romances de formação" e a *Fenomenologia do espírito* não parece oferecer dificuldades maiores.

Mais desafiante é incluir nesta série, como faz Karel Kosik, o livro *O Capital* como compartilhando o mesmo universo espiritual daquelas outras obras, todas elas "odisseias singulares". Na epopeia homérica, o herói em sua "volta" para casa perlabora um caminho, que é como uma enciclopédia da antiguidade clássica, um inventário daquela "bela totalidade" em que o sujeito e o mundo pareciam condenados à perfeita fusão. Nos "romances de formação" o sujeito, herói prosaico em sua presentificação burguesa, educa-se para criar e recriar o mundo. O *Emílio*, de Rousseau, o *Wilhelm Meister*, são a postulação da possibilidade de um mundo efetivamente humanizado. A *Fenomenologia do espírito* é a epopeia da "enérgica universalidade" posta como sujeito, "como processo de "formação" (cultura ou *Bildung*) do sujeito para a ciência. Entende-se que a descrição desse processo deva referir-se necessariamente às exigências significativas daquela cultura que, segundo Hegel, fez da ciência ou da filosofia a forma *rectrix* ou a *enteléquia* da sua história: a cultura do Ocidente" (VAZ, 1992, p. 11).

> Kosik nos convida a pensar *O Capital* como uma odisseia:
> a odisseia da *praxis* histórica concreta, a qual passa de seu elementar *produto* de trabalho através de uma série de formas reais, nas quais a atividade prático-espiritual dos homens é objetivada e fixada na produção, e termina a sua peregrinação não com o conhecimento daquilo que ela é por si mesma, mas com o a ação prático-*revolucionária* que se *fundamenta* neste conhecimento (KOSIK, 1976, p. 166).

Nesta nova epopeia é, sobretudo, surpreendente a escolha do sujeito, do herói encarregado de desvelar o mundo. Num mundo, o do pleno domínio do capital, em que tudo foi coisificado, em que as coisas parecem personalizadas e as pessoas coisificadas, neste mundo de "perfeita venalidade e de total manipulabilidade", como o caracterizou Kosik, a forma possível de reprodução categorial deste mundo é a que convoca um sujeito impessoal, a mercadoria, e que acompanha e descreve todo o itinerário de sua presentificação no mundo:

> A mercadoria, que a princípio se manifesta como objeto exterior ou como coisa banal, desempenha na economia capitalista a função de *sujeito* mistificado e mistificador, cujo movimento *real* cria o sistema capitalista. Quer o sujeito real deste movimento seja o valor ou a mercadoria, o fato é que os três volumes teóricos da obra de Marx acompanham a "odisseia" deste sujeito, ou seja, *descrevem a estrutura* do mundo (economia) capitalista tal como o seu movimento real a cria (KOSIK, 1976, p. 164-165).

Esta questão, a possibilidade de afirmar a legitimidade heurística da *mercadoria* como ponto de partida de *O Capital*, remete, então, a uma exigência de ordem lógico-conceitual forte, é isto que se vai fazer em seguida.

A questão do ponto de partida da ciência

Esta questão, a do ponto de partida legítimo, isto é, não arbitrário ou tautológico, da ciência, da filosofia, foi a que Hegel se propôs resolver para afirmar a superioridade de seu "sistema filosófico" em relação aos que o precederam, em particular com relação ao criticismo kantiano, que reivindicou ter encerrado, definitivamente, a longa vigência da metafísica.

A resposta de Hegel é escandalosamente simples e potente. Com efeito, Hegel dirá que a solução de Kant para cancelar a metafísica, ao negar a possibilidade de conhecimento da *coisa em si*, baseava-se em operação que acabou por pressupor algo que explodiria, de imediato, a fortaleza lógica, que Kant imaginou ter construído.

Kant construiu seu "sistema" como crítica, seja da tradição metafísica, seja do racionalismo cartesiano, seja do empiricismo humano. É bastante forte a influência de Hume sobre o pensamento de Kant. Menos óbvio, mas não menos importante, é a presença de Rousseau entre as suas fontes formadoras. Contudo, é em Rousseau que Kant vai buscar o tempero que o capacitará a ir além da "pura reflexão", da investigação que se comprazia com a pura especulação. Diz Kant citado por Cassirer:

> Eu mesmo sou, por inclinação, um pesquisador. Sinto uma grande sede de conhecimento e a afanosa inquietude de seguir adiante, e qualquer progresso produz em mim uma grande satisfação. *Houve um tempo em que acreditava que tudo isto podia constituir a honra da humanidade* e em que se desprezava a plebe ignorante. *Porém Rousseau livrou-me do meu erro.* Aquela quimérica superioridade desapareceu; eu aprendi a honrar o homem e considerar-me-ia muito abaixo de qualquer operário se não acreditasse que os esforços do pensamento podem dar um valor aos demais e contribuir para restaurar os direitos da humanidade.
>
> A missão da filosofia já não consiste, agora, em enriquecer ao homem com um tesouro enganoso de saber especulativo, senão em circunscrever-lhe a órbita de seu destino moral e necessário (KANT *apud* CASSIRER, 1956, vol. II, p. 558 e 559).

O projeto "crítico" de Kant desdobrou-se na tríade: "crítica da Razão Pura", "crítica da Razão Prática" e "Crítica do Juízo", que configuram respectivamente: uma *epistemologia*, uma *ética* e uma *estética*.

Para Kant, tratava-se, na "crítica da Razão Pura", de buscar estabelecer as condições de possibilidade do conhecimento a partir da depuração de todos os pressupostos, que não fossem perfeitamente legítimos, no sentido de que imunes tanto ao solipsismo cartesiano quanto aos impasses lógicos do empiricismo de Hume. Levado às últimas consequências, as exigências humanas, que pretendem livrar o pensamento de todo o engano das falsas pressuposições, acaba por estabelecer a *"crença"* como único e efetivo fundamento da filosofia.

Kant buscou fundar sua crítica a partir de pressupostos perfeitamente legítimos, irretorquíveis e incontrastáveis, que ele chamou de *juízos sintéticos a priori*, que "não são conceitos empíricos, derivados de experiências externas", senão que intuições que antecedem, no sujeito, a qualquer representação. Diz Hegel citando Kant: "Pois, para relacionar minhas sensações com algo exterior a mim, pressuponho o espaço". Em termos parecidos fala Kant do tempo: "Para poder representar algo externo em distintos lugares ou tempos, é necessário que preceda à representação do espaço e do tempo; dito de outro modo, esta representação não pode tomar-se da experiência, senão que a experiência só é possível por meio desta representação pré-estabelecida". Isto é, "o tempo e o espaço que poderiam aparecer como o objetivo, posto que o modo particular de realizá-lo corresponde já de pronto ao sentimento subjetivo, não são nada empíricos, senão que a consciência tem já, nela mesma, o espaço e o tempo." (KANT *apud* HEGEL e HEGEL, 1977, vol. III, p. 425-426).

Estabelecidos os pontos de partida necessários e intransponíveis, o espaço e o tempo, Kant julgou ter cancelado todas as escórias da velha metafísica, convocando como suporte de sua filosofia crítica a magnífica ciência newtoniana, única a autorizar, legitimamente, a operação com as categorias tempo e espaço.

Foi exatamente neste ponto, que Kant reputava a base de seu sistema, a convocação da ciência newtoniana, que Hegel viu falha comprometedora. Disse Hegel: Kant quer afastar a metafísica, para isto mobilizou a matemática, a física. Ora, tanto a matemática, quanto a física, quanto qualquer ciência, é certo, pressupõem alguma filosofia, alguma concepção de mundo, mesmo quando esta não é explicitada, sugerida, mesmo quando não se tem consciência de sua incancelável presença, mesmo quando se a rejeita. De tal modo, que a operação crítica kantiana, que buscou interditar a metafísica, pela convocação da ciência, ao fazê-lo acabou por reintroduzir a metafísica em condição ainda mais problemática porque de modo clandestino e inconsciente.

A solução deste impasse, o modo necessário legítimo e não arbitrário de exposição da ciência, diz Hegel, é tomar como ponto de partida a *totalidade*, o todo tal como aparecer num primeiro momento, como abstração, como pura *universalidade*, como totalidade simples, a qual mediante um complexo de mediações, mediante a peregrinação do conceito, mediante o ingente *trabalho do conceito*, desdobrar-se-á em *particularidade* e, finalmente, em *singularidade*, no *concreto universal*. Eis o caminho da consciência, o caminho do conceito, o caminho da filosofia:

> A consciência, ao abrir caminho rumo à sua verdadeira existência, vai atingir um ponto onde se despojará de sua aparência: a de estar presa a algo estranho, que é só para ela, e que é como um outro. Aqui a aparência se torna igual à essência, de modo que sua exposição coincide exatamente com esse ponto da ciência autêntica do espírito. E, finalmente, ao apreender

sua verdadeira essência, a consciência mesmo designará a natureza do próprio saber absoluto (HEGEL, 1992, p. 73).

Na *Ciência da Lógica*, Hegel estabeleceu as condições para o começo da ciência. Diz ele, "Dito conceito, por si mesmo, é tão simples, que este começo, como tal, não precisa nenhuma preparação, nem introdução mais ampla" [...] (HEGEL, 1968, p. 72). E no entanto esse conceito, esse ponto de partida, simples, singelo, deve ser capaz de conter todas as determinações essenciais do ser, tal como estas determinações podem aparecer no momento em que o ser é pura *consciência imediata em-si*, que ainda não saiu de si para se apresentar como *consciência-fora-de-si*, e que ainda espera a realização da odisseia do conceito, que é quando a *consciência-fora-de-si* reconhece-se como momento alienado da consciência, que para realizar-se tem que sair de si mesma, por-se no mundo, como natureza e história, para nesta condição, e mediante a explicitação de suas intrínsecas possibilidades, desalienar-se, descobrir-se capaz de reintegrar-se, reintegração que é a condição do *saber absoluto*.

Muitos autores consignaram, e o próprio Marx o registrou em carta, o quanto lhe fora útil a retomada da *Lógica* de Hegel no processo de redação de *O Capital*.

Mais que um detalhe, essa questão, a importância da forma dialética de exposição de *O Capital*, é crucial, definindo, de fato, tanto a diferença específica do projeto marxiano com relação às outras teorias, quanto o alcance e desdobramentos de seu pensamento.

Neste texto, argumenta-se que a escolha da *mercadoria* como ponto de partida de *O Capital* é o momento chave, efetivamente, consolidador do específico da exposição dialética da crítica da economia política. Kosik aponta com clareza as condições que a mercadoria tem que satisfazer para ser o ponto de partida necessário da "odisseia", que é *O Capital*. Diz Kosik:

> A mercadoria pôde servir de ponto de partida da exposição científica porque já se conhecia o capitalismo no seu conjunto. Do ponto de vista metodológico isto significa o descobrimento de uma conexão dialética entre um elemento e a totalidade, entre um embrião não desenvolvido e o sistema desenvolvido e o sistema desenvolvido e um funcionamento (KOSIK, 1976 p. 164).

O Capital tem sido visto como reposição do tema da "odisseia", como "ersatz" de um "romance de formação". Cessam aqui as analogias. Ao fim e ao cabo, enquanto na "odisseia" e nos "romances de formação" o tema da jornada é o apaziguamento do herói, sua reconciliação consigo mesmo, em *O Capital* não há possibilidade de solução que não seja a destruição não só do "herói problemático", a mercadoria, e de todas as formas de sua presentificação (valor, dinheiro, capital), bem como das instituições que o engendram e lhe dão suporte: o Estado burguês, a propriedade privada, as classes sociais, a divisão do trabalho e o trabalho alienado.

À "*descoberta-eleição*", por Marx, da mercadoria como ponto de partida da exposição da crítica da economia política vai se chamar, aqui, "*Outubro*" de Marx.

O "Outubro" de Marx

Em 1850, já morando em Londres, Max retomou seus estudos de economia política. Em 1851, teve início a colaboração sistemática de Marx e Engels para jornais dos Estados Unidos, em particular, o *New York Daily Tribune*, e o *Die Revolution*, editado em alemão, em Nova York, por Joseph Widemeyer, onde Marx publicou, por exemplo, *O 18 Brumário de Luís Bonaparte*. Obrigado, a partir de 1851, por dever de ofício, a acompanhar os acontecimentos econômicos e políticos, além de suas responsabilidades e tarefas como dirigente político, Marx fez destas exigências, a matéria prima de uma tarefa intelectual enciclopédica, cujo resultado é a crítica da economia política, entendida, como movimento de superação da ordem social capitalista em sua totalidade.

Como jornalista, responsável por cobrir aspectos da vida política e econômica não só da Europa, Marx foi obrigado a uma rotina de trabalho, de coleta e análise de dados, que o mantiveram atualizado sobre as principais questões do seu tempo. Suas constantes visitas ao *Museu Britânico* e à sua notável biblioteca armaram-no para a tarefa ciclópica de realizar uma segunda "crítica da economia política", que ele iniciara em 1847, com *Miséria da Filosofia* e *Trabalho assalariado e capital*, e que depois de exaustivos estudos ele se apressou em concluir, "antes do dilúvio", que é como ele antevia que seria a "crise econômica iniciada em 1857". Diz Rosdolsky:

> É relevante lembrar que a decisão de redigir os *Grundrisse* e a pressa febril com que a tarefa foi cumprida (o enorme manuscrito foi concluído em nove meses, entre julho de 1857 e março de 1858) decorreram especialmente do advento da crise econômica de 1857. Tal crise encheu de esperanças o "partido dos dois homens na Inglaterra", como Gustav Mayer, biógrafo de Engels, denominara os dois amigos. Era natural que "antes do dilúvio" – ou seja, antes do começo da esperada revolução europeia – Marx quisesse colocar no papel pelo menos os traços fundamentais de sua teoria (ROSDOLSKY, 2001, p. 25).

O resultado desse trabalho é o livro *Grundrisse der Kritik der politischen Ökonomie* (*Fundamentos da crítica da economia política*), cuja primeira edição teve início em 1939.

A importância dos *Grundrisse* para uma justa compreensão do significado da "crítica da economia política" de Marx, foi estabelecida por Rosdolsky, que afirmou a existência de dois *momentos* na construção da "crítica da economia política", uma primeira fase, de 1844 e 1846, e a segunda fase, representada pelas obras de 1847/1849 (*Miséria da Filosofia; Trabalho assalariado e capital* e *Manifesto Comunista*), onde:

> Já (se) revela toda a estatura de Marx, um investigador independente, original em economia, consciente ao mesmo tempo de sua proximidade e de sua profunda oposição à economia clássica. Em alguns temas ele ainda não superara as concepções de Ricardo, que mais tarde reconheceria como errôneas ou parciais, como por exemplo a teoria do dinheiro ou a da renda da terra. Tampouco tinha elaborado, nessa época, sua teoria específica sobre o lucro. Mesmo assim, em torno de 1848 estavam traçadas as linhas fundamentais da teoria da mais-valia, pedra angular de sua doutrina econômica. Restava a tarefa de desenvolver a teoria em detalhes, processo que podemos acompanhar nos *Grundrisse* (ROSDOLSKY, 2001, p. 21-22).

Para Rosdolsky, desde maio ou junho de 1851 Marx já se sentia autorizado a redigir sua "crítica da economia política" (ROSDOLSKY, 2001, p. 22), tarefa a que ele se dedicou, a partir daí, mas cujos resultados se perderam, restando, afinal, apenas o texto dos *Grundrisse* que foi redigido a partir de julho de 1857.

A crítica da economia política de Marx, elaborada entre 1847/1849, foi caracterizada por Maurício Coutinho como de "transição" e "caracterizava-se ainda, no fundamental, pela ausência da noção de capital, que viria a desempenhar o papel central na moderna crítica marxiana" (COUTINHO, 1997 p. 41). Tem razão Maurício Coutinho tanto em enfatizar a centralidade da categoria *capital* para a crítica da economia política, quanto em apontar as diversas dimensões do conceito de capital: a) como gerado pelo trabalho e como antítese deste; b) como determinado historicamente; c) como "adiantamento" e como valor; d) como processo de produção de valor excedente mediante a exploração do trabalho; e) como sujeito (COUTINHO, 1997, p. 47-53).

Será nos *Grundrisse* que estas diversas manifestações do capital, efetivamente, apresentar-se-ão plenas de significados permitindo o desenvolvimento conceitual de outras dimensões do capital que se é força expansiva, valor que se autovaloriza, é também força destrutiva, que, ao realizar-se, cria as condições para a sua desaparição, pela "dissolução do modo de produção e da forma de sociedade baseada no valor da troca". Nas palavras de Marcos Müller na apresentação do livro de Jorge Grespan, *O negativo do capital*: "o conceito de crise é inerente ao conceito de capital e deriva da sua estrutura contraditória, de modo que ele se constitui correlativamente à determinação progressiva e às formas de manifestação da contradição imanente do capital" (MÜLLER, 1998, p. 14-15).

Em março de 1858, Marx encerrou a redação dos *Grundrisse*. Estão postos ali os "fundamentos" da "crítica da economia política", seus elementos principais. Mais que isso, os *Grundrisse*, que não foram redigidos para publicação imediata, se permitem avançar temas que demandariam estudos e desdobramentos conceituais posteriores como os referentes aos "limites históricos da lei do valor": "Conforme o plano original de Marx, o último livro de sua obra deveria investigar os fatores que prenunciam a "superação do que existe" e impulsionam o "surgimento de uma nova forma histórica". Deveria compor-se da transição ao socialismo..." (ROSDOLSKY, 2001, p. 345).

Os *Grundrisse* constituem a primeira exposição de conjunto da "crítica da economia política", a primeira em que Marx demonstrou ter se apropriado, dialeticamente, de todo o material produzido pela economia política clássica superando-a, sendo a marca distintiva desta superação a centralidade e a reconceptualização, que Marx impõe ao conceito de capital. É certo que o conceito de capital já aparecera antes na obra de Marx, desde 1847, no *Trabalho assalariado e capital*, Marx já antevira o conceito de mais-valia. Diz Mandel:

> É em *Trabalho assalariado e capital* que Marx pressentiu pela primeira vez o essencial de sua teoria da mais-valia, sem utilizar esse termo e sem se exprimir de maneira precisa. O Capital... se conserva e aumenta por sua troca com o trabalho vivo... O operário recebe meios de subsistência em troca de seu trabalho, mas o capitalista, em troca de seus meios de subsistência, recebe trabalho; a atividade produtiva do operário não somente destitui o que ele consome, mas dá ao trabalho acumulado um valor maior do que aquele que ele possuía antes (MANDEL, 1968, p. 56).

Essa "intuição" do conceito de mais-valia se dá num contexto em que a diferenciação conceitual, decisiva, entre trabalho e força-de-trabalho ainda não foi estabelecida, sendo neste sentido, o modo *possível* de expressar a mais-valia a partir de uma base conceitual ainda não de todo especificamente marxiana.

Os *Grundrisse* representam, desse modo, o *locus* da materialização da crítica da economia política na medida em que é o locus da materialização dos conceitos especificamente marxianos de *capital* e *mais-valia*.

Em 11 de março de 1858 Marx escreve a Lassalle dando conta do plano de redação de sua "Economia Política" como chamava, às vezes, seu trabalho, que deveria incluir 6 livros. Em 2 de abril de 1858 em carta a Engels ele precisa o conteúdo dos 6 livros que seriam: 1) Do Capital; 2) Propriedade da Terra; 3) Trabalho Assalariado; 4) Estado; 5) Comércio Internacional; 6) Mercado Mundial. Sendo que o livro do capital dividir-se-ia em 4 partes: a) capital em geral; b) concorrência; c) o crédito e d) o capital por ações. O plano de redação estabelecia que o material seria publicado em fascículos, sendo o primeiro: "o capital em geral", subdividido em 1. "Valor"; 2. "Dinheiro"; 3. "Capital". Este plano de redação foi alterado resultando de fato, na publicação de um primeiro fascículo – publicado em 1859, que é a *Contribuição à crítica da economia política*, contendo o material referente ao valor e ao dinheiro, e na redação de um segundo fascículo, que acabou não sendo publicado, ficando inédito, constituindo-se nos cadernos de I a V enfeixados sob o título geral de *Manuscritos de 1861-63*, num total de 23 cadernos, que incluem o material que foi publicado por Kautsky com o título de *Teorias da Mais-Valia* (Cadernos de VI a XV e XVIII) e um conjunto de textos (Cadernos XVI e XVII, XXIX, XX, XXI, XXII e XXIII), que foram utilizados por Marx e por Engels para a redação e edição dos Livros I, II e III de *O Capital* (MARX; ENGELS, 1974c, p. 76-81; MARX, 1979).

Os *Manuscritos de 1861-1863* – publicados em alemão em 1976, foram traduzidos para o português por Leonardo Gomes de Deus e publicado pela Autêntica Editora, em 2010, com o título *Para a crítica da economia política. Manuscrito de 1861-1863. Cadernos I a V. Terceiro capítulo – O capital em geral* (MARX, KARL, 2010).

Tendo publicado a *Contribuição à crítica da economia política*, em 1859, para Marx o ano de 1860 foi inteiramente dedicado à tarefa de se defender das acusações caluniosas de Karl Vogt, que, se prosperassem, trariam sérios prejuízos para o partido de Marx e Engels. Em 1861 retoma a sua "crítica da economia política" em um esforço sistemático e abrangente, que incluirá mesmo uma "história crítica do pensamento econômico" a partir de sua decisiva descoberta, que é o conceito de mais-valia, que funcionou como parâmetro de aferição dos conteúdos efetivamente científico-racionais da economia política. Que Marx, entre 1861 e 1863, se disponha a elaborar uma "história crítica do pensamento econômico", é a prova, se ainda restasse dúvida, de que ele considerava, em 1861-1863, completa sua teoria, sua "crítica da economia política", capacitando-o a confrontar-se com o melhor da economia política clássica de um ponto de vista superior, porque tendo absorvido o que de racional e científico este pensamento produziu, rejeitou o que merecia ser rejeitado deste pensamento, ao mesmo tempo que introduziu um ponto de vista, categorias e perspectivas, radicalmente novos. É este, por exemplo, o caso da Teoria do Valor, destacado por Isaak Rubin, em que Marx não só dá respostas mais adequadas, teoricamente superiores, às dimensões *substância* e *medida* do valor, quanto inventa uma problemática nova, especificamente marxiana, que é a referente à *forma do valor* (RUBIN, 1974).

Em 4 de outubro de 1864, numa carta a Kliengs Marx diz que esteve doente durante o período de 1863/1864 o que o impediu de terminar o livro *O Capital*: "Agora espero terminá-lo, ao fim de uns tantos meses e, acertar, no plano teórico, um golpe na burguesia que ela jamais poderá responder (MARX; ENGELS 1974c, p. 113).

De fato, o livro em questão foi publicado em 1867, o Livro I de *O Capital*, mas não trouxe apenas o referente ao capítulo sobre o capital, projetado para ser o segundo fascículo da *Crítica da economia política*, publicada em 1859. Este novo *O Capital*, cujo plano Marx explicitou em carta a Kugelmann, em 13 de outubro de 1866, assim: Livro I. Processo de Produção do Capital; Livro II. Processo de Circulação do Capital. Livro III. Formas do Processo de Conjunto. Livro IV. Contribuição à História da Teoria" [...] "Acredito ser necessário começar *ab ovo* no primeiro livro, isto é, resumir em *um só* capítulo o referente à mercadoria e ao dinheiro de minha primeira obra editada por Duncker" (*Contribuição à crítica da economia política*) (MARX; ENGELS, 174c, p. 120).

Resuma-se, então, o que importa para este texto: com a *Contribuição à crítica da economia política*, de 1859, Marx completou sua "segunda navegação", deu-se a transição da "Revolução de Fevereiro" para a "Revolução de Outubro".

Assume-se aqui que há um momento, identificável factualmente, em que Marx, definitivamente, completou o que faltava para a exposição do específico de seu pensamento, de sua "crítica da economia política", num movimento conceitual que, enlaçando o conjunto da exposição, dá-lhe o sentido sistêmico rigoroso, que lhe confere elegância e consistência. A excelência do itinerário conceitual construído por Marx apresenta-se, exemplarmente, na primeira frase, tanto da *Contribuição à crítica da economia política*, de 1859, quanto do Livro I de *O Capital*, de 1867, que estabelecem as condições de legitimidade do ponto de partida dos dois livros, que é a análise da *mercadoria*. É preciso, neste caso fortemente, levar a sério o quanto ele continuou valorizando a exposição dialética, que aprendeu de Hegel e "superou", e as estritas exigências que o método dialético impõe quanto "ao ponto de partida", quanto às "condições de possibilidade" da exposição dialética, que obriga a que "o ponto de partida da ciência" sendo simples e imediato, prescindindo de qualquer preparação ou introdução, seja ele próprio "totalidade" tal como esta pode ser apreendida imediatamente, antes que se lhe solicite, que se manifestem suas diversas possibilidades, que estando presentes desde o início, em germe, só podem se manifestar na medida da extrinsecação de seus conteúdos, como uma planta que "não se perde numa transformação indefinida. Do seu germe, em que todavia se não distingue nada, sai uma multiplicidade, que no entanto já lá estava, inteiramente contida, se não de modo desenvolvido, pelo menos implícito e idealmente" (HEGEL, 1974, p. 342).

São estas estritas exigências de rigor expositivo que Marx se impôs na redação de *O Capital*, e que ele resolveu pela escolha da *mercadoria*, como ponto de partida de *O Capital*, na medida em que a *mercadoria*, como a semente que prefigura a planta, é o capital tomado em sua forma elementar de existência. Diz Marx na *Contribuição à crítica da economia política*: "À primeira vista, a riqueza burguesa aparece como uma enorme acumulação de mercadorias, e a mercadoria isolada como seu modo de ser elementar" (MARX, 1974a, p. 141). Em *O Capital*, Livro I, a questão reaparece ainda mais desenvolvida: "A riqueza das sociedades onde rege a produção capitalista configura-se em 'imensa acumulação de mercadorias', e a mercadoria, isoladamente considerada, é a forma elementar dessa riqueza. Por isso, nossa investigação começa com a análise da mercadoria" (MARX, 1968, p. 41).

Em texto escrito entre 1879 e 1880, considerado por muitos como o testamento intelectual de Marx – *Glosas marginais ao "Tratado de Economia Política" de Adolph Wagner* – ele é enfático ao dizer: "o senhor Wagner esquece também que para mim não são sujeitos nem o *"valor"* nem o *"valor de troca"*, senão que é somente a *mercadoria* (MARX, 1977, p. 171).

Seria ocioso trazer aqui toda uma abundante comprovação da centralidade da categoria *mercadoria* na "crítica da economia política" de Marx. É exatamente por se estar ciente da centralidade do *conceito de mercadoria* na "crítica da economia política" de Marx, que é desconcertante descobrir que só é quase às vésperas da publicação da *Contribuição à crítica da economia política*, que Marx faz da "mercadoria" o ponto de partida de sua "crítica". Isto é, tendo iniciado sua crítica à economia política em 1847, Marx manteve parte do vocabulário típico desta corrente, mesmo tendo rompido e superado o essencial de suas teses e conteúdos, como é o caso da construção do conceito de mais-valia que ele, embrionariamente, já desenvolvera nos anos 1847/1848. No entanto, para quem se apoia em certas lições centrais de Hegel, como aquela que manda não separar *forma* de *conteúdo*, não é irrelevante constatar a tardia incorporação do conceito de mercadoria como ponto de partida da "crítica da economia política".

Com efeito, manter o *valor*, como Marx o fez até 1858, como ponto de partida da *crítica* é, ainda, não ter *finalizado* a definitiva *superação* da economia política clássica, é ainda se manter, no campo de uma "duplicidade de poderes", o poder de Smith e Ricardo confrontado pelo novo poder da teoria da mais-valia, numa situação ambivalente em que, por um lado a *teoria* já está, no essencial, desenvolvida, mas ainda continuava a ser exposta de um modo impróprio para uma perspectiva teórica, que se baseia na ideia de que se há *algo novo* a ser dito, *este novo deve ser expresso a partir de uma forma nova*. No específico do que se discute aqui, a questão foi posta com exatidão por Marcos Lutz Müller:

> Dialética significa n' *O Capital* primeiramente e, também, predominantemente, o método/modo de exposição crítica das categorias da economia política, o método de 'desenvolvimento do conceito de capital' a partir do valor, presente na mercadoria, enquanto ela é a categoria elementar da produção capitalista que contém o 'germe' das categorias mais complexas (MÜLLER, 1982, p. 19-20).

É possível acompanhar o itinerário da construção da crítica da economia política de Marx por meio de sua correspondência. Assim, em carta para Engels de 2 de abril de 1858, depois da redação dos *Grundrisse*, que foram redigidos entre julho de 1857 e março de 1858, referindo-se ao seu plano de redação de sua "economia política", Marx toma o valor como ponto de partida da primeira seção do capital, "*O capital em geral*", "*O Valor*" – reduzido pura e simplesmente a quantidade de trabalho, o tempo como medida do trabalho (MARX; ENGELS, 1974c, p. 77). Colocar a questão nestes termos, expor sua "Crítica da economia política" deste modo, significa não ter rompido, ainda, com o modo como a economia política clássica expunha os seus resultados. A correspondência de Marx sobre temas econômicos registra o envio de cartas em 9 de abril de 1858, para Engels; em 31 de maio de 1858, também para Engels; em 12 de novembro de 1858, para Lassalle. É nesta última carta que Marx explicita algo decisivo para o que se está argumentando aqui. Explicando a Lassalle as razões do atraso no envio dos originais de "Contribuição à crítica da economia política" Marx alega, depois de falar das agruras de sua saúde precária e de suas dificuldades de sobrevivência material, que:

> Porém, a verdadeira razão é a seguinte: a matéria a tinha diante de mim, tudo se reduzia a uma questão de *forma* (grifo meu J.A.P.). Em tudo o que escrevia ficava manifesto em meu estilo minha enfermidade de fígado. E tenho duas razões para não tolerar que motivos de ordem médica venham estropiar esta obra:
>
> 1. É o resultado de quinze anos de trabalho e, consequentemente, o fruto do melhor período de minha vida.
>
> 2. Apresenta, pela primeira vez, *CIENTIFICAMENTE*, um ponto de vista importante sobre as relações sociais. Devo, pois, a nosso partido não depreciar a causa com um estilo deslustrado e falso, que é reflexo de um fígado doente. Não aspiro a elegância da exposição, senão só a escrever em meu estilo habitual, o que me tem sido impossível durante os meses de sofrimento, ao menos sobre este tema..." (MARX; ENGELS, 1974c, p. 82-83).

Nesta carta a referência à *forma* e a discussão que se segue, que está centrada no *estilo* da exposição, parece circunscrever a questão a uma dimensão limitada e banal da problemática da *forma*. Contudo, na carta seguinte de Marx, para Engels, em 29 de novembro de 1858, ele diz:

> Minha mulher está copiando de novo o manuscrito, que não poderá sair antes do fim do mês. As razões do atraso são: grandes períodos de indisposição física, situação que terminou agora com o inverno. Demasiados problemas domésticos e econômicos. Finalmente: a primeira parte resultou mais importante devido a que, dos dois primeiros capítulos o primeiro ("A MERCADORIA"), não estava escrito em absoluto no projeto inicial, e o segundo ("O DINHEIRO", ou "A CIRCULAÇÃO SIMPLES") não estava escrito mais que em esquemas muito breves que depois foram tratados com mais detalhes do que eu pensara no princípio... (MARX; ENGELS, 1974c, p. 83).

É nesta carta de 29 de novembro de 1858, que aparece, pela primeira vez, a *Mercadoria* como ponto de partida da *Crítica da economia política*. Esta inovação na exposição, a substituição do VALOR pela MERCADORIA é mais que uma questão de estilo, de forma no sentido trivial do uso da palavra. É uma REVOLUÇÃO, é de fato, o "Outubro" de Marx, a definitiva complementação de sua superação da economia política clássica. Começar com a MERCADORIA significa não só superar os termos da exposição de

Adam Smith e Ricardo, do melhor da economia política, como colocar a superação da forma mercadoria, do capitalismo enfim, como objetivo indescartável da crítica da economia política, do pensamento e da prática do marxismo.

É certo que, como disse Mario Duayer na Apresentação à edição brasileira dos *Grundrisse*, Marx já "se decidira pela forma de apresentação: a mercadoria como ponto de partida para a exposição do objeto – a economia capitalista" (DUAYER, 2011, p. 18-19). A passagem onde Marx diz isto está na página 756, quase ao final do manuscrito. Diz Marx: "A primeira categoria em que se apresenta a riqueza burguesa é a da *mercadoria*" (MARX, 2011, p. 756). Contudo, mesmo depois de ter escrito isso, os *Grundrisse* foram escritos entre outubro de 1857 e março de 1858, em carta de 2 de abril de 1858 para Engels, ele continuou a dizer que o ponto de partida de sua "Economia Política" era o *valor*. De fato, é apenas na carta de 20 de novembro de 1858, também para Engels, que, definitivamente, Marx diz que o ponto de partida de sua obra será a mercadoria.

Na verdade ainda que seja impossível reconstituir, integralmente, as minúcias do processo de elaboração de *Para a crítica da economia política*, publicada em 1859, é possível dizer que, no referente à questão do capítulo inicial, a solução a que Marx havia chegado ao final dos *Grundrisse* não lhe parecia inteiramente satisfatória. Com efeito, o próprio título da seção – "1) O valor" – denota que os termos da questão ainda estavam informados pela perspectiva da economia política clássica, por Ricardo em particular. Também expressiva é a primeira frase da seção em que Marx diz: "Retomar esta seção" (MARX, 2011, p. 756), dando conta do ainda provisório estágio de desenvolvimento da questão naquele momento. Com efeito, entre março e novembro de 1858, Marx transitou de uma posição, que ainda se reportava ao melhor da tradição da economia política clássica, com seu ponto de partida com a teoria do valor e trabalho, para uma nova posição, que se pode chamar de especificamente marxiana, em que a centralidade discursiva não está mais na medida e na substância do valor das mercadorias, mas na mercadoria mesmo tomada como totalidade, como modo elementar de presentificação da riqueza da sociedade capitalista.

Começar a "crítica da economia política" pela mercadoria, significa, de fato, uma revolução conceitual, que terá decisivas implicações teóricas, políticas, ideológicas e culturais. A escolha da mercadoria como ponto de partida de *O Capital* é, na verdade, um *giro ontológico*, que resultará em importantes requalificações da crítica da economia política. Começar com a mercadoria, reconhecer nela a forma elementar da riqueza capitalista, reconhecer nela a manifestação exemplar e inescapável do despótico e alienante da ordem social capitalista, é apontar para a incontornável necessidade de superação do mundo das mercadorias, como condição para a emancipação humana. Com efeito, ao fazer da mercadoria a força regente da sociedade capitalista e ao reconhecer esta força regente como a matriz geradora das iniquidades características da ordem social capitalista, Marx afasta qualquer possibilidade de conciliação e de acomodação à ordem burguesa, fazendo da superação do mundo das mercadorias a pré-condição para a construção do mundo como efetiva morada do homem humanizado.

Nesse sentido, a centralidade atribuída por Marx à necessidade de superação do mundo das mercadorias, como pré-condição do projeto emancipatório, é a mais contundente crítica tanto aos críticos, quanto aos supostos adeptos de Marx que fizeram de sua obra e de suas propostas uma sorte de "teoria da modernização". É isto que José Guilherme Merquior identificou na visão de Ernest Gellner sobre o marxismo: "O que a ética protestante foi o marxismo seria hoje, isto é, um movimento social perfeitamente ascético e até repressivo que conduz de uma maneira até brutal determinada forma de modernização social rápida, uma determinada forma de industrialização forçada e acelerada e assim por diante" (MERQUIOR, 1981, p. 13).

Marx não é o teórico da modernização, não buscou reformar ou construir o capitalismo onde ele não havia. Seus compromissos com a revolução socialista são absolutamente incontornáveis, e esta radicalidade se manifesta, exemplarmente, em toda as dimensões da vida social. Trata-se de denunciar a mercadoria não só por suas implicações econômicas, mas de reconhecer o quanto sua lógica e suas exigências colonizam, deleteriamente, a vida social, a vida política e a vida cultural, transformadas em reinos da *venalidade* e da *manipulabilidade*, da mentira e da impostura, da opressão e da miséria, da exploração e da destruição.

O reino do capital[7]

Está em Hegel a ideia de que "o trabalho da história", seu desenvolvimento, se faz como universalização. A dissolução dos aspectos imediatos, particulares do mundo, que, sendo as formas necessárias da manifestação do real, devem se submeter à ação universalizante do desenvolvimento da história. Esse mesmo desenvolvimento da história tem como eterna missão limar as asperezas que configuram o real, a multiplicidade de suas manifestações específicas, reduzindo-o assim ao essencial, ao que é comum a todas as suas formas particulares. Processo histórico e lógico-genético, ele é a explicitação das possibilidades do ser. É esse o fundamento da famosa frase de Hegel em que ele atribui a Napoleão o papel de encarnar o espírito do tempo, na medida em que ele é a realização da universalização das conquistas da Revolução Francesa. O *citoyen* francês, sujeito e filho da grande revolução, seria o termo mais avançado de uma longa caminhada, que, tendo se iniciado com o habitante da *polis* grega, cuja liberdade pressupunha a não liberdade do outro, só poderia se realizar, de fato, com a plena emancipação do ser humano.

Tal caminhada está longe de ser harmoniosa ou linear. Seu veículo é, na verdade, o conflito, a permanente disputa entre interesses e classes, em que a cada momento uma determinada situação histórico-social é transformada pela conjunção de forças, que reclamam representar os interesses gerais, superiores aos particularismos dominantes. É exatamente essa capacidade de construir identidades coletivas majoritárias que está na base da imposição das hegemonias político-culturais. No centro disso está a capacidade do discurso da classe que luta pelo poder em mostrar-se universal, real ou pretensamente. É esse discurso, transformado em ideologia, em instrumento de combate, que possibilitará a construção de uma alternativa ao *status quo* capaz de mobilizar a ação transformadora. No centro dessa ideologia a tese de que a história tem

---

[7] Este texto deve muito à lúcida contribuição de Hugo Eduardo da Gama Cerqueira e Maurício Coutinho, e às velhas e saudosas conversas com Antonio Luís Paixão.

sentido, de que se destina ao melhor e que este, o melhor, se apresenta sempre como crítica do existente, como superação dos momentos contingentes, como disse Hegel:

> Tudo o que desde a eternidade acontece no céu e na terra, a vida de Deus e quanto se opera no tempo, visa apenas a que o espírito se conheça a si próprio, se faça a si mesmo objeto, se encontre, descubra por si mesmo, se recolha em si próprio; desdobrou-se, alienou-se, mas somente para se poder encontrar e para poder voltar a si próprio (HEGEL, 1974, p. 342).

Acompanhar Hegel nesta trajetória é reconhecer que o "trabalho da história", seu desenvolvimento, é avançar do particular ao universal, do abstrato, isto é, do singular, ao concreto, "que é concreto porque síntese de muitas determinações, unidade do diverso", como diz Marx, ou como diz Hegel: "a ideia é essencialmente concreta, visto ser essa a unidade de distintas determinações" (HEGEL, 1974, p. 343). Tal processo de universalização se dá pela emergência de categorias – instituições que, a cada momento, reivindicam-se portadoras do novo, parecem ter compromissos com o futuro, com a liberdade, com a emancipação. Foi assim com São Paulo propondo ao cristianismo falar para todos os homens tomados como iguais perante Deus; foi assim com Kant, quando mostrou ser possível a paz perpétua, a moralidade no mundo, a racionalidade da humanidade pela ação da ilustração – "ousar saber" e assim construir a liberdade. Diz Kant: "Para esta ilustração não se requer mais que uma coisa, liberdade; e a mais inocente entre todas que levam esse nome, a saber: liberdade de fazer uso público de sua razão integralmente." (KANT, 1992, p. 28, tradução nossa).

Trata-se, do ponto de vista de Hegel, de ver a história como uma sucessão de momentos marcados pela superação dos particularismos. Processo global, que diz respeito a toda a existência, ele se realiza em todos os planos da vida social, do mais imediato da produção material até o mais mediatizado da produção simbólica. Sendo processo global é, por definição, processo dialético e, neste sentido, tem no centro de sua dinâmica, seu motor e causação, a contradição. Daí que seja inescapável levar a sério a ideia de contradição e, mais ainda, ver nas vicissitudes da contradição a própria vida do conceito isto é, a possibilidade de sua apreensão.

Neste estudo buscar-se-á captar a forma, o "luxo de contradições", com que se dá o processo de universalização na sociedade capitalista, pela hegemonia da categoria capital. No capitalismo, o capital é a forma possível e visceralmente contraditória da universalidade. Compreender sua gênese, sua natureza e dinâmica é explicitar aspecto central da sociedade contemporânea.

As duas espadas

Vários estudiosos do mundo antigo destacaram o lugar relativamente secundário que o mercado ocupa ali. Se a economia, a produção material, é um dado indescartável e constituinte do mundo social, a realidade mercantil não teve no mundo antigo centralidade. Nem mesmo a palavra "mercado", os gregos, criadores do essencial do vocabulário ocidental, se deram ao trabalho de criar. Como também não criaram uma palavra para designar trabalho (ANDERSON, 1982).

Tanto historiadores quanto antropólogos contemporâneos têm redescoberto a verdade das teses aristotélicas que afirmam a subordinação das relações de mercado, no mundo antigo, decisivas e hegemônicas relações político-culturais.

É este o sentido básico da pesquisa de Karl Polanyi, que é parte de um programa constituído por diversas investigações, que têm como substrato comum identificar formas alternativas de sociabilidade econômica para além da troca mercantil. Este universo de pesquisa está longe de ser homogêneo, sendo partilhado por perspectivas funcionalistas, como as de Malinowski; por estruturalistas, como Pierre Clastres, Eric Wolf, Marshall Sahlins, Lawrence Krader; por surpreendente combinação de neoclassicismo e populismo em economia, como se vê em Alexander Chayanov. No centro desta constelação de possibilidades de formas de sociabilidade econômica – que inclui a dádiva, a redistribuição, a reciprocidade –, o mercado pleno, diz Polanyi, não só é recente, do final do século XVIII, quanto restrito geograficamente (POLANYI, 1980).

Polanyi, seguindo Aristóteles, vai argumentar que a plena vigência da troca mercantil, a imposição do mercado, não é algo inscrito e inexorável na condição humana. Para Aristóteles, na *Ética a Nicômaco*, como para São Tomás de Aquino, na *Suma Teológica*, a economia só é legítima quando submetida a preceitos éticos, quando subordinada a regras que visem a preservação do bem comum – daí a busca da justiça distributiva, daí a condenação da usura, que são exigências básicas da sociabilidade pré-moderna, que significam, em última instância, colocar a economia como esfera subordinada à ética universalizante, às exigências da política, da vida da polis e da cultura, tomadas como conjuntos de práticas e símbolos que cimentam a vida coletiva (POLANYI, 1976).

Trata-se de mundo que recusa a impessoalidade e a formalização, que são requisitos essenciais da plena vigência das relações de mercado. Ao contrário disso, o mundo pré-moderno seria marcado pela heterogeneidade, pela permanente presença de distinções decorrentes de relações étnicas, sexuais, religiosas, míticas, políticas, etc. De tal modo que talvez se possa dizer que, naquele mundo, cada coisa está no seu lugar, lugar predeterminado, absoluto, resultado de uma vontade onipotente e onisciente, que a tudo criou de uma vez por todas – para a eternidade e o absoluto. Mundo fechado, heterogêneo, finito – como nos disse Koyré, o mundo pré-moderno foi representado de vários modos. Uma representação particularmente expressiva do Cosmos é a que está em *A Divina Comédia*. Ali, o Cosmos se apresenta como tendo no centro a Terra, em torno da qual giram nove esferas concêntricas, e mais uma, a décima – o Empíreo, a morada de Deus. No espaço terreal haveria quatro grandes partes. A Terra, propriamente dita, morada dos homens viventes, com suas montanhas, rios, florestas, animais, cidades. Ao norte deste espaço terreal, ao norte de Jerusalém, estaria um segundo subespaço, cone invertido constituído de nove círculos, no último dos quais Satã comandaria o mundo infernal. Ao sul, constituído do material produzido pela concavidade do Inferno, estaria o purgatório, uma grande montanha que teria nove escabrosidades, sendo que a última delas seria o Paraíso Terreal, morada primeira do primeiro casal. Na abóbada deste, teriam início os nove círculos celestes – o da Lua, Mercúrio, Vênus, Sol, Marte, Júpiter, Saturno, o das estrelas fixas: "A nona é o céu cristalino e invisível, e a última é o Empíreo" (AUERBACH, 1997, p. 128).

Se as imagens do círculo e do cone são fortes nessa representação, adicione-se uma terceira – a da existência de dois focos, como numa elipse, determinantes desse Cosmos. Para Dante era claro que os problemas que infelicitavam a Itália de seu tempo decorriam da supremacia de um dos focos, o Papado, o poder espiritual, sobre o outro poder, o Império, o poder temporal. Mundo dualístico, o de Dante, ele estava rigorosamente dividido em dois partidos irreconciliáveis – o dos Guelfos, defensores do Papa X o dos Gibelinos, defensores do Imperador. Os Guelfos, defensores das Repúblicas – cidades independentes X os Gibelinos que defendiam a Monarquia Universal. Uns aliados da França e do Papa X outros aliados da "Alemanha" e do Imperador. Dante, que foi Guelfo e depois se tornou Gibelino exaltado, viveu e padeceu os grandes conflitos do seu tempo. A *Divina Comédia*, que muitos consideram o maior livro que já foi escrito, é um acerto de contas com seus amigos e inimigos, com o seu país e com sua religião, a culminância da cultura medieval, o termo do mundo pré-moderno.

Dante inclinou-se para o Imperador e para a Monarquia Universal contra o Papa e a autonomia das Repúblicas. Esse conflito é o resultado da fratura de uma coalizão que, desde o final do século V, tinha soldado os dois grandes poderes de então – o da Igreja e o do Império. Foi o Papa Gelásio I (492-496) que consagrou a tese das duas espadas, da necessária convergência e harmonia entre a espada temporal e a espada espiritual, que garantiram a longa dominação merovíngia e carolíngia.

A teoria das duas espadas, ou dos dois gládios, foi sintetizada assim por Archibald Dunning e transcrita por José Olegário Ribeiro de Castro: "É vontade do Deus Onipotente que os homens sejam governados não apenas pela espada das autoridades seculares como também pelos Bispos e Sacerdotes" (CASTRO, 1977, p. 56).

A partir do século XII, com o fortalecimento da monarquia medieval francesa, a partir de Filipe Augusto, haverá um crescendo de conflitos entre

França, Itália e "Alemanha" em que cada vez mais a autoridade do Papa será requisitada, de tal modo que se desgastará pelo permanente arbítrio que terá de exercer. É este desgaste que está na base da célebre disputa entre Filipe o Belo e Bonifácio VIII, de que resultará a tutela francesa sobre o papado em Avignon.

A crise do papado, que é também a crise do Império, é aspecto decisivo da emergência da modernidade e da superação dos particularismos feudais que ela significa.

Trata-se, fundamentalmente, de reconhecer que o mundo pré-moderno, que o conceito de Cosmos, que balizou tanto a mentalidade da Antiguidade clássica quanto a medievalidade, sancionou uma sociabilidade fragmentada, segmentada por ordens, castas, diferenças de credo, étnicas, sexuais, etárias. Mundo em que a singularidade e a particularidade não são garantias à alteridade, mas elementos discriminatórios, interditantes. Na verdade, trata-se de uma sociedade de aglomerados, de grupos, de "bandos", de corporações, em que estão ausentes tanto o indivíduo, tomado como titular de direitos e sujeito autônomo, quanto instituições capazes de reconhecer e garantir estes direitos. Será Burckhardt quem chamará atenção para a necessária complementaridade que existe entre a emergência do Estado e do indivíduo, na medida em que o Estado é promessa de garantia dos interesses coletivos, o que permite a emergência do indivíduo (BURCKHARDT, 1973).

Se a modernidade é marcada pela ampla presença das relações individuais, na pré-modernidade prevaleceu uma sociedade grupal: eram ordens, corporações, congregações, grêmios, comunidades religiosas os sujeitos das interações sociais. A sociedade movia-se a partir de grupos formados por relações de parentesco, crença religiosa, vizinhança, ofício, casta social. Pouco espaço havia ali para o indivíduo e as manifestações individuais. Hordas, bandos, guildas, ordens religiosas eram os titulares, por excelência, da vida social. Sociedade de grupos, era também a sociedade das paixões, dos sentimentos exacerbados, das manifestações públicas de júbilo e sofrimento. Em seu extraordinário livro, *O declínio da Idade Média*, Johan Huizinga surpreende o essencial da pré-modernidade numa estratégia de simbologia comparada: a vida regulada pelos sinos das igrejas, cena típica da pré-modernidade, em relação à vida regulada pelo relógio; a vida da paixão, da exaltação, da ostentação da pré-modernidade em relação à austera contenção burguesa, sobretudo em sua versão calvinista; a vida marcada por sermões, que duravam semanas, por procissões imensas e punições públicas exemplares, a vida espetacular e excitada da pré-modernidade, em relação a uma vida voltada para o trabalho rotineiro, contínuo, e intenso, típica da exigência capitalista. Diz Huizinga:

> A vida era tão violenta e tão variada que consentia a mistura do cheiro do sangue com o das rosas. Os homens dessa época oscilavam sempre entre

> o medo do inferno e do céu e a mais ingênua satisfação entre a crueldade e a ternura, entre ascetismo áspero e o insensato apego às delícias do mundo, entre o ódio e a bondade, indo sempre de um extremo ao outro (HUIZINGA, s.d., p. 26).

Um exemplo particularmente eloquente dessas diferenças entre a época moderna e a pré-moderna é o que se apresenta pela comparação entre as pinturas de Velásquez e Vermeer. Contemporâneos, o espanhol e o holandês registraram em suas telas o essencial do mundo que insistia em não morrer na Espanha do século XVII, e o mundo novo que emergia naquelas províncias pioneiras no capitalismo. A pompa, o fausto, o brilho, as cores, o esplendor da Corte Habsburgo é o exato contraponto da contenção, da simplicidade do cotidiano da vida burguesa representados nas telas de Vermeer. Contudo, bem examinadas as telas de Velásquez elas revelam algo que é decisivo – a permanente sensação de que se está diante de um mundo morto, nostálgico, embalsamado. E é como revelação profética que se deve ver um dos retratos equestres de Filipe IV, em que o rei, com plumas e armadura, em seu belo cavalo empinado, parece suspenso à beira do abismo, metáfora da crise agônica do império ibérico já instalada.

Cada porção do mundo pré-moderno parece um mundo à parte, envolto em uma singularidade irredutível – a corporação tal, do ofício tal, cujo padroeiro é o santo qual; o feudo tal, cujo senhor é o nobre tal, que impõe aos seus servos as exigências quais; são as diversas ordens religiosas, militares, leigas, sacerdotais, mendicantes, monacais; são as cidades enclausuradas em muros – fortificações; são os inumeráveis tributos, moedas, alfândegas, exigências...

Um mundo de particularismos, cujas únicas instituições com vocação universal – o papado e o império – só o foram, efetivamente, em certos períodos. O Império, o Sacro Império Romano-Germânico, muito poucas vezes repetiu a grandeza da centralização romana – como com Carlos Magno, 800-814, e talvez com Frederico Barba-Ruiva, no século XIII, o último grande imperador germânico. Se o período que vai do século V à coroação de Carlos Magno é de instabilidade e insegurança, com repercussões sobre a vida econômica e social, que se precarizaram, é também período de precarização da vida religiosa depois da grande época que foi da pregação de São Paulo até a conversão de Constantino, no início do IV, até a consolidação da patrística com Santo Agostinho, no século V.

Com a época carolíngia haverá o renascimento também da vida religiosa e significativo crescimento do poder da Igreja. Contudo, se cresce o poder da Igreja, na base deste crescimento estão a corrupção e as venalidades. Um exemplo disto: "o caso Marósia, dama de alta nobreza romana, amante do papa Sérgio III (904-911), de quem tem um filho que, por sua vez, devido aos esforços desempenhados por sua mãe, tornou-se também Papa, sob o nome de João XI (931-936), com onze anos de idade" (CASTRO, 1977, p. 81).

São esses escândalos, a generalização da prática da simonia, os abusos diversos do clero, que vão impulsionar os movimentos de regeneração da igreja a partir de 910, com a fundação do mosteiro de Cluny e a ação de Bernardo de Claravau. De qualquer modo esses esforços regeneradores não impediram a desmoralização do papado. Transformado em potência feudal, detentor de grandes extensões de terra, envolvido no jogo político feudal, na disputa entre uma França fortalecida e um Império Germânico enfraquecido, o papado sucumbirá em sua dignidade, humilhado pela ação de Filipe, o Belo, no início do século XIV.

É daí que se deve datar o início da definitiva crise do império e do papado, crise esta que não será revertida, a não ser fugazmente na eleição de Carlos V, em 1519, e que já é o dobre de finados da feudalidade. Crise que significa a emergência do mundo moderno – a instauração do Estado Moderno e do indivíduo; a revolução da física clássica, da racionalidade instrumental; a grande transformação representada pela emergência do mercado capitalista.

Esse processo, para usar uma metáfora, é a substituição do mundo das duas espadas pelo mundo da única espada, a espada do capital, empunhada por uma mão invisível. Trata-se da passagem de uma sociabilidade truncada, bloqueada pela vigência dos particularismos feudais, para uma sociabilidade alienada, capturada pela dominação do capital. No essencial é um processo marcado pela apropriação, por parte do capitalismo, das grandes invenções da modernidade. Max Weber viu esse processo como significando o "desencantamento do mundo". A essa imagem, que evoca a imagem da luz, da ciência e da técnica expulsando mitos, duendes, santos e deuses de suas moradas – da natureza e da sociedade – agregue-se outra: o mundo pré-moderno da excitação e da paixão, dos sentimentalismos e do orgulho, da dissipação e do pecado, sendo substituído por um mundo em que o que conta é o que pode ser transformado em riqueza abstrata, em dinheiro, o reino do capital – o mundo das "águas geladas do cálculo egoísta", como o viu Marx no *Manifesto Comunista*.

Da sociabilidade truncada à sociabilidade alienada

Falou-se aqui da sociabilidade truncada. É que as relações sociais, as interações humanas – o comércio de coisas e ideias – tinham que vencer resistências e obstáculos tanto decorrentes da precariedade das comunicações e transportes, da incipiência da técnica, quanto dos mais pesados condicionamentos da interdição da liberdade; a presença da censura e da Inquisição, as exigências de submissão absoluta à ordem, religiosa e temporal, a estratificação e rigidez sociais absolutas. Neste mundo, a cidade, a cidade antiga como disse Fustel de Coulanges, é, sobretudo, restrição da liberdade. Diz Coulanges: "A cidade foi fundada por uma religião e constituída tal como uma Igreja. Daí a sua força, daí também a sua onipotência e o império absoluto que ela exerceu sobre os seus membros. Numa sociedade organizada sobre tais princípios, a liberdade individual não poderia existir" (COULANGES, 1941, p. 370).

Se a cidade antiga, greco-romana, não garantia a liberdade individual, a não cidade medieval, a ruralização típica da feudalidade, também não é garantia daqueles direitos. Será preciso a invenção da cidade moderna para que, com ela, possam nascer também o indivíduo, sujeito de direitos, e o Estado moderno, garantidor destes direitos. É isto que nos mostra Jacob Burckhardt em seu *O renascimento italiano* Trata-se, neste sentido, de surpreender a solidariedade constitutiva destas três instituições cruciais da modernidade – a cidade, o indivíduo e o Estado.

A constituição destas instituições não foi processo linear ou homogêneo, tendo sido marcado por contradições, retrocessos, impasses, defasagens. Tratava-se, no essencial, de transformar radicalmente um mundo, o mundo pré-moderno (da Antiguidade clássica e da ortodoxia cristã), mundo que se foi capaz de criar um repertório de aspirações e ideais cruciais para o desenvolvimento humano – a liberdade, a justiça, a verdade, a beleza, o bem – distribuiu tão desigualmente o acesso a tais valores e direitos, que, virtualmente, retirou-lhes toda a possibilidade de ensejarem um processo emancipatório, que só é efetivo quando universal. Tantos os particularismos, tantas as restrições, as interdições, que o ideário clássico e o cristianismo institucionalizado foram, sobretudo, instrumentos de reiteração de privilégios. Veja-se o que diz Coulanges: "É, portanto, erro grosseiro, entre todos os erros humanos, acreditar-se que, nas cidades antigas, o homem gozava da liberdade. Ele não tinha sequer a mais ligeira ideia do que ela fosse. O homem não julgava que pudesse existir com direitos em face da cidade e dos seus deuses" (COULANGES, 1941, p. 376).

São bem conhecidas as muitas implicações decorrentes do processo que os franceses chamaram de "invasões dos bárbaros" e os alemães de "migrações dos povos" e que marcou os séculos II a V da era cristã. Seu resultado-síntese foi a formação da Europa Ocidental, matriz da modernidade, pela desagregação do Império Romano. Trata-se de processo múltiplo e complexo, que tanto terá incidência no plano socioeconômico (declínio da escravidão e invenção da servidão como forma hegemônica das relações sociais da produção) quanto no plano religioso (a transformação do cristianismo em religião oficial de Estado) e no plano cultural, urbanístico, das relações pessoais. O mundo que será chamado, *a posteriori*, é claro, de medieval é marcado pela rarefação da vida urbana, por uma efetiva ruralização; pelo aprofundamento dos laços de dependência pessoal; pelo enriquecimento da estratificação social, refratária à mobilidade social; pela clericalização da vida social; pela privatização da defesa, o que significa, de outro lado, a ausência de um Estado capaz de garantir direitos universais (BLOCH, 1979).

Mundo nem de longe estático, como o quis ver a época renascentista e mais ainda a ilustração. A medievalidade experimentou dinamismo, o que, contudo, também não autoriza a demasia de ver "revolução industrial na Idade Média", como quer, por exemplo, Jean Gimpel.

Aspecto central da superação do mundo medieval foi destacado pelo grande historiador belga Henri Pirenne. Seu pequeno e precioso livro *As cidades da Idade Média* é excelente introdução à compreensão de aspecto essencial da modernidade. Seu livro, ao ser um elogio da cidade em sua reinvenção moderna, estabelece os fundamentos socioeconômico-culturais da sociabilidade moderna: a cidade como espaço da liberdade, como conjunto das interações sociais e dos desenvolvimentos do eu individual – sujeito desejante e submetido a regras que são estabelecidas e garantidas pelo Estado. Trata-se, neste sentido, de ver a cidade moderna como pressuposto do desenvolvimento do indivíduo e do Estado, de uma nova sociabilidade alargada. Diz Pirenne:

> O ar da cidade torna livre, diz o provérbio alemão, e esta liberdade observa-se em todos os climas. A liberdade era antigamente o monopólio da nobreza; o homem do povo só gozava dela a título excepcional. Devido às cidades, ela toma o seu lugar na sociedade como atributo natural do cidadão. Doravante bastará residir no solo urbano para a adquirir. Todo o servo que, durante um ano, viveu um ano e um dia no meio urbano fica a possuí-la a título definitivo (PIRENNE, 1973, p. 149).

A cidade vai realizar esta sua vocação pela consolidação de quatro conquistas: 1) pela garantia da liberdade individual; 2) pela garantia da segurança do indivíduo; 3) pela imposição da tributação razoável; 4) pela instauração do governo local (PIRENNE, 1973, p. 132).

Estes são processos que vão se dar entre os séculos XI e XII. Se a cidade é espaço de refúgio dos servos, que lá se emancipam, ela também é espaço de resistência ao discricionário do poder da Igreja. Quando do conflito entre o papado e o império, a partir de 1075, com o *Dictatus Papae*, que avocou ao papa poder clerical absoluto, sobretudo com o estratégico direito de "investir ou depor bispos", essa ousadia do papa Gregório VII e a reação do imperador Henrique IV terão como consequências o rompimento do equilíbrio disposto na "teoria das duas espadas", num processo cuja resultante será o enfraquecimento tanto do papado, quanto da instituição imperial. Deste duplo enfraquecimento vão se beneficiar as cidades. Primeiro no norte da Itália, depois na Provença, em Flandres, na França setentrional, na Alemanha vão se consolidar cidades com variados graus de autonomia – a cidade livre, que apesar do nome continuava sendo controlada em parte pelo senhor feudal; as comunas, efetivamente autônomas; e as cidades consulares, que além de autônomas eram dirigidas por colegiados (CASTRO, 1977, p. 113).

Insista-se num ponto que contrariará muito do senso comum corrente: não foram os mercados que criaram as cidades. Disse Pirenne:

> Poder-se-ia ser tentado a acreditar, e certos historiadores acreditaram-no com efeito, que os mercados, fundados em tão grande número a partir do século XI, foram a causa desses primeiros aglomerados. Por sedutora que à primeira vista pareça, esta opinião não resiste à análise. Os mercados da época Carolíngia eram simples mercados locais, visitados pelos camponeses dos arredores e por alguns vendedores ambulantes [...] Mercados desta espécie sempre existiram e existem ainda hoje em milhares de pequenas cidades e aldeias (PIRENNE, 1973, p. 107).

Diga-se mais, também não foi a indústria a matriz das cidades. É que as atividades manufatureiras de tecidos, as principais atividades manufatureiras do período medieval, eram exercidas no campo (PIRENNE, 1973, p. 120). Nem os mercados, nem as manufaturas geraram as cidades. Estas nascem de um outro impulso – da erosão do poder feudal, do enfraquecimento de suas instituições, da aceleração das contradições internas do modo de produção feudal, como disse Dobb: superexploração dos servos, fugas e guerras de camponeses, formação de cidades como espaços de liberdade para além da dominação feudal.

Tanto Pirenne, quanto Braudel, no volume 2 de sua trilogia, *Civilização material, economia e capitalismo*, mostraram que os mercados são antigos, são encontrados desde a Antiguidade, em todos os lugares. Contudo, se a realidade do mercado tem algo de ubíquo confundindo-se, nestes autores, com a presença da troca, Braudel apontou aspecto que faz toda a diferença. Diz ele: "Mas de todos estes mercados difusos, o mais importante, segundo a lógica deste livro, é o mercado de trabalho" (BRAUDEL, 1985, p. 40). Trata-se de reconhecer a mudança de qualidade sobre a realidade do mercado que trará a transformação do trabalho, e da terra, em mercadorias.

Reconhecendo o papel fundamental da emergência dos mercados de trabalho e de terras na mudança da natureza do mercado, sua efetiva transformação em mercado capitalista, Ellen Meiksins Wood, apoiada em Robert Brenner, vai mostrar que o local por excelência da imposição do mercado capitalista – isto é, o mercado entendido como coerção e não simples extensão da troca – foi a agricultura. Isto é, que o capitalismo nasceu no campo: "o capitalismo, com todos os seus impulsos sumamente específicos de acumulação e maximização do lucro, não nasceu na cidade, mas no campo, num lugar muito específico e em época muito recente da história humana" (WOOD, 2001, p. 77).

Ellen Meiksins Wood vai mostrar que não há qualquer sentido em associar capitalismo e modernidade, que o projeto moderno não tinha, necessária e inequivocamente, um único caminho que era o desembocar no capitalismo. O essencial de seu argumento é que do ponto de vista da história há um recorrente equívoco, presente em diversas perspectivas, com a notável exceção de Karl Polanyi, que é entender como universal e ubíquo o capitalismo, e, neste sentido, ver a história econômica europeia como o desdobramento de algo que sempre esteve presente – o capitalismo. Esta visão, que Ellen M. Wood chama de "Modelo Mercantil", significa um radical anacronismo na medida em que não reconhece diferenças entre os mercados não capitalistas e o mercado capitalista. Diz Wood: "o mercado capitalista é qualitativamente diferente dos mercados das sociedades não capitalistas, e não apenas quantitativamente maior e mais abrangente que eles" (WOOD, 2001, p. 27).

Assim, não se veja a cidade como invenção do capital. O capital será, ao final, o grande usufruidor das benesses da cidade, mas ele, definitivamente, não a criou; apropriou-se dela, é certo, moldou-a em grande medida a seus interesses, mas não a criou.

As cidades passam, a partir do século XI, a atrair população rural (PIRENNE, 1973, p. 120). Essas populações que afluem às cidades buscam a liberdade. Nesta busca organizam-se em instituições cujo sentido geral era garantir proteção. Disse Calmette, citado por Castro: "Contra a insegurança nascida das invasões, a proteção do senhor feudal foi o remédio; contra os abusos nascidos da incúria e da exploração feudal a solução buscada foi a associação" (CALMETTE apud CASTRO, 1977, p. 111).

Por associações entenda-se o conjunto de confrarias, corporações, comunas que vão marcar a paisagem urbana europeia a partir do século XII. Instituições que resistiram, por certo tempo, à dominação do capital. Marx observou que a presença das corporações de ofício, mesmo na Inglaterra, que foi pioneira na industrialização, prolongou-se até os primórdios da Revolução Industrial, no século XVIII. Ao lado da presença direta das corporações e sua tecnologia, Marx dirá que se desenvolveu um segmento produtivo que, assalariando os antigos membros das corporações, não lhes alterou o modo da produção, sendo, por isso mesmo, um igual obstáculo à consolidação do modo de produção capitalista. Diz Marx:

> A transição que se opera a partir do modo feudal de produção apresenta dois aspectos. O produtor se torna comerciante e capitalista, em oposição à economia natural agrícola e ao artesanato corporativo da indústria urbana medieval. Este é o caminho realmente revolucionário. Ou então o comerciante se apodera diretamente da produção. Este último caminho, embora constitua uma fase de transição histórica de per si, não consegue revolucionar o velho modo de produção, que conserva e mantém como condição fundamental. [...] Esse sistema por toda parte estorva o verdadeiro modo capitalista de produção e perece ao desenvolver-se este (MARX, 1974, livro III, vol. 4, p. 385).

O que pode parecer algo paradoxal, para quem vê o capital como realidade exclusivamente urbana, é que as relações capitalistas de produção desenvolveram-se inicialmente no campo. As primeiras formas de presença do capital deram-se pelo arrendamento fundiário, pela transformação da terra em mercadoria, pelo uso da terra como riqueza capaz de gerar lucro.

O "cercamento das terras", a imposição do mercado de terras terá, como mostrou Polanyi, dramáticas e disruptivas consequências. "A grande transformação" foi, em vários e importantes sentidos, um salto no escuro que por vezes apresentou-se com as cores da tragédia. A miséria absoluta súbita, a expropriação violenta de direitos seculares dos camponeses feudais, merecerá cuidados por parte do Estado. As "leis dos pobres", as limitações aos cercamentos nos séculos XVI e XVII, a proibição de criatórios de ovelhas superiores a duas mil cabeças por propriedade, são ilustrações de um quadro geral cujo sentido é colocar freio à violência da imposição do mercado. Polanyi vai mostrar que até o final do século XVIII o Estado manterá restrições ao pleno domínio das leis de mercado, a partir de um imperativo – a proteção social. Diz Polanyi:

> Relembremos nosso paralelo entre as devastações dos cercamentos na história inglesa e a catástrofe social que se seguiu à revolução Industrial. Dissemos que, como regra, o progresso é feito à custa da desarticulação social. Se o ritmo desse transtorno é exagerado, a comunidade pode sucumbir no processo. Os Tudors e os primeiros Stuarts salvaram a Inglaterra do destino da Espanha regulamentando o curso da mudança de forma a torná-lo suportável e puderam canalizar seus efeitos por caminhos menos destruidores. Nada porém foi feito para salvar o povo comum da Inglaterra da Revolução Industrial (POLANYI, 1980, p. 87-88).

A sociedade acautelou-se durante certo tempo contra o domínio do capital, contra a impessoalidade de suas regras, que não hesitavam em transformar em coisas tanto a natureza como o próprio ser humano. Daí as tentativas de interdição das regras abstratas do capital: a constituição de um aparato de proteção que incluiu o Estado mercantilista e seu zelo regulatório; as corporações de ofício, as legislações de proteção social; os sindicatos, as greves e as mobilizações dos trabalhadores, desde o movimento dos "ciompi", em Florença, no século XIV.

O capital aos poucos dominou a cidade – primeiro controlou o comércio, depois subordinou as corporações, finalmente, com a Revolução Industrial, consolidou o modo de produção especificamente capitalista. Neste processo, a cidade é inicialmente a matriz não do capital, mas da liberdade individual, do indivíduo e do Estado, que é a sua garantia. Com a hegemonia do capital sobre a cidade ocorrerão várias metamorfoses: 1) o indivíduo será transformado de sujeito de direitos em simples possuidor de uma única mercadoria, sua força-de-trabalho, a qual é a única garantia de sua existência; 2) o Estado será transformado no instrumento da garantia da dominação burguesa, dos contratos, da lei, das regras impessoais e da propriedade, como disse Adam Smith: "o governo civil existe na realidade para a defesa do rico contra o pobre, ou dos que têm alguma propriedade contra aqueles que não têm nenhuma absolutamente" (SMITH *apud* ROLL, 1973, p. 142).

Este não é processo linear ou automático, tendo história complexa, com aspectos contraditórios. Veja-se o referente ao mercantilismo. Diz Polanyi:

> A libertação do comércio levada a efeito pelo mercantilismo apenas liberou o comércio do particularismo, porém, ao mesmo tempo, ampliou o escopo da regulamentação. O sistema econômico estava submerso em relações sociais gerais: os mercados eram apenas um aspecto acessório de uma estrutura institucional controlada e regulada, mais do que nunca, pela autoridade social (POLANYI, 1980, p. 80).

Se há considerável alargamento de perspectivas, se há redução significativa dos particularismos e da "pessoalidade" nas relações sociais, no período chamado mercantilista, séculos XV a XVIII, esse é ainda um período de sociabilidade truncada.

Se o mercantilismo aponta para o liberalismo, para a sociabilidade capitalista plena, aponta também para o seu oposto. Viu assim essa tensão o grande estudioso do mercantilismo Heckscher:

> En todo caso, el mercantilismo tenía, como hemos visto, dos caras: una apuntaba al liberalismo; otra representaba cabalmente lo contrario. Si se pregunta cuál de los dos era las más importante, habrá que contestar, indudablemente, que la segunda. Entre los elementos que componían la cara liberal del mercantilismo, solamente algunos eran actuales en su periodo de esplendor: el interés por los nuevos empresarios, la emancipación de la moral y la religión y la tendencia a poner la iniciativa privada al servicio de la política económica. Pero todos estos aspectos pasaban a segundo plano ante la idea de que era necesario regulamentar las actividades de la economía con sujeción a cierta doctrina de política económica, que era precisamente lo específicamente mercantilista y, por tanto, el polo opuesto al liberalismo (HECKSCHER, 1943, p. 704).

Se o mercantilismo é um sistema de unificação de mercados, de consolidação do poder do Estado nacional, um sistema de unificação monetária, ele é, por todos estes títulos, um sistema pró-capitalista, porque todos estes sistemas são essenciais à consolidação do capitalismo. Contudo, o mercantilismo representa bloqueio a este mesmo capitalismo na medida em que durante sua vigência a economia ainda está sob controle da sociedade, não tem autonomia plena, que é aspecto decisivo para a constituição do modo da produção especificamente capitalista. Este só se tornará hegemônico quando a espada, espada única, o capital, for empunhada pela mão invisível.

Estudiosos de Adam Smith têm advertido que a metáfora da mão invisível talvez deva ser entendida de maneira a relativizar seu conteúdo pró-mercado capitalista. Maurício Coutinho, em correspondência pessoal, escreve que os especialistas dizem que a metáfora da mão invisível (a qual, aliás, aparece em duas ou três ocasiões apenas na *Riqueza das nações* e de fato remete a uma concepção newtoniana de entendimento da sociedade econômica) na verdade é uma expressão de cunho religioso, habitual no círculo de Smith, querendo dizer alguma coisa como 'Deus ordena'. Não tem o significado carregadíssimo de conteúdo pró-mercado, que lhe é hoje atribuído pelos apologistas da nova ordem. Por outro lado, é bom não esquecer que a *Riqueza das nações* pode ser lida também como um tratado das situações em que a 'lei natural' não se aplica. Para Smith, o estado e as tradições têm um papel amplo no ordenamento econômico. Sempre que as 'leis econômicas' colidem com a moral, com os costumes da sociedade, com aquilo que é justo e com os deveres do Estado, às favas a ordem natural. Smith é o pior dos paradigmas para o moderno tratamento ideológico do mercado.

Se é correta essa colocação que afasta Smith de certo unilateralismo, também importante é considerar a apropriação que se faz de seu pensamento e a sua transformação no corifeu do liberalismo "sans phrase". Assim, se é verdade que Smith não pode ser reduzido a um mero antecessor do neoliberalismo contemporâneo e sua deificação do mercado capitalista, é significativo que sua obra tenha podido, devida ou indevidamente, ser apropriada, ao longo do tempo, para justificar a ordem capitalista em sua versão liberal.

Na argumentação que se segue, o Adam Smith que se vai ressaltar, talvez, não seja o legítimo, o que se põe pela exata compreensão de seus textos, mas, apesar disso, não é menos real, posto que é o que nos foi legado por dois séculos de interpretação, que se fez paradigma da representação da ordem capitalista.

A nova espada na mão invisível: o reino do capital

Foi Adam Smith quem indicou, com sua imagem da "mão-invisível", que tudo é conduzido para o melhor – para a prosperidade e a riqueza gerais – se respeitados os pressupostos da concorrência, da plena liberdade de negócios, a definitiva instauração da sociabilidade burguesa. Na segunda metade do século XVIII, na Inglaterra pioneira da Acumulação Primitiva do Capital, de uma Revolução Burguesa, já no curso da Revolução Industrial, as velhas instituições feudais estavam em franca desaparição. A terra já tinha se tornado mercadoria, o trabalho estava em vias de se o tornar de fato e de direito. As últimas regulamentações de proteção ao trabalho – Speenhamland, de 1795 – as novas "leis dos pobres", vigoraram até o início da década de 1830, mas o curso geral do processo era marcado pela vitória da mercantilização de tudo (POLANYI, 1980, p. 89-111).

As implicações da imposição do mercado capitalista vinham sendo temidas, adiadas, remediadas pela sociedade desde o século XVI. Para isso ela mobilizou o Estado como anteparo para as consequências da violência e coerção do mercado sobre o trabalho e a natureza. No século XIX, haverá uma mudança significativa nesse quadro na medida em que a sociedade, como que reconhecendo a vitória do capital, suspende seus cuidados protecionistas e entrega aos trabalhadores a tarefa não só de se protegerem, mas, decisivamente, protegerem a própria sociedade. Veja-se o trecho de Polanyi:

> A abolição da Speenhamland representou o nascimento real da moderna classe trabalhadora, cujo imediato interesse próprio destinou-se a se tornar protetora da sociedade contra os perigos intrínsecos de uma civilização das máquinas. O que quer que o futuro lhes reservasse, a classe trabalhadora e a economia de mercado surgiram na história ao mesmo tempo (POLANYI, 1980, p. 109).

Este mandato da classe operária, mandato civilizatório, está na ordem do dia na medida mesma em que se realiza, no nosso tempo, a efetiva mundialização dos mercados.

Adam Smith vislumbrou o essencial da sociabilidade burguesa armado por duas poderosas ideias – o liberalismo privatista de Locke e a mecânica newtoniana, metáfora e modelo de uma sociabilidade tomada como conjunto de forças interagentes tendentes ao equilíbrio.

Em sua tese de doutorado, Hugo Eduardo da Gama Cerqueira, mostrou que o conceito de *simpatia*, herdado da tradição alquímica, é fundamental para explicar a existência da sociedade econômica. Para Adam Smith, o que cimentaria as relações econômicas entre indivíduos livres seria a capacidade de cada um se colocar na posição do *outro*, e, nesta condição, compartilhar com este a experiência dos benefícios decorrentes da interação, do convívio, da troca. Para Adam Smith, o sentimento da simpatia seria o equivalente da lei da gravitação universal de Newton, isto é, o que garante a conexão entre os componentes do universo físico. Com efeito, Smith ao retomar o conceito de *simpatia*, que está na base de seu livro *Teoria dos sentimentos morais*, de 1757, realiza, a seu modo, a mesma fundamentação ética dos atos econômicos, que tipifica a filosofia prática de Aristóteles, que dominou o pensamento econômico até meados do século XVIII (CERQUEIRA, 2005).

A mão invisível seria o equivalente da lei de gravitação universal, que tudo conduziria para o seu lugar natural. Nessa sociedade regida por leis naturais não há mais lugar para os particularismos de qualquer ordem, para a pessoalidade, para a tradição e as linhagens: só a pura expressão da "verdade" dos valores expressos mediante preços seria guia legítimo das relações econômicas.

Para que isto se dê, para que o mercado tomado como simulacro da mecânica newtoniana vigore em toda a sua plenitude, é preciso que as singularidades de que é feito o mundo pré-moderno sejam aplainadas, e ao final reste só um único senhor, o capital, que empunhará a única espada restante, que é fusão do poder e do dinheiro, império sutil, às vezes, em épocas de expansão, porque manipulada por mão invisível, pela impessoalidade das relações mercantis capitalistas, em que a igualdade formal das relações de troca, a equivalência entre os valores de troca, oculta a desigualdade e a exploração presentes na relação entre o capital e o trabalho (MARX, 1968, livro I, cap. IV).

A centralidade da categoria capital na economia política é, sobretudo, decisiva em sua etapa clássica. É daí que Marx partirá levando até as últimas consequências o que, para os clássicos, foi considerado apenas parcialmente.

São três as dimensões em que se apresenta o capital: 1) como *coisa*, isto é, como valores de uso que, utilizados como matérias-primas, instrumentos de trabalho e alimentos, são os componentes materiais do capital constante e do variável; 2) como riqueza genérica, dinheiro e títulos de crédito, que monopolizada por uma classe é base de uma relação social, do poder de comando sobre o trabalho; 3) finalmente, o capital é uma gramática, uma linguagem, um conjunto de símbolos – preços – que é, ao mesmo tempo tanto resultado quanto determinante das ações dos seus titulares, de seus proprietários, que se guiarão a partir destes símbolos em suas atividades como capitalistas.

Se a primeira e a terceira dimensão do capital foram apreendidas pela economia política clássica, o pensamento neoclássico (Walras e Hayek por exemplo) vai centrar-se, sobretudo, na terceira daquelas dimensões. Será a apreensão do capital em sua totalidade, nas três dimensões apontadas, e, decisivamente, a atribuição da centralidade daquela segunda dimensão do capital, o capital como relação social, como valor que se autovaloriza pela exploração do trabalho, o traço distintivo da teoria marxista do capital, a marca de sua superioridade heurística.

Sabe-se que a crítica da economia política, a compreensão dos limites da economia política e a sua superação por Marx não se deu num ato único e imediato. Ernest Mandel mostrou em seu precioso livro, *A formação do pensamento econômico de Karl Marx*, a relativamente longa caminhada em que o jovem filósofo alemão vai acertar contas com as suas próprias matrizes formativas criticando sucessivamente a filosofia idealista alemã, o pensamento político francês e a economia política clássica britânica. O ponto de partida desse processo é a crítica ao idealismo hegeliano a partir da antropologia filosófica de Feuerbach. É o momento em que aparecerão como categorias centrais a crítica ao trabalho alienado e à propriedade privada – época dos textos "Manuscritos econômico-filosóficos"; "A Sagrada Família"; "Teses sobre Feuerbach"; "A ideologia alemã". Em 1847, com as conferências que Marx proferiu e que serão publicadas em 1849 com o título de *Trabalho assalariado e capital*, e, sobretudo, com *a Miséria da Filosofia*, há mudança categorial. A crítica, que até então girava no campo filosófico-antropológico, encontra a economia política e descobre a potencialidade heurística que a crítica da economia política tem como crítica da estrutura-anatomia básica da sociedade burguesa (MANDEL, 1968).

No centro dessa descoberta, a apreensão do universo da economia política para Marx, está a reinvenção do conceito de capital. É isto que registra com exatidão Maurício Coutinho:

> Se o capital se reproduz a expensas do trabalho, e reiteradamente, ele adquire subjetividade. Por ter uma natureza relacional autoexpansiva, torna-se sujeito, passando a realizar um movimento que é o seu movimento. As leis de movimento do capital transformar-se-iam em leis de constituição da totalidade, da relação econômica, do próprio capital (COUTINHO, 1997, p. 53).

Tomado como sujeito, como relação social, como totalidade expansiva, o capital, tal como visto por Marx, é o veículo da sociabilidade possível no capitalismo. Sociabilidade problemática porque só pode se expressar mediante um sistema de contradições. Isto é, a lógica do capital realiza-se pela mobilização de mediações fetichizadas. Veja-se a sequência:

> 1. A riqueza genérica, o dinheiro, ponto de partida lógico e histórico do capital, só adquire legalidade sistêmica quando se materializa em formas concretas de riqueza – máquinas, matérias-primas, alimentos, etc.
>
> 2. O trabalho abstrato, pressuposto da criação e da troca de valores, só pode se manifestar mediante a atividade prático-concreta do trabalho, sua realização técnico-profissional específica, isto é, como trabalho concreto.
>
> 3. O valor, substância universal da riqueza, porque trabalho dispendido e incorporado às coisas, só pode se manifestar como valor de uso, como objeto particular, como objetivação.

Uma síntese expressiva destas exigências dialéticas está num autor insuspeito de hegelianismo ou marxismo. É Cassirer, o grande kantiano do século XX, quem disse: "Seja como for, o princípio fundamental do conhecimento traduz-se concretamente em que o universal só pode ser capturado no particular, enquanto o particular, também, só pode ser pensado na sua relação com o universal" (CASSIRER, vol. I, 1998, p. 27, tradução nossa).

E vai mais além esse complexo de mediações contraditórias:

> a) a igualdade formal das trocas, entre os possuidores de mercadorias, tem como base uma ruptura decisiva desta mesma igualdade que é a desigualdade na troca entre o capital e o trabalho;
>
> b) a tendência à igualação das taxas de lucro, caminho lógico da concorrência capitalista, é contrariada, sistematicamente, pela intercorrência de diversos instrumentos-políticas-instituições cujo objetivo é, exatamente,

não só diferenciar as taxas de lucro mediante estratégias de reiteração de proteções, subsídios, privilégios, inovações, quanto hierarquizar e estratificar estas mesmas taxas de lucro e produzir lucros extraordinários;

c) as supostas autonomia e consciência dos sujeitos das relações sociais capitalistas – os titulares do trabalho e do capital – são, na verdade, pseudo-autonomias e consciências, na medida em que tanto os capitalistas, quanto os trabalhadores, enquanto tais, só realizam os desígnios das *coisas* que representam, sendo, neste sentido, absolutamente destituídos de vontades que não sejam as dos objetos a que estão submetidos – o capitalista deve atender ao impulso incoercível e irracional, este mau e mesquinho infinito do capital em expandir-se; o trabalhador deve submeter-se ao capital e ao assalariamento porque única possibilidade de sobrevivência num mundo em que a riqueza foi monopolizada por uma classe.

Essa última situação foi vista por Isaak Rubin, reiterando expressão de Marx, como sendo a realização da coisificação das relações sociais e da personificação das coisas.

Esquematicamente, esse mundo onde as aparências ocultam, obliteram, fetichizam as relações, apresenta-se assim:

1. indivíduo A, produtor de uma mercadoria a, pela qual recebe um salário x, troca, no mercado, este salário x por uma mercadoria b.

Para ele, em sua consciência imediata, e na aparência dos diversos atos de compra e venda, na legalidade dos contratos envolvidos, tudo se passa como uma série de trocas equivalenciais, em que ele, produtor, relaciona-se com *coisas* – a coisa dinheiro, as coisas mercadorias, etc.

Contudo, se se examinar mais fundo a questão e perguntar-se, por exemplo, sobre a mercadoria b adquirida pelo produtor A, ter-se-á o seguinte:

2. essa mercadoria b é o produto do trabalho do produtor B, que recebeu por isso um salário y, o qual foi usado pelo produtor B para a compra, por exemplo, da mercadoria a. Essa situação, que é a situação típica numa sociedade mercantil, expressa, quando se a examina como relação dialética, o véu-laço fetichista que a mercadoria impõe. Trata-se, aqui, de reconhecer que a relação social fundamental entre o produtor A e o produtor B, que de fato ocorreu, e que é responsável pela existência e reprodução do sistema, foi ocultada pela dominação do capital, pela separação entre os produtores distanciados pela divisão do trabalho, pela propriedade privada, e pela existência do mercado como a forma única e necessária da troca, da sociabilidade. É neste sentido que se diz que esta é uma sociabilidade alienada – problemática e irracional, porque produtora de miséria, de desperdício, de escassez, de abundância inútil, de depredação e tragédia. E, mais importante ainda, desnecessária. O fetichismo da mercadoria, sancionador ideológico do Reino do Capital, tem como propósito último e decisivo impedir que se postule uma outra sociabilidade, a decorrente da autonomia e da liberdade dos produtores.

Falou-se aqui de irracionalidade que incidiria fortemente no essencial da dinâmica capitalista. Sabe-se que a produção de valores de uso é o modo necessário e exclusivo da produção e apropriação de lucros e que estes são tão maiores quanto maior a produção. Neste sentido, há um mecanismo permanente e inescapável de incentivo à ampliação da produção material para além de todas as considerações sobre as reais necessidades sociais. Assim, será recorrente em alguns setores a superprodução de mercadorias, do mesmo modo que em outros setores poderá haver subprodução. De tal modo que abundância e escassez, superlucros e prejuízos serão produzidos pela mesma lei cega que, expressando a busca do lucro por meio da concorrência intercapitalista, produz em sua dinâmica miséria e prosperidade, fome e riqueza a partir do mesmo e imperioso impulso para acumular, movimento cuja finalidade encerra-se em si mesma, finalidade autocentrada e absurda, porque não referida de fato a um fim. Nas palavras de Castoriadis: "o desenvolvimento histórico e social é um desdobramento, indefinido infinito, sem fim (nos dois sentidos da palavra *fim*), E, na medida em que a indefinitude nos é insustentável, a definitude é fornecida pelo crescimento das quantidades" (CASTORIADIS, 1981, p. 12).

"O reino do capital" é um resultado histórico; suas leis de funcionamento, a lei do valor que o fundamenta, devem ser vistas como realidades históricas, isto é, realidades em permanente transformação, longe de qualquer esquematismo naturalizante. Neste sentido vale a pena reconstituir o essencial da instauração das condições para a plena vigência da lei do valor no capitalismo, para a plena vigência do Reino do Capital.

Robert Brenner, retomando as teses clássicas de Dobb, enfatizou um ponto que, apesar de conhecido, não tinha, até então, sido explorado em todas as suas consequências. Trata-se da pioneira imposição do capitalismo como tendo origem no campo. Na síntese de Ellen Wood:

> Grandes proprietários e arrendatários passaram a depender do sucesso do mercado, já que a renda daqueles dependia dos lucros destes. Ambos tinham interesse no 'melhoramento' agrícola, no aumento da produtividade por meio do uso de técnicas inovadoras na terra, que frequentemente implicavam, entre outras coisas, o cercamento – para não falar na crescente exploração do trabalho assalariado (WOOD, 2001, p. 54).

Realidade inicialmente agrícola, o capitalismo só dominará, de fato, a cidade, definindo-lhe as instituições, impondo-lhe uma sociabilidade específica, no contexto da Revolução Industrial. Trata-se aqui, como em qualquer outra discussão referente a longos processos históricos, não de negar a presença de assalariamento, de empresas capitalistas, de certas relações sociais e técnicas típicas do capitalismo, antes da Revolução Industrial em Veneza, Florença, Gênova, Pisa, Antuérpia, Amsterdã. O que se coloca é que o capitalismo nasce no campo e é a base para a própria industrialização capitalista. Diz Ellen M. Wood: "Sem um setor agrícola produtivo, capaz de sustentar uma grande força de trabalho não agrícola, seria improvável que o primeiro capitalismo industrial do mundo viesse a emergir. Sem o capitalismo agrário da Inglaterra, não haveria massas de despossuídos, obrigados a vender sua força de trabalho por um salário" (WOOD, 2001, p. 109).

Durante muito tempo a cidade foi um território impermeável ao capitalismo na medida em que era o espaço das corporações e guildas, do poder de um Estado ainda representante da velha ordem senhorial. A plena vigência do capitalismo, sua efetiva vigência como modo de produção específico, implicará na dissolução daqueles elementos que faziam a sociabilidade das cidades dependente de relações pessoais, corporativas. Essa dissolução será, com certeza, produto tanto da Revolução Industrial quanto da Revolução Francesa, porém mais decisivo, será produto da generalização da ideia do "melhoramento" da propriedade, a ética e a ciência do lucro, o "compromisso com o aumento da produtividade do trabalho..." (WOOD, 2001, p. 119).

Inicialmente espaço da liberdade, da realização da autoproteção, da solidariedade corporativa, a cidade foi tomada pelo capital. Primeiro pela invasão dos grandes comerciantes – que, lembre-se, no início estavam "fora do burgo" (PIRENNE, 173, p. 112); depois será a vez da transformação do pequeno produtor, em grande produtor, por meio da Revolução Industrial, e com isto a consolidação da hegemonia do grande capital (MARX, 1974, livro III, cap. XX).

A cidade, tomada pelo capital, foi transformada em suas funções e em seus titulares. Se antes era o espaço de uma sociabilidade regulada pela tradição estamental-religiosa, agora ela é o espaço de uma sociabilidade alienada, que, livre dos condicionamentos pré-modernos, será dominada por uma força cega e fantasmagórica – o que Marx chamou de fetichismo da mercadoria. Nesse mundo de aparências que têm a força de correntes de aço, os titulares das relações sociais encontram-se alienados de suas condições de sujeitos – os trabalhadores aparecem coisificados, assim como as relações que travam com os proprietários do capital. Em sentido inverso e igualmente fetichizados, apresentam-se os produtos do trabalho, as mercadorias, unidades elementares da riqueza capitalista, que aparecem personificadas, vistas como dotadas de vida e ânimo próprios (RUBIN, 1974, cap. III).

Concentrando, sobretudo, as formas mais universais e abstratas da riqueza – o dinheiro e os títulos financeiros – a cidade vai atrair, polarizar, numa metáfora expressiva, excedentes produzidos em outros locais, num processo cumulativo em que a maior concentração de riqueza e capital é fator de maior capacidade de acumulação e centralização do capital, mesmo considerados os efeitos desconcentradores decorrentes das deseconomias de aglomeração.

Transformada em sua sede por excelência, a cidade capitalista não só vai impor uma nova sociabilidade – problemática e inautêntica como a apreenderam a literatura, como na *Metamorfose* de Kafka, e a sociologia, como na *Multidão solitária* de David Riesman – como vai reorganizar o espaço regional, e mesmo será o vértice de uma nova divisão internacional do trabalho dominada pelas chamadas cidades mundiais detentoras da hegemonia financeira, tecnológica e da indústria cultural.

Se a cidade do capitalismo contemporâneo tem sido, cada vez mais, palco da exacerbação de certos traços regressivos inerentes à dominação capitalista, ela continua tendo virtualidades emancipatórias resultantes de sua insuperável condição de propiciar a interação humana, a solidariedade e a construção de identidades e mobilizações coletivas capazes de transformar o mundo.

A vitória do capital significou a criação de um eu alienado, transformado em prisioneiro da fantasmagoria do capital, que busca nos convencer que sem ele, capital, toda nacionalidade é impossível. De tal modo que se pode dizer que a luta pela emancipação humana na modernidade é luta para resgatar conteúdos emancipatórios presentes na longa caminhada civilizatória desde o humanismo clássico, passando pelas contribuições decisivas de Erasmo, Rabelais, Montaigne, Pascal, Vico, Spinoza, Rousseau, Goethe – contribuições que chamarei aqui de comprometidas com uma racionalidade aberta e democrática (BORNHEIM, 1993); e mesmo as contribuições mais afinadas com a linha hegemônica da racionalidade ocidental, que, necessariamente, não devem ser descartadas, senão confrontadas com as dimensões crítico-emancipatórias daquela *outra* racionalidade, cuja principal contribuição deve ser postular a legitimidade do outro, da alteridade.

De qualquer modo, é este *eu*, alienado de sua real condição de sujeito, tomado como indivíduo possuidor de propriedades e, nesta condição, titular de direitos, que será o centro da sociabilidade alienada do capitalismo. Este indivíduo, visto apenas como possuidor de coisas e só por esta condição considerado, é o ponto de partida de toda a descrição da sociedade econômica capitalista, tomada como agregação, como somatório de indivíduos idênticos pela mesma única característica que parece importar para a mentalidade capitalista – sua condição de titularidade de propriedade. Daí que a metáfora agregativa, a sociedade econômica capitalista tomada como um múltiplo de Robinsons Crusoés, seja uma aproximação precisa deste universo liberal utilitarista.

Trata-se, então, de uma operação teórico-metodológica com profundas implicações político-ideológicas, que a título de buscar os fundamentos da ação individual, acaba por aprisionar o pensamento à hegemonia do Reino do Capital.

Essa insistentemente alardeada centralidade do indivíduo na lógica constitutiva da sociedade mercantil capitalista é contestada por diversas perspectivas filosóficas: com Burckhardt aprendemos que o indivíduo só é possível porque se constituiu o Estado, instrumento de garantia de direitos e contratos; com Heckscher e Polanyi, aprendemos a reconhecer o papel essencial do Estado na criação das condições de implantação do mercado e em sua expansão, nas condições gerais de garantia da valorização do capital, ontem como hoje.

A grande questão aqui é que se o Estado é instituição decisiva na montagem da moldura na qual vai vigorar a valorização do capital, se seu papel, às vezes, tem que transcender a pura armadura institucional e penetrar mesmo a esfera da produção, da regulação e arbitragem de interesses particulares, essas operações necessárias do capital são, em última instância, contraditórias com o mais abstrato e essencial da lógica da valorização. Veja-se o que disse o grande economista soviético Preobrajensky:

> Para que a lei do valor se manifeste de modo mais total é necessário que exista plena liberdade de circulação das mercadorias, tanto no interior do país como entre os países no mercado mundial. É necessário, depois, que o operário seja livre vendedor de sua força de trabalho e o capitalista livre comprador da força de trabalho enquanto mercadoria. Cumpre que a ingerência do Estado no processo de produção e o número de empresas de propriedade estatal se reduzam ao mínimo e também que não haja regulamentação dos preços das organizações monopolistas, dos próprios empresários, etc. Estas condições ideais de liberdade de concorrência nunca existiram na escala da economia mundial porque as barreiras alfandegárias entre as economias nacionais, a ingerência do Estado no processo de produção e a impossibilidade de uma livre entrada de capitais na agricultura sem sacrificar a propriedade privada da terra significa certa limitação da liberdade de concorrência (PREOBRAJENSKY, 1979, p. 171-172).

O que está posto no trecho anterior é uma espécie de aporia constitutiva do capitalismo – a plena vigência da lei do valor, da valorização do capital, implica uma tal ordem de aplainamento de constrangimentos, numa tal transparência das relações entre valores e preços, que são condições virtualmente inaceitáveis para os interesses reais dos vários capitais, que, sobretudo, buscam interditar a "verdade cega" do valor, mediante diversos mecanismos de "politização" dos preços, de reivindicações de privilégios, subsídios, proteções. Exemplos conspícuos disto apresentam-se hoje, com exuberância, no momento mesmo de hegemonia liberal: é o que se vê no caso das limitações repressivas que os Estados Unidos impõem aos fluxos migratórios que para lá se dirigem; é o que se vê sistematicamente todas as vezes que há perdas patrimoniais significativas para os capitais norte-americanos, os quais, nestes casos, não hesitam em apelar para a ajuda do Tesouro, via FED, mesmo que à custa de certa perda de credibilidade do apregoado lema sobre os riscos inerentes à atividade capitalista. De resto registre-se que o funcionamento das grandes corporações capitalistas é, cada vez mais sistematicamente, assemelhado ao de "pseudo-Estados", pelo que implica em termos de volume de riquezas mobilizadas, necessidade de controle e planejamento, e virtuais interesses estratégicos sobre territórios e sobre instituições, sobre o quadro geral dos negócios internacionais.

Trata-se, neste sentido, de entender o Reino do Capital como um espaço marcado por uma contradição essencial – o capitalismo tomado como realidade ideal, pressupõe a plenitude da realização de um eu individual soberano, de um Estado que seja unicamente o puro garantidor da legalidade dos contratos, da mais absoluta liberdade de circulação do capital e do trabalho, da ausência de quaisquer constrangimentos à livre concorrência; contudo, estas condições, se realizadas, levariam a uma permanente tensão disruptiva, à intercorrência de crises e conflitos, que sempre significam perdas e ameaças à própria ordem capitalista. Foi assim desde o início, como mostrou Polanyi, quando o Estado se interpôs entre o ânimo destrutivo da emergência dos mercados capitalistas e a população desapropriada – despossuída em virtude dos "cercamentos das terras". É assim hoje quando o Estado, para além do discurso propagandístico do neoliberalismo, continua sendo o "cão de guarda" dos interesses materiais do capitalismo.

Falou-se aqui da "mão invisível", que empunhando a nova espada do poder hegemônico, o capital, conduz atitudes, estabelece regras, produz movimentos, emula desejos, organiza a vida econômica. Se, como na representação de Têmis, a Justiça, ela deve ser cega e implacável com relação a tudo o que não seja a "verdade da lei do valor", no capitalismo real, no mundo dos vários capitais, da disputa e das interferências políticas, do arbítrio e dos privilégios, a "mão invisível" revela-se, nem sempre com sutileza, explicitando, *à outrance*, seus compromissos e particularismos de classe. Daí que a sociedade capitalista, reino do capital, da mão invisível, seja, de fato o espaço de uma sociabilidade alienada em dois sentidos essenciais: num primeiro sentido, a alienação apresenta-se como contradição entre as condições ideais da plenitude da vigência da lei do valor e a realização concreta desta mesma lei do valor como lei da valorização do capital, que só pode se manifestar, sobretudo, como particularismo e arbítrio; num segundo sentido, a alienação mostra-se aí como laço-véu que, aprisionando os indivíduos ao fetichismo da mercadoria, condena-os à "nova caverna" – à dominação capitalista. Superar esta "nova caverna", romper os laços do fetichismo da mercadoria, construir uma nova sociabilidade, efetivamente desalienada, porque baseada na autonomia dos indivíduos e na solidariedade, é projeto ainda mais atual que quando enunciado por Marx, porque hoje, efetivamente, é o único antídoto contra a barbárie da dominação capitalista.

PARTE III

A CRÍTICA DA ECONOMIA POLÍTICA – DESDOBRAMENTOS

De fato, a obra não compreende mais que [...] o capital em geral. Não inclui, pois, nem a concorrência dos capitais, nem o crédito [...] compreende o que os ingleses chamam "The Principles of Political Economy". [...] o desenvolvimento do que vem em continuação poderia ser realizado, facilmente, por outros sobre a base do que já está escrito.

Marx

O lugar do capital no mundo contemporâneo

Não estará em erro quem afirmar que parte significativa da eficácia da dominação capitalista decorre de sua "impessoalidade", isto é, do fato de se apresentar como força expansiva abstrata, como valor que se autovaloriza, como legalidade pseudo-universal.

Esse processo em que a burguesia busca afirmar seu domínio pelo ocultamento da violência extraeconômica, que constitui as bases de sua dominação, é particularmente expressivo na medida em que a explícita desigualdade das formas de renda feudal (corveia, renda em trabalho e renda monetária) foi camuflada pela emergência da modalidade especificamente capitalista de exploração, que sob o manto da suposta igualdade na relação de troca entre o capital e o trabalho, acabou por apagar o que antes era física e socialmente escancarado – a exploração do trabalho. As formas mercadoria, salário, a troca, supostamente, de equivalentes entre salário e trabalho dispendido, ocultam o essencial da desigualdade fundante da mais-valia e do lucro.

Ao contrário das formas anteriores de poder, que só podiam existir como forças coercitivas explícitas, que na verdade, só exercem autoridade porque exemplar e recorrentemente mobilizadoras de violência, o capital, ocultando seus atributos discricionários sob o verniz dos contratos juridicamente perfeitos, vai impor um conjunto de relações sociais, sob o suposto da igualdade e do equilíbrio nas trocas, da harmonia dos interesses sociais, da existência de uma lei cega e benfazeja, que, a partir da liberdade mercantil, garantiria o bem comum.

Num registro mais claro, é preciso ver essa operação, a imposição da legitimidade capitalista, o ocultamento da desigualdade fundante de seu domínio, como marcada pela estratégia de buscar generalizar o que é típico apenas da esfera da circulação. Diz Marx:

> A esfera que estamos abandonando, da circulação ou da troca de mercadorias, dentro da qual se operam a compra e a venda da força de trabalho, é

> realmente um verdadeiro paraíso dos direitos inatos do homem. Só reinam aí liberdade, igualdade, propriedade e Bentham. Liberdade, pois o comprador e o vendedor de uma mercadoria, a força do trabalho, por exemplo, são determinados apenas pela sua vontade livre. Contratam como pessoas livres, juridicamente iguais. O contrato é o resultado final, a expressão jurídica comum de suas vontades. Igualdade, pois estabelecem relações mútuas apenas como possuidores de mercadorias e trocam equivalente por equivalente. Propriedade, pois cada um só dispõe do que é seu. Bentham, pois cada um dos dois só cuida de si mesmo. A única força que os junta e os relaciona é a do proveito próprio, da vantagem individual, dos interesses privados. E justamente por cada um só cuidar de si mesmo, não cuidando ninguém dos outros, realizam todos, em virtude de uma harmonia preestabelecida das coisas, ou sob os auspícios de uma providência onisciente, apenas as obras de proveito recíproco, de utilidade comum, de interesse geral (MARX, 1968, Livro I, vol. I, p. 196-197).

O sucesso desse expediente é inegável. Sua expressão simbólica maior, talvez, seja a substituição das mãos pesadas que empunharam, no mundo feudal, as espadas "temporal" (o Imperador) e "espiritual" (o Papa), pela sutileza da "mão invisível" que não menos real que aquelas duas outras, exerce seu poder a partir do convencimento de que nesse mundo de "liberdade, igualdade, propriedade e Bentham", a desigualdade, o sofrimento, a miséria, a opressão aparecem como resultados de escolhas equivocadas, desvios do caminho reto da concorrência, da busca do interesse individual. O indivíduo, e só ele, isto é, seu estoque de habilidades e oportunidades, é que deve ser responsabilizado por sua eventual "queda".

Nesse mundo de harmonias e equilíbrios, o mal só pode irromper como degeneração, como atavismo atualizador de tempos obscuros. Nesse mundo de contratos perfeitos, de igualdades formais intatacáveis os desvios de conduta (a corrupção, a delinquência nos negócios) são apontados e nomeados como excrescências inaceitáveis, que, circunstanciais e tópicas, só podem realçar o brilho puro de uma moralidade abstrata baseada na defesa dos interesses do indivíduo. Na verdade, ao desconhecer o fundo discricionário, o caráter desigual e arbitrário da ordem capitalista, essa moralidade acaba por sancionar como regra de ouro a tese de que tanto os infortúnios, quanto os sucessos materiais derivariam da maior ou menor proximidade dos indivíduos de uma "cesta ótima de escolhas".

Impessoais e universais as leis da concorrência, a busca sistemática do lucro, o primado da propriedade privada garantiriam o caminho progressivo da prosperidade e do bem-estar, caminho absoluto e incontrastável, como o tem dito David Landes, que não hesita em afirmar que a pobreza das nações não é senão o preço que elas pagam pela recusa em trilharem o bom caminho do capital, da propriedade privada (LANDES, 1998).

É certo que, às vezes, sobrevêm escândalos, denúncias, que se apuram fraudes, manipulações, que recursos públicos são usados para garantir a lucratividade de empreendimentos que se mostraram ineptos. Nesses casos, subitamente tolerantes e compreensivos, dirão os responsáveis pela ordem capitalista, é preciso evitar o "risco sistêmico" e isolar e neutralizar os focos da anomia – a severidade da lei para os corruptos, os recursos públicos para salvar as fortunas "legais".

É central na estratégia de dominação capitalista convencer a todos que o mal no capitalismo pode ser nominado, identificado e neutralizado. De fato é isto, pelo menos quando se considera o capital em geral, seu modo básico de funcionamento, suas regras estruturais. Neste mundo, o do capital em geral, prévio à emergência dos vários capitais, em que o Estado é simplesmente um garantidor de contratos, em que o comércio exterior e o mercado estão apenas pressupostos, a dinâmica capitalista pode ser apreendida reconhecendo-se apenas, a desigualdade fundante da relação entre capital e trabalho, mantendo-se o suposto da igualdade das trocas no referente à esfera da circulação.

Por outro lado, se se buscar apreender a dinâmica concreta do capital, sua presentificação histórico-social, isto é, se se buscar a dinâmica do capital tomado como conjunto de vários e distintos capitais, então é essencial que se considerem as formas concretas da concorrência, os mecanismos variados da disputa entre os capitais em que não faltarão os mais diversificados expedientes e estratégias em tudo distantes das regras básicas da moralidade pública e privada, da lei e do bem comum. Trata-se, nesse sentido, de reconhecer a existência de diversos níveis e papéis exercidos pelo capital, que variarão das formas mais abstratas, como valor que se autovaloriza, até as suas mais brutais e concretas manifestações como poder imperial, guerreiro e opressor.

Para a crítica da economia política apreender o capital significa tanto considerar: 1) o seu momento genérico, em que as asperezas e idiossincrasias estão pressupostas e o capital realiza-se idêntico a si mesmo, movendo-se apenas pela atuação livre da lei do valor; 2) como considerá-lo processo sujeito às interveniências da concorrência como transgressão à legalidade estrita do valor no sentido da manifestação de variadas formas de burla da troca de equivalentes, de bloqueio à "verdade" da lei do valor.

A grande teoria da gênese e desenvolvimento do capital foi elaborada por Marx. Sua obra, *O Capital*, cuidou de apresentar, sistematicamente, a *odisseia* do capital desde sua manifestação elementar, como mercadoria, até sua forma complexa de presentificação, como *acumulação do capital*. A lógica da exposição obedeceu aos preceitos dialéticos, o que significa dizer que transitou do abstrato ao concreto, da totalidade simples à totalidade complexa. No caso, significou avançar de um momento abstrato em que o capital foi apreendido como *capital em geral*, momento que corresponde à *démarche* dos livros I e II, até o momento concreto, em que o *capital*, tendo experimentado as metamorfoses decorrentes de seu périplo, apresentar-se-á como "vários capitais", como capital que busca impor-se pela concorrência, pela mobilização de variados expedientes econômicos, políticos, gerenciais, inovativos, etc.

Não é o caso de ver esse processo de emergência do "diferente", de explosão das identidades presentes no livro I, como correção de um equívoco, que teria marcado todo o livro I. Essa tese, apresentada por Böhm-Bawerk, há mais de cem anos, e depois largamente retomada, padece de uma dupla incompreensão sobre a obra de Marx. De um lado ela é explicitamente falsa. A não identidade entre valores e preços é assumida por Marx, desde *a Contribuição à crítica da economia política*, de 1859. Diz Marx: "em minha *Contribuição à crítica da economia política* e nas notas a *O Capital*, indiquei expressamente que os *valores* e os *preços de produção* (estes últimos não fazem mais que expressar em dinheiro os custos da produção) *não* coincidem" (MARX, 1977, p. 172).

No essencial, desde o primeiro momento de aparição do capital como mercadoria, já se apresentam, num nível elevado de abstração, as suas contradições centrais – seja a que se dá pela constatação do incancelável da contradição entre valor de uso e valor de troca, raiz de todas as crises capitalistas; seja a decorrente da divergência entre valores e preços, que tanto é resultado, quanto é motor da concorrência entre capitalistas e seu permanente processo de busca de redistribuição da mais-valia.

A outra renitente incompreensão de que a obra de Marx tem sido objeto é a referente à estrutura rigorosamente dialética de exposição de *O Capital*. Numa primeira aproximação trata-se de ler o livro I – a *produção do capital* – como sendo do âmbito do *capital em geral*, o âmbito da *generalidade*, em que as contradições histórico-concretas do capital só estão pressupostas; o livro II – a *circulação do capital*, é um passo na direção do "concreto" na medida em que se admite que entre o processo de produção e o processo de realização interpõem-se tanto o tempo, quanto o espaço; finalmente, o livro III – o *processo conjunto de produção e circulação*, dá início ao processo de exposição da "concretização" do capital por postular explicitamente, a existência dos *vários capitais*, ainda que a inteira explicitação das consequências disto não tenham sido extraídas seja pelo caráter inconcluso do Livro III, seja porque não foram escritos os três livros projetados em 1857/1858 – sobre o Estado; sobre o Comércio Exterior; sobre o Mercado Mundial e as Crises – que se somariam aos livros sobre o capital, sobre o trabalho assalariado e sobre a propriedade fundiária, que formariam a totalidade da crítica da economia política projetada por Marx e que ficou inconclusa (MARX, 1974a, p. 128-129).

A ausência daqueles livros, segundo Rosdolsky, significou, na prática, privar a teoria marxista de uma teoria de coerência intercapitalista, ou seja, mantendo a teoria do capital de Marx num nível de abstração ainda elevado, só parcialmente realizada no referente à apreensão do capital como realidade concreta (ROSDOLSKY, 1972).

Trata-se aqui, para fazer uso necessário do método dialético, de reconhecer que no âmbito do capital em geral, da *generalidade*, os desvios entre preços e valores, a irrupção de um "outro" não submetido à troca equivalencial, só podem ser *pressupostos*, isto é, admitidos como potencialidades que só poderão expressar o conjunto de seus atributos quando o conceito tiver transitado para níveis mais próximos do "concreto". Assim, desde o primeiro momento é preciso reconhecer a não coincidência entre valores e preços ainda que as consequências efetivas deste fato não possam ser inteiramente explicitadas e apreendidas no andamento da exposição no âmbito do capital em geral.

Embrionária e topicamente, seja em *O Capital* seja nos *Grundrisse*, Marx explicitou algumas das possibilidades de uma eventual teoria da concorrência, que acabou por ficar irrealizada.

Se há que se lamentar por essa lacuna, não é esse o único problema que desafia hoje o pensamento marxista. Central na obra de Marx, o conceito de capital enfrenta hoje uma poderosa ofensiva que visa desconstituí-lo. Vive-se hoje um tempo em que a generalização da forma mercadoria, que a universalização do domínio capital, parece realizar o velho objetivo da ideologia burguesa que é o elidir o capital da consciência imediata dos indivíduos de tal forma ele tem sido apresentado como o móvel do bem estar e da prosperidade, como encarnação da máxima racionalidade, como estrutura do melhor do viver societário. Tornado ubíquo, presente em todos os espaços, incidindo mesmo sobre formas não capitalistas, transformado em gramática geral, o capital quer operar o truque máximo da mistificação: impor-se a tudo e a todos de tal modo com pretensão de universalidade, que parece não ser possível reivindicar uma outra realidade que não aquela derivada do capital, que se reivindica estrutura do mundo. Num outro registro veja-se esse processo de pseudo-universalização do capital como uma espécie de retorno à caverna platônica, caverna que substituiu as sombras pelo brilho cegante de um certo fogo fátuo da riqueza fictícia, do consumo transformado em categoria ética.

Onipresente, mimetizando aspirações e desejos autênticos, falsificando sujeitos e objetos, reivindicando-se núcleo da sociabilidade possível e inexcedível, o capital quer que se o confunda, que se o identifique à uma espécie de "outra natureza", melhor que a "natureza natural" porque produto da melhor ciência e tecnologia. Presente em todos os espaços, organizador de uma linguagem com pretensão de universalidade, a linguagem do valor e da sua valorização, o capital domina hoje sem que se possa nomeá-lo, responsabilizá-lo e aos seus agentes e a seus *cães de guarda*, pelo infortúnio que impõem a multidões – o desemprego, o subemprego, a fome, a miséria, a guerra, etc. É indispensável voltar a nomear o capital. Surpreender seus significados e consequências.

O texto que se está lendo quer ser isso, quer mostrar que é possível e necessário nomear o capital em suas diversas dimensões e sentidos, que é possível e necessário explicitar sua força, contradições e limites, como foi sempre o objetivo da crítica da economia política.

O mundo da economia

Nem tudo o que reluz é ouro, diz o adágio, nem tudo o que brilha no mercado, na economia, é valor, está submetido à lei do valor, está subordinado à valorização do capital. Reconhecer que certos objetos – produtos – serviços não estão submetidos à legalidade do valor e do capital, não significa, negar a decisiva influência do valor e do capital sobre espaços econômicos não capitalistas. Esta é uma das características centrais do nosso tempo – o alargamento da influência do capital, a ampla difusão de suas referências e sinais (preços, estratégias, processos, formas de gestão, salários), que disseminados pelo desenvolvimento dos sistemas de transportes e comunicações, tendem a funcionar como parâmetros para um conjunto de atividades e relações econômicas não capitalistas.

Trata-se, nesse sentido, de reconhecer que a lógica da valorização do capital, que a forma e o conteúdo dos processos de produção, que a política de salários e gestão da força de trabalho capitalistas, funcionam, na economia contemporânea, economia mundializada, dizem alguns, como referências básicas, que repercutem e condicionam mesmo aqueles segmentos da economia não submetidos diretamente ao capital. De tal modo, que é o caso de ver o atual momento da economia contemporânea como marcado por uma expansão da "colonização" capitalista, que tem imposto a sua lógica e modos de funcionamento ao conjunto da economia.

Este inegável fato da contemporaneidade não significa, também, desconhecer o juízo certeiro de Karl Polanyi, que, já há muito tempo, nos advertiu para a ilusão, cheia de consequências, de universalizar, de aistoricizar o mercado, o mercado capitalista, que, ele mostrou, é realidade recente e restrita no espaço (POLANYI, 1980).

Reconhecer a crescente presença do capital, o espraiamento da sua influência não pode significar, por outro lado, ignorar os limites da jurisdição da lei do valor.

Essa jurisdição, isto é, o conjunto das relações econômicas submetidas à valorização do capital confunde-se com o território em que domina a *mercadoria*, território em que *o capital* se apropria de *mais valor* mediante a exploração do *trabalho produtivo*.

Na frase anterior grifaram-se certas palavras com o propósito de chamar atenção para elas. É que essas palavras são portadoras de sentidos, são nominações de conceitos, que, devidamente explicitados, serão capazes de determinar o *lugar do capital* na *economia*.

Assim, ao definir *mercadoria*, *capital*, *mais-valia* e *trabalho produtivo*, estar-se-á delimitando, dentro do universo amplo da *economia*, aqueles espaços submetidos à legalidade estrita da lei do valor, isto é, espaços especificamente capitalistas.

O esforço de precisão conceitual buscado aqui tem um duplo propósito: de um lado mostrar que nem todas as realidades econômicas vigentes são capitalistas, e, nesse sentido, apontar para a existência e valorizar a presença de relações econômicas baseadas em parâmetros não capitalistas. De outro lado, a discussão que se vai fazer tem também o propósito de denunciar a estratégia capitalista que, nesse momento de Império explícito, tem feito expandir sua dominação para todos os espaços da vida econômica num processo de virtual "colonização global".

Marx, em mais de um momento em sua obra, definiu a economia como o conjunto das relações de *produção*, *distribuição*, *troca* e *consumo* que propiciando a reprodução material da sociedade formam a sua estrutura. Diz Marx:

> na produção social da própria vida, os homens constroem relações determinadas, necessárias e independentes de sua vontade, relações de produção estas que correspondem a uma etapa determinada de desenvolvimento das suas forças produtivas materiais. A totalidade destas relações de produção forma a estrutura econômica da sociedade, a base real sobre a qual se levanta uma superestrutura jurídica e política, e à qual correspondem formas sociais determinadas de consciência (MARX, 1974a, p. 135-136).

Entendida como base material da sociedade a economia é sempre uma realidade complexa e heterogênea. Realidade histórica, a economia traduzirá, no que lhe é específico, as mesmas características de qualquer período histórico, que é sempre uma realidade compósita, marcada pela coexistência de formas, que tanto anunciam o novo, quanto formas que teimam em não desaparecer. De tal modo, que se cada período histórico é marcado pela centralidade de um determinado "modo de produção" dominante, cada período histórico também é o resultado da coexistência de "outras formas de produção", que terão maior ou menor interação com o modo de produção hegemônico.

Tanto para acolher a existência de variadas "formas de produção", ao lado de um "modo de produção" dominante, quanto para reconhecer a existência de outras esferas da vida social, que não a econômica, lança-se mão do conceito de "formação econômico-social", como um conceito que busca sintetizar o conjunto de realidade histórico-social. Como o dito por Emílio Sereni: "a noção de formação econômico-social se coloca, inequivocamente, no plano da *história*, que é, diga-se uma vez mais, o da totalidade e unidade de *todas* as esferas (estruturais, superestruturais e outras) da vida social, na comunidade e, ao mesmo tempo, na descontinuidade do desenvolvimento histórico" (SERENI, 1973, p. 69-70, tradução nossa).

Não é ocioso lembrar aqui o quanto o conceito de "formação econômico-social" está longe e é antídoto de perspectivas determinísticas e unilaterais. Assim, ao reconhecer a centralidade da economia como estrutura básica da sociedade não se está impondo qualquer determinismo, qualquer reducionismo exclusivista, na medida em que esta afirmação da centralidade da economia é tanto uma imposição ontológica, isto é, decorre do inescapável da necessidade da reprodução material como fundante da humanidade, quanto é uma reivindicação histórica ao admitir, explicitamente, a presença da complexidade, das disputas, das tensões, das descontinuidades como constituintes do processo histórico.

Interessa a esse artigo mostrar o lugar do capital no contexto da economia contemporânea. O ponto de partida da análise é o reconhecimento da existência hoje de diversas atividades econômicas não capitalistas, mais ou menos integradas e subordinadas ao capital, presentes numa "formação-econômico social capitalista" em momento de amplo domínio imperial.

A economia pode ser vista como um conjunto de conjuntos com variados graus de *intercessões* entre eles. Essas *intercessões* devem ser vistas como representando "zonas de ambivalência", isto é, situações ou processos em que as determinações típicas de um certo conjunto invadem um outro criando áreas de compartilhamento, de superposição. Veja-se o diagrama:

Diagrama 1
A economia como conjunto de conjuntos

No essencial, o diagrama anterior está indicando a existência de certas situações em que a legalidade típica da lei valor, o reino da mercadoria e do capital, invade espaços que, a princípio, não lhe seriam subordinados, definindo, ainda que parcial e topicamente, algo que se vai chamar de "soberania espúria".

O Estado, a economia e o capital

A análise desses conjuntos será iniciada pelo referente ao *Estado*. Esse, como é sabido, é um dos campos mais sensíveis da disputa ideológica contemporânea. Depois de uma longa dominação, por quase todo o século XX, o Estado intervencionista na economia acha-se, desde os anos 1980, sob suspeita. Apontado como responsável pela expansão da ineficiência, como instrumento produtor de tensões inflacionárias e protecionismos indevidos, o Estado, sob a forma keynesiana de bem-estar-social, sujeito importante da "era de ouro do capitalismo", 1945/1970, vai ser objeto de variados ataques, que, sintetizados na chamada hegemonia neoliberal, significaram, na verdade, a vitória da alta finança internacional e seus interesses da desregulamentação dos fluxos de capitais.

Vários autores, chamaram a atenção para o quanto de "ideológico", no sentido de falsa consciência, está presente na tese corrente de que a *globalização neoliberal* significa a desaparição do Estado (HIRST; THOMPSON, 1998). Tanto mais os ideólogos neoliberais insistem na tese da insubsistência dos Estados-nacionais, tanto mais o Estado-nacional da potência imperial se apresenta, sem disfarces, como "comitê executivo da sua burguesia", seja pela manipulação de políticas econômicas, seja pela imposição de seus interesses junto às agências multilaterais (ONU, FMI, BIRD, OMC), seja pela mobilização de sua maquinaria de guerra no interesse de suas corporações.

Discutindo-se aqui os diversos e decisivos papéis que o Estado tem na dominação capitalista, pode-se iniciar lembrando um insuspeito economista, Eli Heckscher. É dele a tese sobre o papel do Estado como instrumento da constituição das condições de existência do mercado interno, ao unificar tarifas, padronizar pesos e medidas, estabelecer padrão monetário entre outras iniciavas (HECKSCHER, 1953).

Nessa mesma direção é a contribuição de Pasukânis, teórico marxista do direito, ao mostrar que o Estado é o pressuposto de todas as trocas, ao ser instrumento capaz de fazer garantir os contratos. Mesmo a troca mais simples teria, como fundamento de sua ocorrência na sociedade capitalista, a existência de um dispositivo legal-coercitivo (FAUSTO, 1987, cap. 4).

Também Karl Polanyi mostrou a importância decisiva do Estado na instauração da ordem capitalista ao sublinhar o seu papel como instrumento de "regulação-proteção" contra as consequências brutais da imposição do mercado sob a forma dos "cercamentos das terras". Seja pelas restrições à expansão dos rebanhos de ovelhas, no século XVI, seja pela legislação de proteção à pobreza, que se manteve até o século XIX, seja pelas tentativas de regulamentar o mercado de trabalho, até o final do século XVIII, coube ao

Estado buscar colocar freio ao que, a imposição do mercado capitalista, em certos momentos ameaçou converter-se em tragédia social. (POLANYI, 1980)

Até aqui discutiu-se o papel do Estado como armadura institucional das condições do mercado capitalista. Mas não é apenas esse o seu papel. Há pelo menos três outros aspectos decisivos da atuação do Estado para a ordem capitalista: a) como sujeito capaz de interferir diretamente sobre o processo de acumulação de capital por meio de suas políticas de juros, câmbio, compras, subsídios, produção, preços, tarifas e tributos; b) como instrumento de regulamentação do mundo do trabalho; c) como provedor de serviços de saúde, educação, infraestrutura, segurança, etc.

Muito se disse, e quase sempre de forma controversa, sobre a singularidade das atividades econômicas desenvolvidas pelo Estado, que tendo, direta e indiretamente, impactos sobre o processo de acumulação não seriam *"produtivas"*, na medida em que resultam de *"trabalho improdutivo"*. Mesmo quando precedido de advertência quanto ao fato de que o *produtivo* e o *improdutivo* aqui se referem à perspectiva do capital, isto é, *produtivo* seria aquele trabalho que trocado por capital variável visa a produção de mais-valia, esse tema quase sempre tem o condão de produzir certa incompreensão. Não se veja nisso apenas o mal-estar de quem possa tomar a denominação "improdutivo" como ofensiva.

A questão, de fato, tem dificuldade que decorre da ambiguidade de que se revestem certos aspectos das atividades econômicas do Estado. Afinal, em muitos casos há uma absoluta identidade formal entre atividades econômicas estatais e privadas. Marx reconheceu e mesmo falou em "capital do Estado". Veja-se o trecho: "O capital social = soma dos capitais individuais (inclusive os capitais das sociedades por ações e os do Estado, nos casos em que o governo funciona como capitalista industrial, empregando trabalho assalariado produtivo em minas, ferrovias, etc.)..." (MARX, 1970, Livro II, vol. 3, p. 99).

É da experiência brasileira, pelo menos até o início da década de 1990, a existência de atividades econômicas do Estado em tudo assemelhadas às desenvolvidas pelo capital. Foi o caso do setor siderúrgico onde empresas estatais e privadas, apesar de não concorrentes, partilhavam estruturas produtivas semelhantes.

Nesse caso, eram tantas as semelhanças, tantas as interações e partilhamentos, que é forçoso reconhecer certa indistinção entre o estatal e o privado reforçando a ambiguidade da situação. Contudo, mesmo nesse caso, é fundamental não perder de vista que há, potencial e estruturalmente, diferença essencial entre os dois segmentos – é que o segmento estatal, em última instância, não está subordinado à lei do valor sendo admissível, em certos momentos e casos, políticas de preços e salários, por exemplo, que podem contrariar a lógica do lucro em nome do atendimento do interesse público ou qualquer outra determinação derivada de ordem política. É essa a decisiva diferença que deve ser considerada para afirmar as singularidades das atividades econômicas do Estado.

Por outro lado, é um fato contemporâneo importante a introjeção crescente pelo Estado de práticas, políticas, modos de gestão típicas do setor privado. Essa "privatização" de políticas e procedimentos, por parte do Estado, é parte do processo mais geral da atual hegemonia da ideologia neoliberal.

Na verdade, nos últimos anos, e em todos os países, tem havido uma crescente ampliação do "reino da mercadoria e do capital" que tem ocupado, anexado, "colonizado" parcelas crescentes da economia tanto direta, quanto indiretamente, na medida mesmo em que se generaliza o modo especificamente capitalista de regulação.

A natureza, a economia e o capital

É também complexa e ambígua a relação entre natureza, economia e capital. Karl Polanyi, num texto clássico, denunciou a impostura da estratégia capitalista de "transformar" em mercadorias, tanto o trabalho, quanto a terra, que não tendo sido produzidos pelo capital só são transformados em mercadorias pela mobilização da violência extrema, que Marx chamou de Acumulação Primitiva do Capital.

A relação entre natureza e economia, por vezes, apresenta-se desconcertante. É o caso quando se considera a terra virgem, que sendo "mercadoria", isto é, sendo objeto de um mercado, tem o seu preço derivado não das condições de sua produção, posto que produzida não foi, mas do fato de ser a terra monopólio privado de alguém. Nesse sentido, do ponto de vista da lógica capitalista, o monopólio sobre a terra é a manifestação de um atavismo cuja presença não nos deixa esquecer a desigualdade estrutural sobre a qual está fundada a sociedade capitalista.

Em vários momentos de *O Capital* Marx vai sublinhar o quanto a monopolização da natureza pelo capital funciona como uma força adicional de apropriação de lucro extra. Diz Marx:

> O fabricante que emprega a máquina a vapor, emprega também forças naturais que nada lhe custam, mas que tornam o trabalho mais produtivo e, na medida em que barateiam a produção dos meios de subsistência necessários aos trabalhadores, aumentam a mais-valia e em consequência o lucro. O capital as monopoliza tão completamente quanto as forças naturais sociais do trabalho, oriundos da cooperação, da divisão do trabalho, etc. O fabricante paga o carvão, mas não a propriedade da água de mudar de estado físico, de converter-se em vapor, nem a elasticidade do vapor, etc. (MARX, 1974, Livro III, vol. 6, p. 737-738);

ou ainda: "o lucro suplementar, oriundo do emprego da queda d'água, não provém por isso do capital, mas da aplicação pelo capital de uma força natural monopolizável e monopolizada" (MARX, 174, Livro III, Vol. 6, p. 740).

Marx vai ver o trabalho e a terra, como fontes originais da riqueza que o capital, ao incorporá-los, expande sua capacidade de acumulação. Diz Marx:

> ao incorporar as fontes originais da riqueza, a força de trabalho e a terra, adquire o capital uma força de expansão, que lhe possibilita ampliar os elementos de sua acumulação além dos limites aparentemente estabelecidos por sua própria magnitude, fixados pelo valor e pela quantidade dos meios de produção já produzidos, através dos quais existe o capital (MARX, 1968, Livro I, vol. 2, p. 702).

Mais de uma vez, Marx apontou semelhanças entre a ampliação de lucro extraordinário decorrente do uso de forças naturais pelo capital e o processo de utilização do conhecimento científico. Nos dois casos, o capital se apropria de algo que ele não criou, que não lhe custou nada, e que têm significativo impacto sobre o processo de acumulação.

No contexto da crise ambiental contemporânea tem havido uma problemática tendência a buscar, à guisa de proteção ambiental, *"precificar"* a natureza. Por essa lógica, tudo no mundo teria um preço o qual, sendo bem calibrado, inibiria ações depredatórias pelo custo que implicariam. Esta perspectiva, encampada hoje por governos, cientistas e organizações ambientais, tem seríssimas implicações. No essencial, esta perspectiva radicaliza o que há mais de cinquenta anos já horrorizava a Polanyi. Em sua versão contemporânea esta perspectiva significa, de uma forma absoluta e escancarada, subordinar a vida, a natureza, ao reino do capital. Sinal dos tempos de dominação da *globalização globalitária* de que falava o professor Milton Santos.

Os serviços não produtivos

O referente aos serviços não produtivos é, o mais das vezes, controverso. Parte do contencioso que a questão gera decorre do fato dos serviços não produtivos serem, sob certos aspectos, indistinguíveis das atividades especificamente produtivas. Afinal, tanto um grande comerciante, quanto um banqueiro, fazem parte, sociológica e politicamente, da classe dominante, ao mesmo tempo que não só partilham do fundo comum de excedente representado pela mais-valia, quanto exploram o trabalho assalariado.

Tudo isso considerado, identificadas as homologias formais entre os serviços não produtivos e as atividades produtivas, fica por vezes quase arbitrário afirmar as diferenças entre as duas realidades, que, apesar disso, existem e são importantes.

É também equívoca certa tendência que quer ver a diferença que se está discutindo aqui como resultante da dimensão *imaterial, impalpável* dos serviços, o que os desqualificariam como capazes de serem suportes materiais de valor e mais-valia. Ora, essa leitura, digna de um materialismo rasteiro, não tem qualquer guarida na teoria marxista do valor. Marx, em mais de um momento, disse que o que garante o caráter produtivo de certas formas de trabalho não é a sua maior ou menor proximidade das atividades manuais ou o seu conteúdo efetivo.

Assim, tanto podem ser produtivos trabalhos que geram "produtos" que têm existência apenas no tempo, como uma representação teatral, por exemplo, quanto podem ser improdutivos trabalhos que geram "produtos", que têm grande durabilidade, como são os que decorrem das empresas estatais. Afastem-se, portanto, por ineptas as visões que tendem a um naturalismo tosco no referente à apreensão do caráter produtivo dos trabalhos.

Marx, em texto exemplar e claro, que teria evitado – se considerado – diversas falsas polêmicas, afirmou que o conceito de trabalho produtivo que se deve mobilizar é o que reconhece o seu caráter coletivo, isto é, que, cada vez mais e decisivamente o trabalho produtivo é o que é exercido pelo *trabalhador coletivo*, o qual é composto: daqueles que trabalham mais com as mãos; daqueles que trabalham mais com a cabeça; do diretor (*manager*); do engenheiro (*engineer*); do técnico; do capataz (*overlooker*); do trabalhador manual direto; do simples peão (MARX, 1972, p. 78-79).

Mas, a dificuldade de compreensão da questão tem ainda uma outra e decisiva fonte que é o fato da expansão capitalista, de sua hegemonia, acabar por generalizar o assalariamento induzindo a certa falsa homogeneização. Diz Marx:

> Pois bem, este fenômeno, o que faz com que com o desenvolvimento da produção capitalista todos os *serviços* se transformem em trabalho *assalariado* e todos os seus executantes em *assalariados*, tendo como consequência essa *característica* em comum com o trabalhador produtivo, induz ainda mais confusão entre uns e outros na medida que é um fenômeno característico da *produção capitalista* e gerado por ela mesma (MARX, 1972a, p. 81, tradução nossa).

E, mais decisivo para o argumento que se está intentando aqui, sobre a "invasão do reino do capital" sobre outros territórios – com o desenvolvimento capitalista cada vez mais funções e atividades "de uma parte transformam-se, diretamente, em *trabalhos assalariados*, por diferentes que possam ser seus conteúdos e suas *remunerações*; de outra parte caem – suas avaliações, os *preços* destas atividades, da prostituta ao rei – *sob as leis que regulam o preço do trabalho assalariado*".(MARX, 1972a, p. 81, tradução nossa).

Entre os serviços não produtivos é possível identificar três grandes segmentos: os serviços financeiros e comerciais; os serviços pessoais e domésticos; os serviços públicos. Quanto a estes últimos é o caso de lembrar que eles já foram considerados aqui quando se discutiu o Estado. Nesse sentido, reconheça-se uma área de interação entre o Estado e os serviços não produtivos e agregue-se isso ao diagrama apresentado anteriormente.

Os serviços pessoais e domésticos compreendem as atividades e funções, que, ligadas à reprodução dos indivíduos na sociedade, não estão submetidas às regras da valorização do capital, não se trocam por capital variável, não visam a produção de mais-valia, sendo remunerados por parcelas da renda auferida pelos indivíduos, seja sob a forma de salários, lucro, renda da terra ou juros.

Mais difícil de aceitar, talvez, sobretudo nesses tempos de globalização financeira e de expansão comercial, é a atribuição de não produtivos aos serviços comerciais e financeiros. Reconheça-se também que nem todas as atividades do chamado setor terciário, de serviços, são não produtivas. Marx identificou, em vários momentos de sua obra, a existência de segmentos produtivos no interior das atividades dos serviços – as atividades de embalagem, armazenamento e transportes são, explicitamente, designadas por ele como sendo produtivas.

De qualquer modo, e ainda com mais ênfase, diga-se que há forte interação entre o reino do capital e os serviços não produtivos. Em particular lembre-se que os lucros das atividades comerciais e financeiras serão tanto maiores quanto menores forem os custos de operação dessas atividades o que implicará, entre outras estratégias, na exacerbação da exploração do trabalho, não sendo infrequentes, sobretudo no setor comercial, salários e condições de trabalho mais precários que em outros setores.

Não participando diretamente da produção de mais-valia, recebendo parcelas da mais-valia geral mediante "transferências inter capitalistas", os serviços não produtivos têm um lugar contraditório no referente aos interesses do capital. Lembre-se, nesse sentido, a conhecida frase de Keynes sobre certa eutanásia.

Formas não capitalistas das atividades econômicas

Neste conjunto estão contidas tanto velhas formas que resistiram ao capital, quanto estão formas que anunciam novas possibilidades. Trata-se tanto das velhas relações camponesas, do trabalho familiar, quanto das variadas formas que buscam reagir à globalização globalitária pelo desenvolvimento do que tem sido chamado de "economia popular e solidária".

Tanto Polanyi, quanto Alexander Chayanov, quanto Marcel Mauss quanto Marshall Sahlins, quanto Pierre Clastres, revelaram a existência de diversas formas de sociabilidade econômica, que não a imposta pelo capital. A redistribuição, a dádiva, a reciprocidade, as relações da vizinhança e parentesco, são formas de intercâmbio, de interação econômica que submetidas a preceitos sociopolítico-culturais são capazes de garantir a reprodução social mediante processos de produção e distribuição da riqueza em nada subordinados ao capital.

As perspectivas mencionadas aqui estão longe de oferecerem um conjunto pronto e acabado de alternativas ao capital, senão, que, como insistiu Polanyi, denunciam a impostura da tese que quer ver o capitalismo como realidade universal, aistórica. Na verdade o capitalismo é realidade relativamente recente, dos últimos duzentos anos, realidade contingente, isto é, resultado de um "encadeamento de circunstâncias" de nenhum modo inscrita como necessidade absoluta como quer, tanto certa tese neoconservadora, quanto mesmo os que hipostasiando o capitalismo, assumindo uma perspectiva desconcertantemente anacrônica, veem-no como sistema eterno, sumo da racionalidade econômica, permanentemente querendo nascer desde a Antiguidade. Esta tese discutida por Ellen Wood sob o título de "Modelo Mercantil" foi encampada mesmo por certos grandes nomes do marxismo (WOOD, 2001).

Tanto a falência quanto os descaminhos do socialismo burocrático contribuíram para que não se explorasse, como era possível, certas teses do melhor socialismo quanto ao duplo fundamento da sociedade socialista – a combinação da livre associação dos produtores, como princípio de organização econômica, e da democracia socialista, como princípio de organização política.

O trágico da experiência do "socialismo de caserna" não pode interditar a necessidade de reconsiderar aquele processo na totalidade de suas mazelas reais, de suas conquistas efêmeras, das possibilidades e promessas, que mobilizou e pode mobilizar de novo. Se não há porque buscar justificativa para a dominação stalinista, não há porque, também, ignorar o notável de invenção e criatividade, que decorreu da Revolução Russa, nos anos 1920, e que se manifestou em certas revoluções estético-culturais: na representação teatral com o "método" de Vsevolod Meyerhold; no *suprematismo* e no *construtivismo* nas artes plásticas e gráficas; no cinema de Pudovkin, Dovjenko, Eisenstein e Dziga Vertov; na teoria literária com Bakhtin; na teoria da psicogênese com Vygotsky; na crítica da economia política com Rubin, Preobrazhensky. Não há propósito aqui em fazer catálogo exaustivo seja das conquistas da Revolução Russa, seja de seus trágicos fracassos.

Trata-se, na verdade, de ver essa floração cultural, essa *Renascença Vermelha*, como alguns já designaram, como frutos de um processo que se foi capaz de produzir aquelas revoluções tinha muito mais a oferecer ao processo emancipatório não fora sua terrível degeneração, que, de forma alguma, é processo natural, inevitável, ou resultante de uma única determinação.

Importa, isso sim, reconhecer que a Revolução Russa é um dos episódios fundamentais de nosso tempo e que aprender com seus erros, com a grandeza de seus propósitos, e com a demasia de suas contradições, é um imperativo tanto para os que continuam a lutar pelo socialismo quanto para os que buscam compreender a realidade contemporânea.

Nesse sentido, valorizem-se as experiências que têm buscado alternativas não capitalistas, populares e solidárias, no referente à propriedade, gestão, produção, distribuição e consumo e busque-se articulá-las a um projeto maior de desenvolvimento que seja, efetivamente, uma alternativa global à ordem capitalista.

Uma última questão aqui é a referente ao chamado mercado de obras de arte. Trata-se de mercado que movimenta consideráveis valores monetários, como se sabe. Contudo, o preço de uma obra de arte, reconhecida e sancionada, pelos critérios estético-legitimadores, que presidem cada período histórico, como grande, uma tela de Van Gogh, por exemplo, que jamais vendeu um quadro na vida, com uma piedosa exceção, não pode ter seu preço explicado por qualquer referência ao seu valor-trabalho, por uma simples, definitiva e irrecorrível razão – Van Gogh não produziu mercadorias ao pintar suas telas. Mesmo que ele as tivesse vendido ao Doutor Gachet, por exemplo, por qualquer que fosse o preço, elas não seriam mercadorias, como também não são hoje quando são vendidas por preços que parecem querer refletir em ouro metálico o ouro inexcedível daqueles sóis, daqueles girassóis.

O reino da mercadoria e do capital

No amplo conjunto dos conjuntos que é a economia contemporânea, o reino da mercadoria e do capital é a força hegemônica. Sua influência amplificada pela força da indústria cultural a seu serviço, plasmadora da ideologia dominante, ultrapassa o território de sua estrita jurisdição e condiciona e é referência para todos os outros conjuntos que constituem a economia.

Quando Marx e Engels, em 1848, no *Manifesto Comunista*, disseram que a vocação do capital era mundializar-se, isso era, então, só uma possibilidade. Desde então, a possibilidade materializou-se no bojo de um processo, que, se produziu vertiginoso crescimento técnico-material, também significou a carnificina de duas guerras mundiais e um rosário de infortúnios – o desemprego, a miséria, a destruição ambiental, etc.

O reino da mercadoria e do capital é o território em que vigora a lei do valor, legalidade "cega", *"ma non troppo"*, impessoal, *"cum grano salis"*, que busca reivindicar estes atributos "universalizantes" como chancelas de sua pretensão de ser a única regulação econômica capaz de realizar o máximo de eficiência e de racionalidade.

O sujeito desse reino, o herói dessa odisseia em que os homens estão subjugados pelas coisas, é a *mercadoria*. A mercadoria é a categoria fundamental da economia em que domina o capital. Marx dirá, em vários contextos, que a mercadoria é a unidade elementar da riqueza nas sociedades burguesas. Veja-se o trecho: "À primeira vista, a riqueza burguesa aparece como uma enorme acumulação de mercadorias, e a mercadoria isolada como seu modo de ser elementar" (MARX, 1974a, p. 141).

Sendo unidade de uma dupla determinação, como valor de uso e como valor, a mercadoria é definida por Marx, numa primeira aproximação, como objeto externo, coisa, que "satisfaz necessidades humanas, seja qual for a natureza, a origem delas, provenham do estômago ou da fantasia" (MARX, Livro I, vol. 1, 1968. p. 41).

Definição abrangente, o conceito de mercadoria de Marx deveria ser suficiente para afastar certos juízos *naives*, que se confundem em como entender o sentido da perspectiva materialista, que anima a obra de Marx.

Para Marx o que conferiria ao objeto a característica de mercadoria seria a natureza do trabalho que o produziu, se produtivo ou improdutivo, o que remete a discussão para as relações sociais que presidiram a produção do objeto.

Em adendo ao capítulo 1, do livro I, de *O Capital*, Engels dirá que, além de ser unidade dialética das dimensões valor de uso e valor, o objeto para ser mercadoria teria que satisfazer as seguintes condições: a) ser produzido por trabalho humano; b) ser produzido para terceiros; c) ser produzido para o mercado (ENGELS *in* MARX, Livro I, Cap. I, 1968, p. 48).

Uma visão completa da questão está em Isaak Rubin quando acrescenta às características apontadas por Engels, uma última exigência, se produzida "segundo relações capitalistas de produção", de que resultaria o seguinte: um objeto, para ser mercadoria, teria que satisfazer as seguintes condições: 1) ser útil; 2) ser produzido por trabalho humano; 3) ser produzido para terceiros; 4) ser produzido para o mercado; 5) ser produzido segundo relações capitalistas de produção (RUBIN, 1974).

Certas situações, por suas complexidades e ambiguidades, são exemplares em denotarem o essencial da questão. Analise-se o caso de um médico – um pediatra, por exemplo – que exerça, diariamente as seguintes funções: de 8 às 10 horas trabalha em seu consultório particular, atendendo clientes particulares; de 10:30 às 12:30 horas atende em uma cooperativa médica, recebendo pelo seu trabalho ao equivalente do rateio da receita líquida da cooperativa; de 14:30 às 16:00 horas atende em um hospital público; de 17:00 às 18:30 horas atende num hospital particular de que é sócio-cotista; finalmente, de 19:00 às 20:30 horas atende em um hospital particular, como assalariado.

Nesse longo dia de trabalho nem todas as intervenções médicas desse pediatra resultaram em produção de "mercadorias". Na verdade, só ao final do dia, das 19:00 às 20:30 horas, quando ele atendeu no hospital particular, como assalariado, é que houve produção de mercadoria e exerceu-se trabalho produtivo.

A conclusão aqui é que a produção de mercadoria existe quando o trabalho produtivo se aplica para produzir mais-valia mediante o estabelecimento de uma relação de assalariamento, mediante o estabelecimento de uma relação capitalista de produção. Em todas as situações exemplificadas – em seu consultório particular, como médico de uma cooperativa, como médico de um hospital público, como médico-proprietário de um hospital – o médico em tela não travou relações capitalistas de produção a não ser como *patrão*, como proprietário, o que deveria afastar uma surrealista hipótese de autoexploração da força-de-trabalho do médico em sua dupla condição de proprietário e trabalhador.

Dizer, como se fez aqui, que apenas uma das várias intervenções do médico em tela, competente e abnegado, suponha-se, foi emprego de trabalho produtivo, não significa negligenciar suas outras intervenções profissionais. Na verdade todas estas intervenções são essenciais para a reprodução social, ainda que em apenas uma situação o médico tenha produzido mercadoria e assim mais-valia.

No exemplo que está sendo discutido, manifestaram-se duas questões, que vale a pena sublinhar: de um lado constata-se a existência de uma variada gama de funções e atividades que tendo como resultado final contribuir para a reprodução social, mediante a atenção à saúde, o fazem a partir de critérios não capitalistas, alheios à lei do valor e aos interesses do capital.

Uma outra questão também suscitada pelo exemplo em tela é o relativo à estratégia, diria alguém informado da teoria dos jogos, "carona" da ordem capitalista que se beneficiaria da socialização de custos de reprodução da força-de-trabalho decorrente da presença de formas não capitalistas de reprodução social, ao mesmo tempo em que, cada vez, expandiria seus ganhos decorrentes da "privatização" dos procedimentos médicos sofisticados, altamente lucrativos. O resultado disso é, cada vez mais, a precarização da rede pública de saúde, na mesma medida em que a rede privada tende a não atender a pacientes portadores de doenças crônicas e que demandam internamentos prolongados e cujos custos dos tratamentos serão cobertos pelo orçamento público, cada vez mais minguado.

No essencial, trata-se de reconhecer um processo que teve início nos anos 80 e que se confunde com a retomada da escalada liberal. Uma das consequências socialmente mais expressivas do chamado neoliberalismo contemporâneo tem sido a efetiva precarização dos serviços públicos para as grandes maiorias, para os trabalhadores como um todo, ao mesmo tempo que, *et pour cause*, se expandem os serviços privados de saúde e educação custeados por variadas formas de transferências de rendas de indivíduos, cooperativas e fundos assistenciais para o grande capital controlador de bancos, seguradoras, empresas de equipamentos médicos e de medicamentos.

Trata-se, neste sentido, de um processo de segmentação dos serviços públicos de saúde e educação, que, mantidos os atuais níveis de segregação social, precários, não atendem satisfatoriamente aos seus usuários, isto é à sociedade, forçando a que segmentos expressivos dos trabalhadores passam a custear seus gastos com educação e saúde.

Assim, é o caso de falar hoje de um significativo processo de expansão do "reino da mercadoria e do capital" sobre territórios até certo tempo atrás não capitalistas.

Essa "colonização do mundo vivido", como Habermas denunciou um dia, não é destino, inexorabilidade, que contra o capital continuam a se mobilizar forças sociais importantes. Henri Lefebvre surpreendeu na tessitura urbana contemporânea o insaqueável espaço do desejo, do conflito, da alteridade. O urbano seria marcado pela disputa entre a centralidade obliterante do capital e as centralidades nascidas da busca da reapropriação do espaço público e da emancipação, ou, como diz Lefebvre: "entre a centralidade do poder e as outras formas de centralidade, entre o centro "riqueza-poder" e as periferias, entre a integração e a segregação" (LEFEBVRE, 2002, p. 155).

Trata-se, hoje, como sempre, de reconhecer a história como projeto, como abertura, como "aposta" na medida em que é, por excelência, o reino da liberdade e da possibilidade, da luta de classes e da invenção.

No essencial, a possibilidade de construção da sociedade humana como liberdade e solidariedade, está associada à realização de uma dupla tarefa: 1) de nossa capacidade de interditar o capital e seus aparatos de apoio e intervenções, isto é, da capacidade da luta social de socializar os meios técnicos e produtivos, de colocá-los a serviço da liberdade e da igualdade; 2) de nossa capacidade de inventar uma nova sociabilidade baseada na solidariedade, na alegria e no respeito às diferenças, na valorização das formas coletivas de produção, distribuição e consumo.

Determinismo e indeterminismo em Marx

Introdução

Aprendemos com Max Weber a caracterizar o mundo moderno como "mundo desencantado" em que a magia e os mitos cederam lugar à racionalização, a uma razão triunfante em todos os planos da vida social. Houve a vitória de um paradigma, que, formulado pela física de Galileu, generalizou-se, ou tendeu a generalizar-se como substrato metodológico de todos os saberes. O aspecto mais geral dessa vitória do paradigma da física de Galileu seria a substituição de uma concepção cosmológica por uma concepção geométrica do Universo, ou ainda, de uma concepção animista por uma concepção mecânica do Universo.

É suficiente, para o nosso propósito de descrevê-la, caracterizar a atitude mental ou intelectual da ciência moderna por meio de dois traços solidários: 1º) a destruição do cosmo, por conseguinte o desaparecimento da ciência de todas as considerações fundadas sobre essa noção; 2º) a geometrização do espaço, isto é, a substituição pelo espaço homogêneo e abstrato da geometria euclidiana, a concepção de um espaço cósmico qualitativamente diferenciado e concreto, o da física pré-galilaica. Podemos resumir e exprimir como segue essas duas características: a matematização (geometrização) da natureza e, por consequência, a matematização (geometrização) da ciência (KOYRÉ, s.d., p. 17).

Atitude mental fundamental na instauração da física moderna, a postura de Galileu acabou sendo, sob muitos aspectos, solidária na radicalidade de seus propósitos e projetos. Galileu é, de todos os fundadores da física moderna, o único verdadeiramente apartado das noções e mentalidade cosmológico-míticas. Seu pensamento é radicalmente antimágico e mesmo sua fé tem algo de matemático. Galileu, justamente seduzido pelo grandioso do universo infernal dantesco, chegou a projetar calcular o volume daquele Inferno – cone invertido formado pela precificação na terra dos anjos caídos derrotados pelas hastes comandadas por Miguel. Do material retirado da terra em forma de cone se fez a montanha no topo do qual estava o Paraíso Terreal, montanha que com suas nove escabrosidades é o espaço do Purgatório católico.

A razão triunfante no mundo ocidental é assim o traço essencial da mentalidade moderna. A vitória da concepção geométrico-mecânica do Universo, do equilíbrio e da simetria, cuja culminância é o sistema cartesiano.

Há no centro da perspectiva metodológica da física moderna dois princípios que se generalizam para as outras instâncias do pensamento: a) o princípio do determinismo e b) o otimismo da razão e do progresso; esses dois princípios são os fundamentos do projeto iluminista, sintetizados por Laplace (o determinismo) e Condorcet (o otimismo).

O determinismo e o otimismo em rota linear e ascendente da razão e do progresso são os traços decisivos do projeto iluminista, que acabaram por se incorporar a um largo espectro de perspectivas e disciplinas. Essas perspectivas, fundadas no racionalismo-iluminista, ensejaram três tipos básicos de contestações: a) as do tipo kantiano, que questionaram os fundamentos epistemológicos do racionalismo-iluminista a partir da crítica das possibilidades de a razão dar conta da *coisa em si*; b) as do tipo hegeliano, que buscaram superar a aporia kantiana dissolvendo o *real* e a *razão* numa totalidade em movimento em que lógica e ontologia expressavam o caráter dialético do ser; c) as do tipo irracionalista inauguradas por Kierkegaard e Schopenhauer, que negaram as possibilidades cognitivas da razão forjando uma concepção do Universo fundada na angústia, no medo, no isolamento dos seres humanos num mundo hostil e irracional.

O mundo inaugurado pela modernidade, e emblematicamente sintetizado pela física clássica, pareceu uma formidável libertação humanista. Séculos de obscurantismo, de uma humanidade prisioneira de preconceitos e tabus superados pela razão, pela lógica geométrica, pelo rigor da matemática. Uma alegoria dessa concepção da vitória da razão moderna está em uma gravura de um certo Bernard Ricart, de 1707, que é culminância da ideia da vitória dos modernos sobre os antigos, na medida mesma em que os modernos são capazes de uma concepção geométrica e quantitativa do mundo. Na gravura, "o tempo afasta as nuvens da figura resplandecente da verdade, cujos raios iluminam obliquamente a fila de filósofos antigos – Platão, Aristóteles, Zenão seguem entre a sombra e a luz, precedidos, ou melhor, guiados por Descartes, que avança conduzido pela mão da filosofia, sob a luz plena da verdade" (Ginzburg, 1990, p. 54). Descartes, a razão geométrica, é assim a única garantia da luz plena da verdade.

A razão geométrica tem horror ao assimétrico, não admite o indeterminado, é uma apologia do equilíbrio. Há uma dimensão estética nessa razão geométrica. Galileu é um exemplar representante dessa repulsa da física clássica ao não linear, ao não unívoco.

Mas não é só por preferir a pintura à escultura que Galileu se mostra um clássico; é também pelos seus gostos no domínio da arte pictórica. O que defende é a clareza, a aeração, o belo ordenamento da Alta Renascença. O que detesta e combate é a sobrecarga, o exagero, as contorções, o alegorismo e a mistura de gêneros do maneirismo (KOYRÉ, 1982, p. 261).

H. Wölfflin vai construir uma tipologia das artes visuais, que, centrada na disjuntiva arte renascentista *versus* arte barroca, é capaz de captar a tensão fundamental da física clássica, a repulsa a tudo que não se deixe representar de forma linear e determinística.

Quadro 1
Tipologia das artes visuais de Wölfflin

Renascença	Barroco
linear	pictórico
superfície	profundidade
forma fechada	forma aberta
multiplicidade convergente	unidade divergente
clareza absoluta	clareza relativa

Fonte: WÖLFFLIN, 1979

A razão geométrica e determinística da física clássica impregnou todo o pensamento ocidental, toda a mentalidade moderna, seja a que se aplica à ciência, seja a que se volta para o mundo da arte, seja a filosófica. Toda ela se deixou marcar pelo paradigma do equilíbrio, da geometrização do mundo, pelo determinismo. É com Laplace (1820) que essa perspectiva atinge sua culminância, o determinismo radicalizado e expresso assim por Ferrater Mora: "Tudo que houve, há e haverá, e tudo que acontece, aconteceu e acontecerá está, de antemão, fixado, condicionado e estabelecido, não podendo haver nem acontecer mais do que já está, de antemão, fixado, condicionado, estabelecido" (FERRATER MORA, 1981, v. I, p. 777). Ou ainda como define Lalande: Determinismo, "doutrina segundo a qual todos os acontecimentos do Universo, e em particular as ações humanas, estão ligados de maneira tal que sendo as coisas o que são num momento qualquer do tempo, não há para cada um dos momentos anteriores ou posteriores mais que um estado e só um que seja compatível com o primeiro" (LALANDE, 1953, v. I, p. 298).

No centro da perspectiva determinista está uma concepção que anula o tempo, pelo menos o tempo como constituinte da medida (meio) de processos irreversíveis. Um tempo neutro e reversível, meio contínuo, que se pode trilhar para a frente e para trás, é um dos núcleos da física clássica que está hoje em questão. Diz Prigogine:

> Estou convencido de que o tempo é objeto da ciência. Deve ser colocado no seu lugar na estrutura da ciência moderna e este lugar, na minha opinião, é fundamental, é o primeiro. Portanto, é necessário pensar no Universo como numa evolução irreversível; a reversibilidade e a simplicidade clássicas tornam-se, então, casos particulares (PRIGOGINE, 1990, p. 212).

A descoberta da *historicidade do espaço*, a descoberta da *irreversibilidade* estão na base de uma tendência importante no campo da economia, que é a referente à relação economia-ecologia. Nas palavras de Altvater: "Todos os processos na natureza são, no *tempo-continuum*, irreversíveis; e toda atividade econômica, atuando sobre a transformação da matéria natural, tem um efeito irreversível. Esta afirmação é equivalente a uma outra, da qual ainda vamos tratar, que é a seguinte: a entropia aumenta" (ALTVATER, 1992, p. 7).

Do Universo linear, determinístico, reversível, simples e equilibrado da física clássica, caminhamos hoje para um Universo complexo, indeterminado, irreversível e desequilibrado, tendente à entropia, à desorganização, ao caos. Seus novos termos questionam os fundamentos da razão geométrica, do pensamento determinista.

Uma tipologia da emergência desses novos paradigmas críticos da perspectiva clássica está em Harvey:

Quadro 2
Tipologia seletiva das diferenças entre modernismo e pós-modernismo de I. Hassan

Modernismo	Pós-modernismo
Forma (conjuntiva, fechada)	Antiforma (disjuntiva, aberta)
Propósito	Jogo
Projeto	Acaso
Hierarquia	Anarquia
Criação/totalização/síntese	Descriação/desconstrução/antítese
Presença	Ausência
Centração	Dispersão
Seleção	Combinação
Origens/causa	Diferença – diferença/vestígio
Determinação	Indeterminação

Fonte: HASSAN, *apud* HARVEY, 1992, p. 48.

Não se vai assumir qualquer das implicações teóricas de uma teoria da pós-modernidade tal como formulada por Lyotard ou Baudrillard, senão que a palavra pós-modernidade aparece aqui para designar a emergência, em variados campos, da crítica aos paradigmas nascidos com a física clássica, o determinismo em particular.

Fala-se numa crise dos paradigmas clássicos, fala-se numa crise das concepções determinísticas, fala-se na emergência da indeterminação e da incerteza, o tempo é libertado de seu papel de moldura de processos reversíveis, de meio de um *continuum* linear e reversível de eventos. Essa crise dos paradigmas tem impactos também sobre a teoria econômica. Este ensaio busca discutir a inserção do pensamento marxiano e marxista nesse contexto, sobretudo quando se sabe o quanto o pensamento de Marx tem sido identificado como de extremado determinismo.

A trajetória do pensamento marxiano: da recusa à aceitação da teoria do valor

É preciso começar por dizer que a preocupação com a questão do determinismo esteve presente na reflexão marxiana sobre economia desde o início. Marx, ao tomar conhecimento do pensamento dos economistas clássicos da economia política, manifestou explícito repúdio ao que achava abuso determinista e "abstracionista" dos teóricos do valor-trabalho. Diz Mandel: "Mas a censura fundamental que Marx faz com respeito à teoria do valor-trabalho é que a economia política é obrigada a fazer abstração da concorrência. Ora, a concorrência é a realidade. Para dar maior coesão a suas próprias leis, a economia política é pois obrigada a considerar a realidade como acidental e a abstração somente como real" (MANDEL, 1968, p. 44).

O ponto de partida de Marx é o mesmo dos economistas alemães, que, a partir da mesma repulsa, criarão a chamada Escola Histórica Alemã. W. Roscher (1817-94), B. Hildebrand (1812-78), K. Knies (1821-90), incomodados com o que lhes parecia uma absurda generalização e estabilidade do que é fugaz e instável, por definição, vão abrir mão da construção da teoria econômica, denunciando seus propósitos como impraticáveis, afiançando que a única reflexão legítima e possível no campo da economia é a que descreve o passado, a história econômica, entendida como acúmulo de dados econômicos.

A questão fundamental aqui é perguntar-se sobre o que teria levado Marx, partindo da mesma recusa à teoria do valor que os economistas da escola histórica, a ter, já em 1847, na *Miséria da Filosofia*, adotado a teoria do valor-trabalho.

A resposta a esta questão é, em primeiro lugar, a que Mandel deu. Marx começou, efetivamente, a entender a economia política depois de um primeiro contato superficial e incompreensivo. Contudo, a verdadeira natureza da conversão de Marx à teoria do valor faz parte de um processo mais amplo de elaboração de sua própria concepção filosófica, de seu ajuste de contas com a matriz hegeliana. A forma como Marx enfrentou e reelaborou a filosofia hegeliana está na base de sua aceitação e posterior transformação da teoria do valor-trabalho. Os termos definitivos da questão só foram, efetivamente, colocados por ocasião da redação de *O Capital*.

Nesse percurso Marx registrou, mais de uma vez, a importância do pensamento hegeliano em seu projeto. Ou seja, que a elaboração da crítica da economia política não é apenas um projeto centrado em instrumentos da teoria econômica. A crítica da economia política é também crítica da racionalidade empirista que dá suporte àquele pensamento embebido da influência de Locke e Hume.

De qualquer forma, é fundamental registrar que os temas da negação do determinismo, da desconfiança nas regularidades e abstrações absolutas encontram-se em Marx desde o início de sua trajetória. Trata-se da ideia de *superação*, da construção de seu pensamento a partir de procedimento dialógico em que cada ideia, cada categoria pertinente é considerada em sua inteireza e apropriada pelo pensamento marxiano num processo em que há continuidade e ruptura, em que as ideias são arrancadas de suas molduras e condicionamentos originais e capturadas e reapropriadas no que têm de universal, isto é, de transformadoras.

Assim, Marx, ao se afastar da rejeição romântica à teoria do valor-trabalho, não irá, em contrapartida, incorporar integral e acriticamente a teoria do valor tal como formulada por Ricardo.

A postura de Marx em relação à teoria do valor-trabalho, como também em relação ao conjunto dos objetos da economia política clássica – teoria dos preços, teoria da renda, teoria do capital, teoria da reprodução e da crise – será marcada por sua compreensão aprofundada daqueles temas em função de seus estudos de economia política a partir de 1850, mas, sobretudo, pelo papel decisivo que a dialética teve em seu pensamento.

Marx afastou-se dos economistas clássicos na medida mesma em que estes buscam transformar em leis naturais, eternas, o que é sobretudo social, histórico e contraditório.

> A elaboração de sua teoria do materialismo histórico lhe havia ao mesmo tempo permitido apreender o núcleo racional da teoria do valor-trabalho, e seu *caráter historicamente limitado*. E essa concepção da natureza historicamente limitada das leis econômicas torna-se uma parte tão integrante da teoria econômica marxista quanto a teoria do valor-trabalho (Mandel, 1968, p. 51).

A descoberta fundamental de Marx, sua contribuição decisiva no campo da teoria econômica, foi, justamente, a afirmação do caráter estruturalmente desigual e contraditório da vida econômica sob o capitalismo, realidade absolutamente distante do equilíbrio, do determinismo e da igualdade.

A ambiguidade do pensamento marxista: determinismo ou luta de classes?

Um certo marxismo, o da II Internacional, construiu-se e buscou afirmar seu prestígio insistindo no caráter científico de suas teorias e propostas. Isso significou atrelar o marxismo à voga evolucionista-positivista que transformou Darwin, Comte, Spencer e Haeckel em parceiros de Marx. Foi esse o marxismo de Kautsky, de Bernstein, de Plekhanov. O marxismo transformado numa sociologia-evolucionista em que todos os processos já estariam predeterminados e haveria uma escalada irreversível e espontânea para o paraíso.

Esse marxismo, fruto de uma época ainda otimista quanto às virtualidades de uma ciência positivista, foi a mais marcante e profunda das influências sobre a conformação do *corpus* teórico do marxismo, doutrina afinal de partidos e Estados. Sua influência foi geral e prolongada, até porque prometia soluções rápidas e fáceis:

1. O mundo dividido em duas instâncias: a *infraestrutura* (economia) e a *superestrutura* (a ideologia: a infraestrutura determina direta e univocamente a superestrutura e esta, por sua vez, só se realiza como reflexo da infraestrutura).

2. A dinâmica do mundo tomada como linear é irreprochável, e dada pelas relações contraditórias entre as forças produtivas e as relações sociais de produção. Quando estas bloqueiam a expansão daquelas, abre-se a revolução que porá fim à contradição, criando as condições para um novo regime social.

Não é difícil mostrar a presença dessas frases ou semelhantes tanto nos textos de Marx, quanto nos de Engels. Daí que os deterministas tivessem sempre com que documentar suas teses. Contudo, ao lado de documentos comprobatórios de inequívoca perspectiva determinista há não menores exemplos de perspectiva oposta, que reiteram decidida abertura para a indeterminação. Cornelius Castoriadis, crítico importante do marxismo, diz que há em Marx uma ambiguidade em relação à questão determinismo ou luta de classes. Na perspectiva de Castoriadis, a ambiguidade se rompe quando se constata que afinal é o determinismo que prevalece, ou, por outro lado, quando se constata que também a luta de classes está predeterminada.

Nas palavras de Castoriadis:

> De fato, as classes são somente o instrumento no qual se encarna a ação das forças produtivas. Se são atores, o são exatamente no sentido em que os atores recitam um texto dado previamente e executam gestos predeterminados, e onde, representando bem ou mal, não conseguem impedir que a tragédia se encaminhe em direção a seu fim inexorável (CASTORIADIS, 1986, p. 42).

A questão, então, seria identificar até que ponto a luta de classes é ou não central no pensamento de Marx, ou seja, qual o lugar e o sentido da dialética e o lugar da revolução no pensamento de Marx. Isso também implicaria discutir qual a teoria do sujeito compatível com a teoria marxista, assim como o lugar do indivíduo, da necessidade e da história no pensamento marxista.

São questões complexas e importantes, que escapam aos objetivos deste trabalho. Contudo, há um embrião de resposta que é possível ser colocada. Essa resposta parte da constatação de que a teoria marxista não é um determinismo, que o lugar da surpresa, do indeterminado, da contradição, da desigualdade, do desequilíbrio, da revolução é central na sua estrutura, do mesmo modo que o pensamento marxista se abre também para a incorporação da subjetividade do indivíduo e da política como realidades irredutíveis a qualquer simplificação. O preço demasiado elevado que o marxismo pagou pelo stalinismo precisa ser definitivamente superado, e suas lições apreendidas.

Um princípio dessa superação talvez esteja na afirmação do caráter central da dialética no pensamento marxista. Uma dialética que leve a sério a presença da indeterminação, do acaso, que deixe espaço para a criação e para a liberdade, para a política e para a surpresa, que leve a sério a ideia central da luta de classes.

Do ponto de vista da economia política e da crítica da economia política, empreendida por Marx, isso significa estabelecer o lugar central que a ideia de desigualdade e de indeterminação tem na obra de Marx. É esse o propósito da próxima discussão, onde se vão palmilhar os conceitos de valor e valorização, capital, salários, reprodução e crise.

A descoberta da desigualdade: a crítica da economia política

Uma parte considerável do debate contemporâneo sobre economia política concentrou-se em responder aos desafios decorrentes da busca de sua teoria rigorosa dos preços de produção a partir da reinvenção ricardiana de Sraffa. O debate, que envolveu os chamados neo-ricardianos, marxistas e mesmo neoclássicos, centrou-se, no caso do marxismo, em demonstrar as falhas lógicas do esquema marxiano de transformação dos valores em preços e o caráter arbitrário, e igualmente problemático, quando não inútil, de soluções como a de Bortkiewicz.

Não se vai fazer aqui uma exegese desse debate, senão afirmar que há uma questão preliminar que, se não entendida, compromete todos os esforços mobilizados no debate, inclusive aqueles que pretendem, do ponto de vista marxista ou ricardiano, ter resolvido a questão com a consagração do modelo sraffiano.

A questão fundamental aqui é entender o lugar da teoria do valor na obra marxiana *vis-à-vis* o papel que a teoria do valor desempenha nas teorias econômicas alternativas. E isso deve começar por levar a sério três questões:

a) que a proposição de Marx é centralmente *uma crítica da economia política* e que a palavra *crítica* não deve ser entendida aqui em seu sentido trivial de comentário, alusão, paráfrase, mas sim carregada de conteúdo semântico, que a faz derivação da palavra *crisis* (ruptura) e sobretudo como exame radical da realidade na sua globalidade;

b) que no caso da crítica da economia política empreendida por Marx, o seu centro, o objeto mesmo é o conceito de *capital*;

c) finalmente, que a presença da dialética no discurso marxiano não é apenas um recurso estilístico. A dialética é um princípio tanto lógico quanto ontológico no sentido profundo que essa proposição tem em Hegel, no sentido em que a *ciência da lógica* é, ao mesmo tempo, um tratado tanto sobre a lógica quanto sobre o ser, na medida mesma em que a única maneira, a maneira racional, não arbitrária e universalizante de conhecer o ser que é *dialético*, fundado na contradição e no movimento, é assumir ela própria a lógica, o método, a dialética, sendo ela própria dialética (HARTMANN, 1983, p. 446-485).

No que interessa aqui, isso significa explicitar as diferenças essenciais entre as formas como Marx compreendeu e se apropriou da teoria do valor da economia política clássica. *Grosso modo*, poder-se-ia caracterizar as posturas da economia política com relação à teoria do valor em duas grandes matrizes:

a) a matriz hegemônica no pensamento econômico acadêmico contemporâneo, que vê a teoria do valor apenas como que fundamento de uma teoria dos preços, isto é, como uma teoria sobre a equivalência, a igualdade e o equilíbrio nas trocas;

b) a matriz ricardiana que, mais ampla, vê a teoria do valor como fundamento de uma teoria da distribuição, este o verdadeiro grande tema a ser considerado pela economia política. A perspectiva de Marx sobre a teoria do valor buscará incorporar e superar as duas dimensões-propósitos anteriores. De um lado, é uma tentativa de construir uma teoria dos preços, preços de produção e de mercado, isso é, que estabelece a existência de determinações anteriores à esfera da circulação onde os preços se formam pela interação entre os valores individuais resultantes dos processos produtivos de cada um dos setores. Nesse sentido, serão a estrutura de mercado, as condições de oferta e demanda, que irão definir, afinal, o *trabalho socialmente necessário*, o qual sancionará o valor social, isto é, o preço do mercado (ROSDOLSKY, 1978, cap. III). De outro, a teoria marxista do valor é, também, uma teoria da distribuição.

De fato, abrangendo uma teoria dos preços e da distribuição, a teoria marxista do valor distingue-se da teoria clássica do valor, por ser fundamentalmente, uma teoria da valorização, isto é, uma teoria da acumulação do *capital*. E o *capital*, em Marx, é sobretudo a imposição da desigualdade, do desequilíbrio permanente e sistemático, da disrupção e da crise.

A teoria dos salários

Um momento particularmente saliente na obra de Marx, sobre o seu caráter aberto, permeável às mediações não estritamente econômicas e nesse sentido avesso a quaisquer determinismos, é o referente à sua teoria dos salários.

Ao contrário de um Malthus, de um Ricardo ou de um Lassalle, a teoria marxiana dos salários é exemplarmente aberta, não havendo ali qualquer tendência inevitável à queda dos salários. Não há, pelo menos no centro de seu argumento em *O capital*, qualquer teoria da pauperização absoluta dos trabalhadores. Ao contrário, está explícita a possibilidade da elevação dos salários reais. Marx admite flutuações dos salários entre dois limites. Um inferior, dado pelo mínimo de subsistência vital, e outro superior, além do qual os capitalistas não estarão dispostos a produzir (ROSDOLSKY, 1978, p. 322).

Diz Marx, citando John Wade, que "o limite para empregar a trabalhadores industriais e agrícolas é o mesmo: a possibilidade de o empregador retirar um lucro do produto do trabalho deles. Se a taxa do salário é tão alta que o lucro do patrão cai abaixo da média, cessa ele de empregá-los ou só os emprega se concordarem com uma redução de salário" (MARX, 1968, livro I, p. 719).

Ao dizer isso não se ignora o longo debate, várias vezes retomado, sobre a tendência à pauperização absoluta, que decorreria da teoria da acumulação de capital de Marx. Ronald Meek reporta o debate tomando partido entre os que vêm em Marx uma teoria da miséria crescente dos trabalhadores. Para Meek não só tal fato não teria ocorrido, sobretudo nos países do capitalismo central, como teria consideráveis implicações políticas na medida em que, diz Meek:

> a previsão da "miséria crescente" não constituiu parte insignificante ou incidental da análise. Pelo contrário, foi parte essencial e extremamente importante da teoria geral de transição do capitalismo para o socialismo. O principal papel na transição, na opinião de Marx, caberia à classe trabalhadora e seria, acima de tudo, a "miséria crescente", que a impeliria a alcançar-se à ação revolucionária decisiva, necessária para provocar a transição (MEEK, 1971, p. 164).

A afirmação de Meek mereceria um comentário específico sobre as determinações da ação política considerando as suas dimensões objetivas e subjetivas. Se se fizer isso, do ponto de vista da tradição marxista, será forçoso reconhecer que a ação política não é um resultado direto e imediato de determinações materiais, senão que é mediado pela política, pela subjetividade, pelo acumulo organizativo, pela capacidade política de suas lideranças. É, exatamente, isso que desautoriza, do ponto de vista marxista, as teses espontaneístas, fatalistas, que ignoram que a luta de classes é central e suas condições, sem resultados e condições não estão dados a priori.

Foi Edward Palmer Thompson que disse que a classe operária não existe para si, senão quando luta, organiza-se, mobiliza-se em torno de um projeto político-ideológico alternativo ao da ordem burguesa.

Com efeito, quando Ronald Meek diz que Marx estabeleceu uma teoria da "miséria crescente" isso só pode ser dito mediante leitura parcial e lacunar do texto de Marx. De fato, se se tomar, por exemplo, a parte final do capítulo XXIII do Livro I de *O Capital*, "Ilustração da lei geral de acumulação de capital" os copiosos dados apresentados, relativos à realidade britânica dos anos 1840/1860, denotam efetiva precarização das condições de trabalho. Não se perca de vista que os anos 1840 foram marcados, na Grã-Bretanha em particular, por grave crise cíclica, o que levou historiadores a falarem dessa década como os "hungry forty" (os quarenta da fome).

Por outro lado, no mesmo capítulo XXIII está a seguinte frase: "Mas, todos os métodos para produzir mais-valia são ao mesmo tempo métodos de acumular, e todo aumento da acumulação torna-se, reciprocamente, meio de desenvolver aqueles métodos. Infere-se daí que, na medida em que se acumula o capital, tem de piorar a situação do trabalhador, suba ou desça sua remuneração" (MARX, livro I, 1968, p. 748-749).

Não é preciso insistir que para Marx o salário pode subir, subirá em certas circunstâncias, em certas fases do ciclo, o que de modo algum, do seu ponto de vista, será capaz de inverter a tendência geral de *pauperização relativa* do trabalho com relação ao capital, na medida em que:

> todos os meios para desenvolver a produção redundam em meio de dominar e explorar o produtor, mutilam o trabalhador, reduzindo-o a um fragmento de ser humano, degradam-no à categoria de peça de máquina, destroem o conteúdo de seu trabalho transformado em tormento; tornam-lhe estranhas as potências intelectuais do processo de trabalho na medida em que esta se incorpora a ciência como força independente, desfiguram as condições em que trabalha, submetem-no constantemente a um despotismo mesquinho e odioso, transformam todas as horas de sua vida em horas de trabalho e lançam as mulheres e seus filhos sob o rolo compressor do capital (MARX, livro I, 1968, p. 748).

Cento e cinquenta anos depois a descrição de Marx só ganhou pertinência e abrangência.

Mas, a teoria dos salários de Marx admite a presença de outras mediações que não as econômicas. Marx é sabedor do papel não desprezível que o pagamento dos salários abaixo de seu valor tem na acumulação de capital. Diz ele:

> Ao tratar da produção da mais-valia, temos pressuposto sempre que o salário tem um valor pelo menos igual ao da força do trabalho. A redução compulsória do salário abaixo desse valor, entretanto, desempenha na prática papel demasiadamente importante para não nos determos por um momento em sua análise. Dentro de certos limites, essa redução transforma efetivamente o fundo do consumo necessário à manutenção do trabalhador em fundo de acumulação do capital (MARX, 1968, livro I, p. 696-97).

Os salários, nessa perspectiva, flutuam entre um limite inferior, dado pelo mínimo de subsistência, e um limite superior, que é aquele que, se transposto, afeta negativamente o processo de acumulação. A maior aproximação a cada um desses limites e o tempo de permanência nessas condições são resultado tanto de determinações econômicas quanto, sobretudo, de determinações políticas. Kalecki, em seu artigo "Aspectos políticos do pleno emprego", mostrou que mesmo numa situação de pleno emprego poderá não haver aumentos elevados de salários pela imposição de condicionamentos políticos, como o foram as restrições ao movimento sindical impostas pelo nazismo.

É essa evidência a presença determinante das instâncias políticas, institucionais e culturais sobre o mundo da produção e do trabalho, o fundamento teórico da chamada *Teoria da regulação*, que a partir de Marx buscará construir um novo paradigma analítico centrado nos seguintes conceitos básicos: regulação, relação mercantil, relação salarial, forma de produção, norma de consumo e regime de acumulação.

No que interessa aqui, é fundamental ressaltar que o conceito de *relação salarial*, seja como contrato salarial, seja como organização e controle do processo do trabalho, é explicitamente um conceito marcado pela presença do político, do institucional, do cultural; tanto a fixação dos salários quanto as formas concretas de extração de sobretrabalho são resultantes do processo da luta de classes. As estratégias capitalistas de fixação de salários e controle operários opor-se-ão às estratégias dos trabalhadores, suas formas de luta e organização, suas formas de resistência e combate, o que implicara situações absolutamente indeterminadas e permanentes tensão e disputa. Nas palavras de Possas,

> é importante observar o caráter não teleológico, segundo Lipietz, da noção de "modo de regulação", que não é ditado para tal pelo modo de produção, e sua capacidade reprodutiva não é a razão de ser de sua existência. Para o autor, é importante também rejeitar o determinismo, incapaz de explicar tanto a variedade como a variabilidade das configurações das relações sociais e das formas de regulação. A racionalização *ex post* das formas existentes como regularidades predeterminadas constituiria uma "ilusão retrospectiva" (POSSAS, 1988, p. 198).

A reprodução equilibrada como impossibilidade

O conceito de reprodução tem variadas dimensões na obra de Marx. Genericamente, reprodução é processo de reinstauração permanente das condições de existência de qualquer sistema econômico. No sistema capitalista, a reprodução significa tanto produção de mercadorias, de capital, como, sobretudo, reprodução das relações capitalistas de produção. "A produção capitalista, encarada em seu conjunto ou como processo de reprodução, produz não só mercadoria, não só mais-valia; produz e reproduz a relação capitalista: de um lado, o capitalista, e do outro, o assalariado" (MARX, 1968, livro I, p. 673).

A reprodução então implicaria tanto considerar a dimensão puramente econômica do processo produtivo, quanto as suas dimensões mais propriamente histórico-sociais. A reprodução tem que satisfazer tanto a exigências de ordem material, diretamente derivadas da dimensão valor de uso da mercadoria, quanto realizar-se como reprodução de relações sociais e como reprodução demográfica. As populações humanas, em seu caminho reprodutivo, devem fazê-lo segundo certas relações e proporções que se impõem a elas como dados absolutos. É esta centralidade das exigências da reprodução material que está na base da chamada concepção materialista da história que caracteriza o pensamento de Marx.

Contudo, o conceito de reprodução ocupa outros espaços na estrutura expositiva de Marx. Sua reaparição no livro II de *O capital* amplia seu papel inicial, que no livro I é simplesmente explicitar a necessidade da acumulação como dado essencial do processo capitalista de produção. No livro II, o conceito da reprodução se abre para um outro propósito.

A análise desenvolvida no livro I se faz em um nível de abstração tal que o capital é considerado homogêneo, média ideal, onde não há defasagens nem temporais nem espaciais entre produção e realização, senão que essas possibilidades de defasagens estão pressupostas, mas não estão postas.

No livro II, ainda considerando o capital em geral, isto é, estabilidade das composições orgânicas do capital, Marx adicionará um elemento concretizador do quadro da reprodução ao admitir as virtualidades decorrentes das defasagens entre produção e realização, ao introduzir o espaço e o tempo na análise.

As virtuais defasagens entre produção e realização presentes tanto no *ciclo do capital produtivo (...P ...M' - D' M ...P' ...)* quanto no *ciclo do capital mercadoria (- M' - D' - M ...P' ... M")*, são as fontes que tornam possível a aproximação da teoria marxista com as teorias da demanda efetiva como exposta no artigo de João Heraldo Lima e Maurício Borges Lemos, "Uma nova contribuição para o debate sobre a demanda efetiva" (LIMA & LEMOS, 1984).

O tratamento que Marx dá aos chamados esquemas de reprodução, no livro II, é um dos momentos onde se evidencia, em particular, a relação importante de Marx com a economia política, no caso sua dívida para com o *Tableau* de Quesnay, e também sua contribuição para a teoria econômica contemporânea através de Kantorovich, Leontief e Kalecki.

No entanto, os esquemas de reprodução não são de interpretação consensual. Muitos e importantes autores quiseram ver neles o que eles não eram, não queriam e não podiam significar. Rosa Luxemburgo e Henryk Grossman viram os esquemas de reprodução como algoritmos da teoria marxiana da crise. Joan Robinson viu nos esquemas a tentativa marxiana de construir uma teoria do equilíbrio geral (ROSDOLSKY, 1978, cap. 30).

Em uma simples exigência de que a reprodução equilibrada simples do capital só seria realizada quando as trocas entre os departamentos se dessem, só e tão-somente, segundo a equação $C_{II} = V_1 + m_1$, Marx está, fundamentalmente, expressando que as condições *equilíbrio* na reprodução são tão estritas que são incompatíveis com a dinâmica capitalista. Não se trata de negar a possibilidade da reprodução, que ocorre, só que *sempre de forma desequilibrada*, isto é, produzindo em seu movimento abundância e escassez, desperdício e desabastecimento.

Radicalmente oposta à tese do equilíbrio geral, a teoria marxiana da reprodução é, na verdade, uma teoria sobre a impossibilidade do equilíbrio sob o regime capitalista de produção. Mais que isto, é preciso observar que Marx demonstra esse fato sem recorrer à efetividade da concorrência capitalista, às mudanças das composições orgânicas dos capitais. Marx supõe a constância das composições orgânicas, portanto a estabilidade da estrutura do capital, e ainda assim resulta impossível a reprodução equilibrada, senão numa única situação que não só será alcançada mediante planificação, isto é, negando o princípio mesmo da dinâmica do capitalismo. Daí que o capitalismo esteja condenado a buscar expandir-se, marcado pela instabilidade, pelo desequilíbrio, pela incerteza.

A crise como resultado e como singularidade

A crise no sistema capitalista é tanto doença quanto remédio. Sua manifestação é resultado da ação de mecanismos internos ao próprio processo de acumulação, que levam a periódicas rupturas sociais do processo de valorização em que parte do capital é queimado, desvalorizado, em que há reconcentração da renda e do capital, e que possibilita a recuperação, a retomada da expansão.

Tomada assim, a crise parece processo natural e mecânico na sua irreversibilidade. Contudo, são bem diferentes a etiologia e a fisionomia da crise, sobretudo porque os fatores estruturais presentes em toda crise, as contradições econômicas básicas estão imersas em um conjunto de mediações políticas, sociais, culturais, demográficas e naturais que determinam que cada crise seja um processo singular, em que pese as suas determinações estruturais básicas.

Cada crise será marcada pela interação complexa de elementos que não estão dados *a priori* ou, por outro lado, não têm determinação mecânica. A luta de classes, as formas dinâmicas como os trabalhadores e capitalistas disputam a hegemonia política e cultural da sociabilidade, as relações entre o Estado e a sociedade, as formas concretas da organização das classes, os estoques e usos dos recursos naturais, as inovações tecnológicas, as formas de sociedade e interação cultural, todos esses elementos são sobretudo singulares, específicos de cada região, de cada período histórico, e todos são, decisivamente, determinantes da forma como se vai manifestar a crise. Cada crise é uma crise particular, tem aspectos singulares que se sobrepõem ao universal de suas determinações econômicas.

Daí que os fatores contrários à queda da taxa de lucro – que Marx alinhou para explicar a não linearidade da tendência à queda da taxa de lucro

– devem ser entendidos e qualificados metodologicamente como a presença de *alteridade*, como manifestação permanente e constituinte do próprio fenômeno da crise. Os fatores contrários à queda da taxa de lucro não são elementos externos à determinação da taxa de lucro. A taxa de lucro como fenômeno empírico, como realidade política, é resultado social, é processo determinado tanto pelos elementos decorrentes da dinâmica econômica interna a cada capital, da interação dessas dinâmicas intercapitalistas e pela inserção desses elementos num quadro de mediações permanentes em que o universal seria permanentemente constrangido, condicionado pelo que é sobretudo indeterminado, pela surpresa, pela dinâmica imprevisível das forças em luta, a luta das classes.

Os homens fazem a história, diz Marx, no trecho famoso de *O 18 Brumário*, mas não a fazem segundo condições que escolhem, conclui. Os homens são possuidores de *virtù*, para usar a palavra clássica de Maquiavel, mas, a *virtù* não é a única realidade do mundo; há a *fortuna*, há o que é o acaso, o destino cego, o fatalismo, a necessidade natural, há o que é imponderável ao desejo humano, o que se lhe impõe. Maquiavel vê equilibradas as forças da *virtù* e da fortuna; homem de ação, vê possível o controle da *fortuna* pela *virtù*, sendo para tanto necessários a audácia e o sentido de oportunidade (*occasione*) (MAQUIAVEL, 1972, cap. XXV).

Marx, como Maquiavel, é um homem de ação, aposta no triunfo da *virtù*, da *práxis*. Contudo, isso é rigorosamente *aposta*, no sentido que lhe dá Lucien Goldmann, apropriando-se da lição de Pascal. A revolução, a transformação social é uma adesão a um projeto nem de longe predeterminado. É resultado da ação, da política, da oportunidade, de um conjunto de elementos, tanto positivos quanto subjetivos. O *risco, o perigo do fracasso e a esperança do êxito* são os elementos constituintes da ação humana, que na perspectiva de Pascal são os elementos constitutivos da natureza humana que a impulsiona para a *aposta*, para a *práxis*. A

> ideia de aposta não somente se acha no centro do pensamento jansenista (aposta sobre a salvação individual), do pensamento de Pascal (aposta sobre a existência de Deus) e de Kant (postulado prático da existência de Deus e da imortalidade da alma), senão também no centro mesmo do pensamento materialista e dialético (aposta sobre o triunfo do socialismo na alternativa que se oferece à humanidade na eleição entre socialismo ou barbárie)... (GOLDMANN, 1985, p. 396-397).

Aposta e imponderável, aposta e risco, aposta e possibilidade de fracasso, aposta e esperança de êxito, estes os elementos da *práxis* marxista onde toda a certeza e todos os determinismos foram substituídos pela radicalidade da aposta na possibilidade da construção do mundo como igualdade, liberdade.

Aparência e efetividade no capitalismo: concorrência e dinâmica capitalista

Visto de muito longe, ou no interior mesmo de sua massa monumental, o mar apresenta-se homogêneo, incomensurável quantidade do mesmo, corpo inteiro, indiscernível, só a imensidão que parece inerte e inesgotável em sua eterna identidade consigo mesma. De mais perto é possível um vislumbre da diferença. Sombras, cores, contornos, recortes apresentam-se no que antes parecia ser só a massa inconsútil. Depois, já próximo do mar é que se o vê em sua singularidade – as ondas encapeladas ou calmas, o ritmo das marés, suas ilhas e correntes, a imensa massa líquida azul-esverdeada espumante e única em cada uma de suas infinitas modulações. E, no entanto, é o mesmo mar – o incessante movimento, a forma permanentemente alterada pelos ventos, pela interferência humana – todo o mar, todas as suas manifestações possíveis já estavam lá quando se o viu como massa homogênea e inerte. É o mesmo mar, totalidade absoluta, que se viu depois como particularidade, como cores e contornos, é ainda este mesmo mar que se vai ver na singularidade de seus vários fenômenos aparentes. Apreender o mar, significa considerar todas as suas formas de presentificação, porque de todas elas ele é. O mar é também as formas de sua apreensão pelo conceito, e este processo de apreensão tem que sujeitar-se a um roteiro exigente, que se quer não arbitrário. É por isto que este caminho – o da exposição – só pode ter como ponto de partida a totalidade – o mar – que sendo tudo, que sendo uma infinidade de fenômenos, só pode ser apreendido, de fato, quando considerado em sua expressão genérica, em seu estado mais simples. Daí a sua aparição como massa inerte e indiscernível – o mar em seu eterno repouso como idêntico a si mesmo. Mas, se o mar é tudo, é totalidade, ele é também suas manifestações particulares – o mais frio dos extremos norte e sul, as cores cambiantes, as salinidades distintas. Mas isto ainda não é tudo o que o mar é – e então apresenta-se o mar em suas singularidades, estas que da praia, observando-o do alto da montanha, navegando-o, mergulhado nele somos capazes de vivenciar: vários mares, o mesmo mar em várias situações, as alterações que o tempo, os elementos e a sociedade produzem em seu corpo rigorosamente mutável.

Se só pudéssemos ver o mar nesta última condição, o mar não existiria como realidade universal, seria o inventário de um infinito conjunto de singularidades. É talvez assim que as crianças o vejam num primeiro contato, foi assim que o viram os povos, que no passado, o povoaram de seres misteriosos e temíveis. Foi assim que o navegou Ulisses.

A compreensão do mar significa apreendê-lo como totalidade, como realidade genérica e, inicialmente, necessariamente simplificada. Só depois disto, de entender o mar em sua generalidade, é que é possível apreendê-lo em sua singularidade, nas inúmeras diferenças com que ele se apresenta à nossa consciência imediata.

Trata-se, neste sentido, da radical exigência do caminho da ciência – para apreender é necessário começar por superar as formas de sua imediaticidade, isto é, a sua aparência. Não porque esta seja o erro, a obnubilação. É que a aparência, em sua pletórica existência, na multiplicidade de suas manifestações é inapreensível porque "mau infinito" – coleção arbitrária e lacunar de fenômenos desarticulados. Assim, superar a aparência não significa descartá-la, que ela é parte do real, é sua manifestação possível. Superar a aparência, capturar a essência do real, é, tanto em Aristóteles quanto em Hegel, *abstrair*, subtrair certos atributos de sua inumerável manifestação imediata, que sendo contingentes, que sendo secundários, devem ser abstraídos para que resplandeça o núcleo essencial do significado, sua dimensão sintética, a qual deve ser apreendida e expressa em sua totalidade pelo conceito.

Nas palavras de Vittorio Rieser:

> A aparência consiste, substancialmente, em fenômenos não organizados em lei (ou organizados em uma lei "falsa"); porém a lei, por sua vez é uma lei objetiva e não uma forma convencional de ordenamento dos fenômenos. Daí as características objetivas de *ambos* os termos da relação: a aparência não é uma simples visão subjetiva errônea de uma realidade objetiva determinada; de outro lado, a lei não é uma técnica subjetiva de interpretação desta realidade. Lei e aparência são dois níveis igualmente objetivos da mesma realidade (RIESER, 1977, p. 125).

No que interessa aqui, o mar, a metáfora é o modo de produção capitalista, o reino do capital. Sua primeira manifestação, como totalidade simples, síntese adequada para a sua apreensão pela razão é a lei do valor, a plenitude das condições que permitem a igualação dos valores aos preços, o capital considerado em sua média ideal, a abstração das condições particulares de sua existência. A segunda manifestação do real é o franqueamento da particularidade, a organização concreta do trabalho e do capital, que vão determinar a diferenciação entre valores e preços – o plano dos preços de produção. Finalmente, a terceira presentificação do mesmo processo, a imposição do capital, é a que traz a singularidade – a vigência da interação dos vários capitais, da concorrência, que sendo a forma de manifestação possível da realidade capitalista, apresenta-se, como na metáfora do mar, como o espaço da miríade de acontecimentos e processos, de disputas e estratégias, da luta de classes e do poder do estado. Viu assim a questão Vittorio Rieser:

> Temos delineado assim três níveis de proposições: 1) a lei geral do valor; 2) as leis gerais de compra e venda da força-de-trabalho e do sistema de decisões capitalistas; 3) as proposições particulares sobre a marcha dos salários e sobre a organização da fábrica. Destes três níveis só o terceiro consiste em proposições diretamente submetíveis à verificação empírica (RIESER, 1977, p. 127).

O objetivo deste texto é, com base nesta última observação, buscar apresentar um roteiro que permita explicitar os elementos necessários para a construção de uma teoria marxista da concorrência. Trata-se, essencialmente, de buscar apresentar as conexões necessárias para a explicitação das singularidades de que é feita a realidade capitalista no imediato de suas manifestações, a partir do reconhecimento de que o *outro* só pode ser apreendido depois de apreendido o *mesmo*, que a *diferença* só é inteligível quando partindo da *identidade*, que a *desigualdade* só pode ser captada depois de afirmada a *igualdade*, isto é, que o *valor* é o ponto de partida necessário para a apreensão do *preço*, que a *mercadoria* é a manifestação primeira, necessária e possível da imposição do *capital*.

Trata-se de caminho expositivo que decorre da lição hegeliana – a sequência das doutrinas do *ser*, da *essência* e do *conceito* –, que apropriada por Marx é transfigurada para ser a lógica de uma ontologia do ser social.

Com efeito as tríades hegelianas, que perfazem as sequências lógico-conceituais com que o ser se põe e se manifesta, são apropriações transfiguradas da lógica aristotélica dos silogismos. Para Aristóteles a sequência Universidade-Particularidade-Singularidade é a explicitação do modo subjetivo do espírito de pensar. Para Hegel, a sequência Universidade-Particularidade-Singularidade é modo do necessário e objetivo do ser se por como totalidade, que precisa desdobrar todos os seus conteúdos, mediante a sistemática negação de que no ser ainda não está plenamente experimentado, caminhar que só tem termo quando o ser tiver explicitado todas as suas possibilidades, fundindo-se, ao final, como resultado de uma longa experimentação de ser outro.

Caminho lógico e exigente a exposição da dialética do capital apresenta-se como o roteiro básico do discurso marxiano em *O Capital*. Nos *Grundrisse* Marx é explícito na apresentação de seu roteiro metodológico, roteiro que será modificado quando da redação de *O Capital* sem que isto signifique alteração da lógica dialética da exposição:

I **Generalidades**

1. Formação do capital a partir do dinheiro

    2. Circulação do capital
    3. Singularidade do capital – capital e lucro, capital e juros.
 II Particularidades
    1. Acumulação de capital
    2. Concorrência entre os capitais
    3. Concentração de capitais
 III Singularidades
    1. O capital como crédito
    2. O capital como capital por ações
    3. O capital como mercado monetário (MARX, vol. I, 1972, p. 161-162).

Vejam-se os exemplos: 1) no livro I, a sequência dos capítulos XXI, XXII e XXIII realiza a passagem do abstrato ao concreto, da generalidade à singularidade, tendo como termo intermediário a particularidade – a "Reprodução simples" (cap. XXI), que é o pressuposto de toda a reprodução, sua alma genérica; depois, no capítulo XXII, "Transformação da mais-valia em capital", estão postas todas as condições particulares que, sendo determinantes da acumulação, isto é, da reprodução ampliada, apresentam-se neste passo da exposição como transgressões à lei da troca equivalencial, admitindo mesmo o pagamento do salário abaixo do valor da força de trabalho, que não sendo o mecanismo clássico de aumento dos lucros, nem por isto deixa de existir como expediente corrente da acumulação capitalista. Finalmente, no capítulo XXIII, "A lei geral da acumulação de capital", realiza-se o conceito, a síntese do mesmo e do outro, da generalidade e da particularidade, a explicitação da universalidade da acumulação capitalista, que tem como seu termo conclusivo a explicitação das maneiras concretas, empiricamente verificáveis, de processos de acumulação capitalista em suas singularidades histórico-regionais – a Inglaterra de 1846 a 1866.

Um segundo exemplo da mesma exposição triádica está no livro III, os capítulos IV, V e VI, em que o tema são os elementos que podem interferir na taxa de lucro: no capítulo IV, "A Rotação e a Taxa de Lucro", discutem-se as interferências sobre a taxa de lucro decorrentes da rotação do capital. O segundo momento, o da particularidade, cap. V – "Economia no emprego do capital constante", apresentam-se as várias circunstâncias, que permitem o aumento da taxa de lucro, por meio de estratégias de uso do capital constante: a parcimônia nas condições de trabalho às custas do trabalhador; a economia em produção e transmissão de energia e em edifícios; o aproveitamento dos resíduos da produção; as economias decorrentes das invenções. No capítulo VI – "Efeitos da variação dos preços" – o plano da exposição desloca-se da produção para a circulação, dos valores para os preços, pela consideração dos impactos das flutuações dos preços das matérias-primas sobre a taxa de lucro, pela consideração dos impactos da valorização e da desvalorização do capital, da concentração e da centralização do capital sobre a taxa de lucro e, finalmente, apresenta-se, no item 3 do capítulo, o referente à ilustração do fenômeno pela consideração da crise algodoeira nos Estados Unidos, entre 1861 e 1865, por ocasião da Guerra civil americana.

Um terceiro exemplo é ainda do livro III de *O Capital* e compreende os capítulos XIII, XIV e XV. Aí de novo há a exposição – sequência – *generalidade, particularidade* e *singularidade* – que se põe como: capítulo XIII, a "Natureza da lei" (da tendência decrescente da Taxa de Lucro), a lei tomada em sua forma genérica abstraída da fenomenologia, que interfere e determina a sua existência concreta; o capítulo XIV, "Fatores contrários à lei", em que são afloradas as particularidades que interferirão no curso da tendência decrescente anulando-a ou mitigando-a; finalmente, o capítulo XV, "As contradições internas da lei", é a explicitação do caráter de resultado contraditório da lei, sua estrutural tensão constitutiva decorrente do fato de ser a expressão das vicissitudes de uma força expansiva – o capital – que em seu movimento coloca em marcha e produz processos disruptivos, que são explicitações da natureza contraditória do capital desde sua primeira ocorrência como mercadoria em sua dupla natureza como valor de uso e valor.

Todos quantos se dedicam ao estudo da crítica da economia política sabem o quão pouco se fez a partir da metodologia desenvolvida por Marx, no sentido da construção de uma teoria das formas contemporâneas da dinâmica capitalista. Muitos, que, com razão, reconhecem esta lacuna, ressentem-se da ausência em Marx de uma teoria acabada da concorrência, a qual seria o instrumento para a construção de uma teoria do capitalismo contemporâneo. Esta teoria da concorrência seria, no plano da crítica da Economia Política de Marx, de 1857, o item *b* do livro do capital, que teria como item *a* o capital em geral, e que no plano efetivamente realizado por Marx, constitui parte do material dos atuais livros I, II e III de *O Capital* (ROSDOLSKY, 1979, cap. 2). O referente à concorrência, formaria junto com a seção sobre o sistema de crédito e a seção sobre o capital acionário o relativo aos *vários capitais*, isto é, fariam parte da exposição do capital que depois de ser considerado como generalidade, como média ideal, é entrevisto em suas particularidades, como conjunto heterogêneo de capitais diferenciados em suas composições e estratégias competitivas. Neste mesmo Plano de 1857 estão previstos os livros IV (do Estado), V (do comércio exterior) e VI (do mercado mundial e das crises), que congregariam as dimensões particulares-singulares da dinâmica capitalista, o conjunto de circunstâncias concretas, material e historicamente determinados, que fazem com que cada momento da acumulação seja único.

De fato, não há em Marx uma teoria da concorrência no sentido em que não foram redigidos aqueles livros sobre o estado, o comércio exterior, o mercado mundial e as crises, e isto é de se lamentar. Mais de uma vez Marx, em *O Capital*, nos *Grundrisse*, quando da emergência de uma questão que invocava a necessidade de adentrar o mundo dos vários capitais – da interação entre os capitais, interação conflituosa, mediada pela política, pela ação do estado e das organizações empresariais e sindicais, pela burla das leis e pela corrupção, pelos privilégios e acordos – remetia a questão para uma eventual continuação. Veja-se o exemplo nos *Grundrisse*: "A dinâmica real somente poderá ser estudada quando passarmos à análise dos *capitais reais*, isto é, da concorrência, etc., em uma palavra: pela análise das condições reais. Porém não temos que tratar disto aqui" (MARX, 1972, vol. I, p. 319).

E, de fato, nem nos *Grundrisse*, nem em *O Capital* Marx desenvolverá em detalhe, isto é, pela explicitação dos seus aspectos singulares, uma teoria completa da concorrência. Contudo, não tê-la concluído não significa ter abandonado o Plano de 1857 em que isso estava previsto. Na verdade, em diversas passagens de *O Capital*, Marx apontou aspectos decisivos de uma teoria da concorrência, que, organizados, podem contribuir para afirmar a atualidade analítica do marxismo. Superar essa lacuna é, sempre foi, um enorme desafio para os marxistas. Essa tarefa tem pelo menos três grandes e decisivos aspectos: 1) ela é possível porque Marx deixou inúmeras pistas que permitem desenvolvê-la, rigorosamente; 2) essa teoria da concorrência, que pode ser construída a partir de Marx, é instrumento necessário e indispensável para a compreensão do capitalismo contemporâneo; 3) essa teoria da concorrência, derivada de Marx, para honrar seu inspirador, terá que estabelecer, com certas correntes do pensamento econômico contemporâneo, o mesmo exercício dialogal que Marx estabeleceu com o pensamento econômico de sua época. De resto, esse esforço, terá que superar o arbitrário de certas escolhas e conveniências e ser, rigorosamente, a explicitação da manifestação necessária do conceito.

O capital em geral: a concorrência pressuposta

Muito equívoco teria sido evitado se se partisse, no referente à crítica da economia política desenvolvida por Marx, da correta compreensão da relação entre valores e preços. À versão, ainda corrente, da existência de um sistema dual, em que os valores, de um lado, devem ser "transformados" em preços, tem se oposto uma interpretação, que, chamada de sistema único temporal, busca superar a problemática e francamente não marxista tradição que procurou solucionar-responder à denúncia de Böhm-Bawerck sobre uma intransponível contradição entre os livros I e III de *O Capital* (BORGES NETO, 1998).

No centro desta nova abordagem da questão está a afirmação do específico da argumentação de Marx, que, de nenhum modo presta-se ao enquadramento dualístico que se quis ver nela. Não há em *O Capital*, um sistema de valores, fechado e autorreferente, separado de um sistema de preços, também autodeterminado. Sistemas a princípio incomunicáveis, e que só poderiam relacionar-se mediante o artifício da construção de um "algoritmo de transformação" à moda de Bortkiewicz.

Esta problemática, o chamado problema da transformação dos valores em preços, dizem os adeptos da teoria do sistema único temporal, significou para o marxismo absorver uma perspectiva metodológica rigorosamente estranha ao marxismo porque baseada no paradigma walrasiano do equilíbrio geral.

Recolocar a problemática da relação entre valores e preços, do ponto de vista do marxismo, significa reconhecer a dimensão indescartável do método marxiano, a centralidade da dialética, que neste caso põe-se pelo reconhecimento de três questões fundamentais: 1) que a problemática dos preços está posta em *O Capital*, desde o início, desde o primeiro capítulo na verdade. Marx, no desenvolvimento das formas de valor, vai identificar uma quinta forma, a forma preço do valor, assim: "A expressão simples e relativa do valor de uma mercadoria, por exemplo, o linho, através de uma mercadoria que já esteja exercendo a função de mercadoria-dinheiro, por exemplo, o ouro, é a forma preço" (MARX, 1968, livro I, p. 79). 2) Também decisivo é reconhecer que, para Marx, desde o início e em todo o tempo, valores e preços só eventualmente serão idênticos, que o normal será a diferença entre eles. Veja-se o que diz Marx nas Glosas ao Tratado de Adolph Wagner: "em minha *Contribuição à crítica da economia política* e nas notas a *O Capital* eu indiquei expressamente que os *valores*, e os *preços de produção* (estes últimos não fazem mais que expressar em dinheiro os custos de produção) não coincidem" (MARX, 1977, p. 172). Ou ainda em *O Capital*, já no livro I:

> A possibilidade de divergência quantitativa entre preço e magnitude de valor, ou do afastamento do preço da magnitude de valor, é, assim, inerente à própria forma preço. Isto não constitui um defeito dele, mas torna-o a forma adequada a um modo de produção, em que a regra só se pode impor através de média que se realiza, irresistivelmente, através da irregularidade aparente (MARX, 1968, livro I, p. 115).

3) Finalmente, que a existência desta diferença entre valores e preços, é a própria expressão da luta capitalista pela produção de lucro extra, mediante a luta sem trégua chamada concorrência capitalista. Como está em *O Capital*:

> A lei fundamental da concorrência capitalista, até hoje não apreendida pela economia política, a lei que regula a taxa geral de lucros e os preços de produção determinados por essa taxa, baseia-se, conforme veremos mais tarde, nessa diferença entre valor da mercadoria e preço de custo, e na possibilidade daí resultante de vender a mercadoria, abaixo do valor, mas com lucro (MARX, 1974, livro III, p. 40).

Se é assim, se a problemática dos preços está posta desde o início, desde a emergência do conceito de valor, se valores e preços são tomados como não tendo qualquer obrigação de identidade, então não há lugar, na obra de Marx, para as supostas soluções que buscam estabelecer "pontes" entre valores e preços de equilíbrio. O grande desafio que *O Capital* apresenta para os que buscam compreendê-lo é a efetiva apropriação do método de exposição que obriga o aparecimento dos conceitos, desde o início, como totalidades. Totalidades que só serão apreensíveis se se apresentarem segundo suas formas mais elementares, que sendo apreensíveis num golpe pela razão, não neguem seus atributos decisivos que é serem condensações do essencial do ser – da realidade – segundo formas simplificadas, isto é, passíveis de serem apropriadas pela investigação. É isso que Marx faz ao apresentar no livro I, o capital como homogêneo, como capital em geral, como média ideal, em que se supõe que valores e preços se igualam, que produção e realização se cumprem, onde o tempo e os custos de circulação são desconsiderados. Na prática trata-se de afirmar que o procedimento de Marx consiste em começar pela identidade, condição necessária para a apreensão da diferença. Nesse sentido todos as rugosidades, as asperezas, os atritos, os desvios estão como que exilados, é como se a vida mesmo da realidade capitalista fosse considerada apenas em sua dimensão mais abstrata, que interdita toda a crispação e tumulto que surgem quando a concorrência é posta:

> o lucro obtido com a venda depende de logro, astúcia, conhecimento técnico, habilidade e de mil fatores conjunturais do mercado; além disso, ao lado do tempo de trabalho surge outro elemento determinante: o tempo de circulação, Este, no tocante à formação do valor e da mais-valia, exerce apenas a função de limite negativo, mas parece ser fator tão positivo quanto o trabalho e trazer uma determinação oriunda da natureza do capital, independente do trabalho (MARX, 1974, livro III, p. 950).

Foi dito aqui que a concorrência, no âmbito do livro I de *O Capital*, está pressuposta, mas, isso é ainda insuficiente para caracterizar o lugar da concorrência na lógica da exposição daquele livro. É que a concorrência é, ela também, realidade dialética, e se tem dimensão niveladora, se se expressa como tendência igualadora das taxas de lucro, como móvel da migração de capitais que leva à equalização na distribuição do trabalho social, é, de outro lado, instrumento produtor e sancionador de desigualdades, da concentração e da centralização do capital. Diz Silvia Possas:

> É certo que o aspecto igualador da mobilidade cumpre papel fundamental no processo de concorrência, embora secundário. Sem a ameaça da difusão das vantagens competitivas, ou ainda mais relevante, do surgimento de novas vantagens mais eficazes, o ímpeto para a constante busca de aprimoramento para o processo seletivo pode arrefecer-se. Todavia isso não

torna a homogeneização mais importante do que a diferenciação. Ambas são aspectos fundamentais da concorrência, mas o destaque é da última (POSSAS, 1999, p. 59).

Diferenciação e homogeneização são manifestações da dinâmica concorrencial, que só vão ser postas na lógica da exposição de *O Capital* depois de completada a apresentação do capital em geral. No entanto, a concorrência já está lá, pressuposta, no âmbito do capital em geral. Foi Preobrajensky quem apresentou com largueza e exatidão as condições absolutamente exigentes, e inverificáveis empiricamente, da vigência plena da lei do valor, do capital em geral:

> Para que a lei do valor se manifeste de modo mais total é necessário que exista plena liberdade de circulação de mercadorias, tanto no interior do país como entre os países no mercado mundial. É necessário, depois, que o operário seja livre vendedor de sua força de trabalho e o capitalista livre comprador da força de trabalho enquanto mercadoria. Cumpre que a ingerência do Estado no processo de produção e o número de empresas de propriedade estatal se reduza ao mínimo e também que não haja regulamentação dos preços de parte das organizações monopolistas dos próprios empresários, etc. Estas condições ideais de liberdade de concorrência nunca existiram na escala da economia mundial porque as barreiras alfandegárias entre as economias nacionais, a ingerência do Estado no processo de produção e a impossibilidade de uma livre entrada de capitais na agricultura sem sacrificar a propriedade privada da terra significava certa limitação da liberdade de concorrência (PREOBRAJENSKY, 1979, p. 171-172).

Confronta-se aqui com a explicitação da dialética do processo concorrencial: é que as condições de vigência plena da concorrência capitalista, da plenitude do funcionamento da lei do valor, demandam a plena mobilidade do capital e do trabalho, a ausência de barreiras alfandegárias, a mínima interferência do estado, a ausência de poder de "*mark-up*" pelas empresas monopolistas. Contudo, essas condições – a transparência e univocidade do processo de determinação dos preços – são elas mesmas produtoras de bloqueios a esta pretensão de regulação espontânea, imediata e linear da lei do valor, na medida mesmo em que o processo de concorrência resulta em assimetria do poder relativo dos capitais, em "politização" de preços e reiteração de privilégios, em barreiras e protecionismos, em coerção e desigualdades. Trata-se, enfim, de reconhecer que a relação entre valores e preços, a dinâmica do capital em sua totalidade se faz pela interveniência de um sistema de mediações em que o plano do capital em geral, da identidade, tem que ser desdobrado, enriquecido, pela emergência da vida concreta dos mecanismos concorrenciais. Henryk Grossman sumarizou os contornos básicos que garantiriam a legitimidade e a vigência do capital em geral: 1) a produção capitalista é tomada sem considerar o comércio exterior; 2) a economia capitalista é composta exclusivamente por capitalistas e operários; 3) as mercadorias são vendidas pelos seus valores; 4) inexistem mecanismos creditícios; 5) o valor do dinheiro é constante (GROSSMAN, 1979, p. 4).

É esse o plano de exposição do livro I de *O Capital*, que é momento necessário, ponto de partida para que se possa, pela explicitação dos pressupostos e mediações, chegar-se à dinâmica concreta do capital.

Sugira-se aqui um diagrama que apresente, esquematicamente, os vários momentos da presentificação da dinâmica do capital. Inicie-se lembrando que a ação imediata dos sujeitos do processo capitalista é parte de uma totalidade determinante, que informa e condiciona a ação destes sujeitos. Essa totalidade determinante é o capital que se impõe a todos e tudo como força coercitiva. Veja-se o trecho de Gérard Duménil:

> A concorrência transforma as leis imanentes da produção capitalista em "leis coercitivas internas". Como dito no Livro I: Nós examinaremos aqui como as tendências imanentes da produção capitalista vão se refletir nos movimentos dos capitais individuais, impondo-se como leis coercitivas externas da concorrência e, por isso mesmo, impondo-se aos capitalistas como motor de suas operações (DUMÉNIL, 1978, p. 246, tradução nossa).

Reconhecer a existência destas "leis coercitivas externas", manifestações da imposição do capital, significa admitir a presença de um sistema de mediações que se põe na dialética aparência e essência, valores e preços, produção e realização, liberdade e coerção, autonomia e determinação, pressuposto e presentificação. Como primeira aproximação do que se vai desenvolver aqui se tome a seguinte sequência, que busca prefigurar a lógica do andamento da dinâmica do capital:

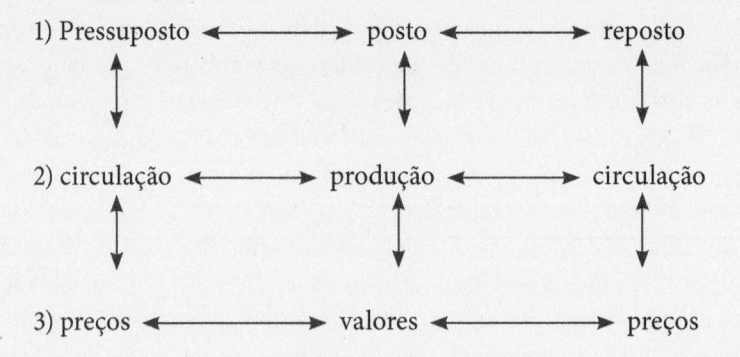

1) Pressuposto ⟷ posto ⟷ reposto

2) circulação ⟷ produção ⟷ circulação

3) preços ⟷ valores ⟷ preços

Em outro local (PAULA, 2000), buscou-se mostrar o sentido destas tríades, que são inteligíveis na medida em que se considere cada ato individual do processo de produção, como parte de uma totalidade que impõe a todos os seus desígnios – a imposição do capital. De resto estas tríades devem ser acrescidas de uma outra que as sintetizam: capital ⟷ capital em geral ⟷

vários capitais, que tanto explicita a dimensão ontológica do capital, quanto exige que se a desdobre para a sua plena compreensão. Há ainda duas tríades que devem ser postas antes da apresentação do diagrama geral do capital:

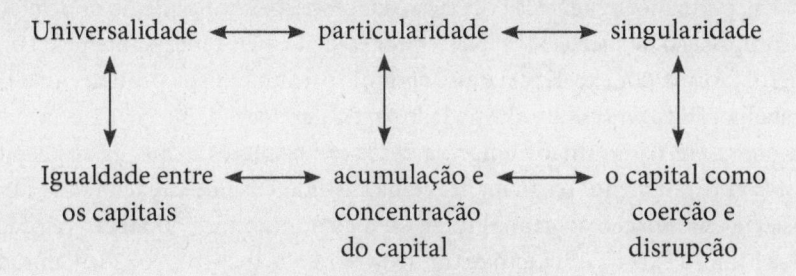

Universalidade ⟷ particularidade ⟷ singularidade

⇕ ⇕ ⇕

Igualdade entre ⟷ acumulação e ⟷ o capital como
os capitais   concentração   coerção e
               do capital   disrupção

Diagrama 1
O caminho do Capital

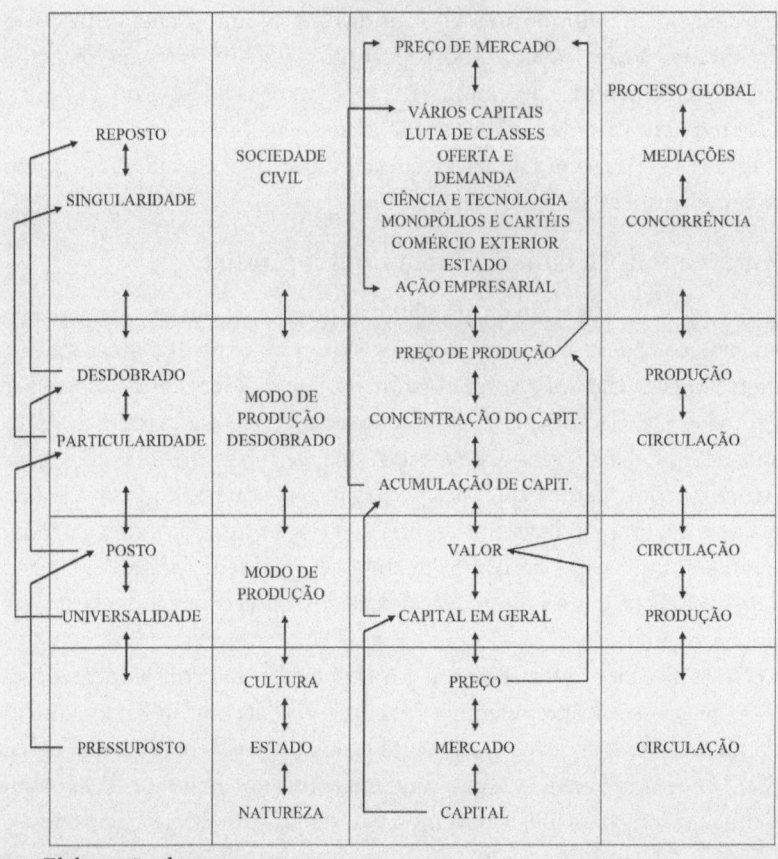

REPOSTO ⇕ SINGULARIDADE	SOCIEDADE CIVIL	→ PREÇO DE MERCADO ↑ → VÁRIOS CAPITAIS LUTA DE CLASSES OFERTA E DEMANDA CIÊNCIA E TECNOLOGIA MONOPÓLIOS E CARTÉIS COMÉRCIO EXTERIOR ESTADO ↳ AÇÃO EMPRESARIAL	PROCESSO GLOBAL ⇕ MEDIAÇÕES ⇕ CONCORRÊNCIA
DESDOBRADO ⇕ PARTICULARIDADE	MODO DE PRODUÇÃO DESDOBRADO	PREÇO DE PRODUÇÃO ↑ CONCENTRAÇÃO DO CAPIT. ↑ ACUMULAÇÃO DE CAPIT.	PRODUÇÃO ⇕ CIRCULAÇÃO
POSTO ⇕ UNIVERSALIDADE	MODO DE PRODUÇÃO	VALOR ↑ CAPITAL EM GERAL	CIRCULAÇÃO ⇕ PRODUÇÃO
PRESSUPOSTO	CULTURA ESTADO NATUREZA	PREÇO MERCADO CAPITAL	CIRCULAÇÃO

Fonte: Elaboração do autor.

Do diagrama ressalte-se o que interessa centralmente neste artigo – o ponto de chegada do processo (os preços de mercado, o reino dos vários capitais) só se realiza pela intermediação de variadas forças e circunstâncias que se manifestam por meio da concorrência capitalista, como exacerbação da disputa pela busca do lucro extra, pela interveniência de estratégias que visam, permanentemente, a reiteração das condições de privilégio no referente à apropriação de lucro extra. Neste processo, na busca incessante pelo super lucro, a forma por excelência deste desígnio é o aumento da produtividade do trabalho. Diz Marx: "A produtividade particular do trabalho em determinado ramo ou em determinada empresa desse ramo interessa apenas aos capitalistas aí diretamente participantes e na medida em que capacita esse ramo especial em relação ao capital total, ou o capitalista individual em relação a esse ramo, a extrair um lucro extra" (MARX, 1974, livro III, p. 223). Contudo, se este – o crescimento da produtividade do trabalho – é o mecanismo, por excelência, da extração do lucro extra, o repertório das formas de extração de lucro extraordinário inclui mecanismos decisivamente não canônicos, que transgridem todos os pressupostos das trocas equivalenciais pelo uso da força, da coerção, da fraude, da corrupção, do roubo. Essas formas de extração de lucro suplementar, não canônicas são, como Marx apontou, casuais. No entanto são tão variadas as suas modalidades e recorrentes os seus usos, que elas estão longe de serem desprezíveis quando se quer considerar a dinâmica concreta do processo concorrencial.

A emergência da concorrência intercapitalista

A lógica da exposição de *O Capital* impõe que se busque, num primeiro momento, considerar a dinâmica capitalista em sua generalidade, naquilo que ela tem de essencial em seu funcionamento ideal, interditando, neste passo, toda a viva e variada experiência da alteridade, que é a própria matéria da realidade capitalista. Trata-se de mostrar que mesmo respeitadas as exigências da troca de equivalentes, que mesmo pagando-se salários iguais ao valor da força de trabalho, ainda assim, haveria a extração de mais-valia, a produção de lucros, porque estas decorrem de uma desigualdade fundante da própria ordem capitalista, que é a própria existência do capital como poder de comando sobre o trabalho.

Neste sentido, Marx reservou para uma eventual continuação do livro de *O Capital* (os volumes referentes ao comércio exterior, ao Estado e ao mercado mundial e as crises) o tratamento exaustivo e sistemático, dos variados mecanismos concorrenciais, que rompem com a normalidade da exploração capitalista. Como se sabe, isto acabou não sendo feito, Marx não escreveu os tais livros, deixando-nos, contudo, uma série de indicações de como considerar essas questões.

O método básico dessa aproximação a uma teoria da concorrência apresenta-se no reiterado recurso expositivo, frequente em *O Capital*, e que aparece exemplarmente nos capítulos XIII, XIV e XV, do livro III: a natureza da lei; fatores contrários a lei; contradições internas da lei. Depois de afirmar a presença de uma força incoercível, que tenderá a fazer baixar a taxa de lucro, Marx, no capítulo XIV, apresenta seis fatores que atuariam no sentido contrário à queda da taxa de lucro. Discutindo a mesma questão Henryk Grossman aponta a existência de 14 fatores contrários à lei decorrentes de mecanismos presentes no mercado interno e 3 que surgem pela intercorrência do mercado externo e do imperialismo. No plano do mercado interno Grossman vê os seguintes fatores potenciais capazes de contrariar a queda da taxa de lucro: 1) a redução dos custos do capital constante; 2) a redução dos custos do capital variável; 3) a redução do tempo de rotação do capital; 4) o aumento do crédito; 5) a desvalorização do valor das mercadorias; 6) o surgimento de novos ramos da produção com composições orgânicas do capital inferiores à média; 7) a reforma agrária; 8) a redução do lucro comercial; 9) a redução do trabalho improdutivo; 10) o aumento da mais-valia absoluta; 11) a desvalorização do capital em função de guerras e crises; 12) o aumento do capital acionário que distribui dividendos menores que a taxa de lucro; 13) o aumento da imigração e seu impacto sobre a redução do valor da força de trabalho; 14) a política colonial. Do ponto de vista dos fatores contrários à queda da taxa de lucro e decorrentes do mercado externo e do imperialismo Grossman vê o seguinte: 1) o comércio exterior e a troca desigual; 2) os monopólios mundiais e 3) a exportação de capitais e a especulação (GROSSMAN, 1979, cap. 3).

Se é ampla a lista de "fenômenos concretos da realidade capitalista" considerada por Grossman ela não esgota o tema e tem algo de arbitrária. Contudo, ao contrário do que é comum associar-se ao nome de Grossman – certo determinismo estreito – é preciso resgatar o central de sua posição, que está longe da caracterização costumeira. Grossman não é um determinista "tout court", senão que colocou com ênfase o papel da luta de classes na dinâmica capitalista. Diz Grossman:

> Daqui se manifesta que o pensamento que concebe o "*derrumbe*" como necessário, como produto de certas condições objetivas, não está de nenhum modo em contradição com a luta de classes. Se põe claro, ao contrário, que o "*derrumbe*", apesar de sua inevitável necessidade objetiva, está sujeito, em grande medida, à influência exercida pelas forças vivas das classes em luta, outorgando, deste modo, uma certa margem de participação ativa das classes.
>
> Precisamente por isto é que toda a investigação do processo de reprodução desemboca em Marx na luta de classes (GROSSMAN, 1979, p. 388).

Tem razão nisto Grossman – a conclusão da discussão sobre a acumulação capitalista no livro I, o item 7 do capítulo sobre a Acumulação Primitiva, chama-se "Tendência histórica da acumulação capitalista" e é, centralmente, a explicitação da dimensão essencial da luta de classes no processo de acumulação. É também significativo que o último capítulo do Livro III, capítulo inacabado, é sobre as classes sociais. Não há que perder isto de vista, porque decisivo para a compreensão da obra de Marx – a acumulação capitalista se dá no concreto da luta de classes, não pode ignorar os conteúdos renovados das estratégias das classes.

É esse o sentido da seguinte colocação de Marx: "Em suma, dada a mais-valia correspondente a determinado capital variável, ainda depende muito da capacidade profissional do próprio capitalista, ou de seus superintendentes e empregados, expressar-se a mesma mais-valia em taxa de lucro maior ou menor, e portanto obter ele montante maior ou menor de lucro" (MARX, 1974, livro III, p. 155).

Se é decisivo o papel do sujeito capitalista no processo de produção, também decisiva é a presença do sujeito do trabalho neste processo. É do entrechoque dessas vontades e forças de classes, das condições objetivas da produção e das circunstâncias político-culturais que marcam, historicamente, isto é, como realidades particulares, cada sociedade, que tem que ser apreendida a dinâmica concreta capitalista.

Para que seja possível capturar o essencial do processo da concorrência para além das arbitrariedades dos acasos e da memória, é fundamental levar a sério as exigências do *método de exposição* tal como desenvolvido por Marx.

Inicie-se com texto de Marx que define o âmbito da concorrência no conjunto da dinâmica capitalista: "Na concorrência reinante no mercado mundial, por exemplo, o que importa exclusivamente é saber se, com o salário, o juro e a renda fundiária dados, a mercadoria pode vender-se aos preços gerais de mercado dados ou abaixo deles, com proveito, isto é, realizando adequado lucro de empresário" (MARX, 1974, livro III, p. 1001).

Neste texto está posto todo o essencial da dinâmica capitalista – dados os salários, o juro e a renda da terra, o capitalista participará do processo, isto é, colocará em marcha a produção, se, por alguma razão, ele acreditar ser possível, vendendo suas mercadorias ao menos aos preços de mercado, obter lucro. O que está implícito aqui é a centralidade das razões que levam o capitalista a acreditar que, dadas aquelas condições externas a ele – salários – juro – renda – preço de venda – condições que ele não controla, que lhe são impostas, ainda assim, lhe parecem adequadas para que ele, ao final, obtenha lucros. Sua convicção decorre de várias fontes – de sua experiência, do conhecimento que ele tem do mercado, de sua habilidade para os negócios – mas com certeza, saiba ele ou não, decorre do fato decisivo, que é também o único que ele controla, que é o seu poder de comando sobre o trabalho. Trata-se, assim, de reconhecer que a aparente condição não determinante do capitalista, a sua condição de "tomador de preços dados", é apenas aparente – na medida mesmo em que ele controla o único elemento efetivamente decisivo no processo, o único capaz de produzir riqueza na sociedade capitalista, o trabalho assalariado, e, além disto, controla também todas as formas de produzir lucro extraordinário, mediante as diversas manifestações da luta concorrencial. Sublinhe-se isto, porque decisivo; os capitalistas põem em marcha o processo de produção porque acreditam poder ser exitosos – isto é, se apropriarem de lucros – esta convicção tem como suporte material o controle que exercem sobre a força de trabalho e a possibilidade de utilização de diversas estratégias concorrenciais, cujo sentido geral é a ultrapassagem das tendências ao nivelamento das taxas de lucro, e à convergência entre valores e preços. De outro lado, se os capitalistas acreditam-se capazes de afrontar as condições dadas do mercado e arrostá-las, apropriando-se de lucros, os trabalhadores, por sua vez, se estão obrigados a se sujeitarem ao regime de assalariamento, não estão inertes e impossibilitados de ação. É que podem se organizar, e o fazem, tanto para lutarem por interesses imediatos, quanto para questionar a própria ordem capitalista, desde o século XIX.

Nesse passo é preciso, novamente, afirmar que, no imediato de suas manifestações fenomênicas, a realidade capitalista apresenta-se como um emaranhado de aspectos, que só são compreensíveis recorrendo-se ao método de exposição que Marx usou em *O Capital*, e que se realiza pela explicitação da sequência generalidade-particularidade-singularidade, pela passagem do abstrato ao concreto, da totalidade simples à totalidade complexa, do capital em geral aos vários capitais, da forma valor à luta de classes – isto é, pela explicitação das mediações que são a própria vida do conceito. Trata-se de superar o arbitrário da aparição de significados de sentidos parciais pela apresentação do modo necessário, isto é, como totalidade que se desdobra, da dinâmica capitalista. Esse caminho vai ser trilhado pela apresentação da "odisseia do capital", como a chamou Karel Kosik, de sua forma elementar de existência até o mais complexo das diversas manifestações da concorrência. A sequência clássica é a seguinte:

1) $D - M - D'$

2) $D - M \ldots P \ldots M' - D'$

3) $D - M \ldots P \ldots M' - D' \quad \begin{array}{c} \nearrow MP \\ \searrow FT \end{array}$

4) $D - M \ldots P \ldots M'(M + \mu) - D'(D + d) \quad \begin{array}{c} \nearrow MP \\ \searrow FT \end{array}$

Nesta última forma, $\mu = d$, isto é, uma certa quantidade acrescida de mercadorias é transformada, pela realização, pelas vendas, em mais-valia, sob a forma de dinheiro, em valor excedente, apropriado pelos capitalistas (MARX, 1970, livro II, p. 42).

Contudo, esta sequência de formas, se representa um crescendo de atribuições de complexidade do conceito, está longe de expressar a concreticidade do capital porque esta só pode se pôr quando rompida a identidade entre valores e preços, quando admitidas transgressões – parciais ou temporárias – à troca equivalencial. Para uma aproximação disto veja-se o Diagrama 2:

Diagrama 2
A efetividade da concorrência

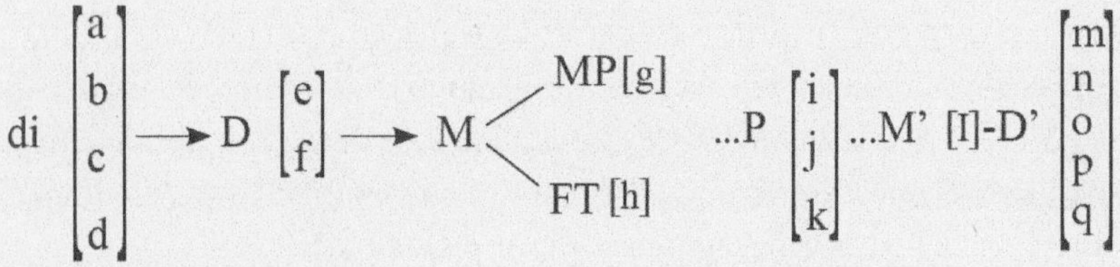

$$\text{di} \begin{bmatrix} a \\ b \\ c \\ d \end{bmatrix} \rightarrow D \begin{bmatrix} e \\ f \end{bmatrix} \rightarrow M \begin{array}{c} \nearrow MP[g] \\ \searrow FT[h] \end{array} ...P \begin{bmatrix} i \\ j \\ k \end{bmatrix} ...M' \ [I]-D' \begin{bmatrix} m \\ n \\ o \\ p \\ q \end{bmatrix}$$

Fonte: Elaboração do autor.

Neste diagrama são seguintes as novidades:

di → *determinantes do investimento* – são constituídos pelos elementos objetivos e subjetivos que informam a decisão do capitalista: são aquelas razões supostas ou reais, que ele crê suficientes para garantir o êxito, isto é, a obtenção de lucros no processo capitalista de produção.

Entre estes elementos determinantes do investimento estão:

a → ser produtor monopolista, oligopolista ou cartelizado.

b → deter o capitalista patente do processo produtivo.

c → contar com algum tipo de subsídio ou acesso privilegiado ao estado.

d → contar com alguma vantagem decorrente de fenômenos naturais ou locacionais.

No referente aos elementos concorrenciais que vão afetar o acesso ao capital-dinheiro – D – ponto de partida do processo produtivo, registre-se a existência de dois elementos intervenientes:

e → acesso a juros baixos, inferiores à média do mercado.

f → possibilidade de recorrer à fonte subsidiada de recursos para investimentos mediante a utilização de lucros retidos convertidos em ações ou debêntures com rendimentos inferiores à taxa de juros.

No referente aos elementos que podem interferir no capital-mercadoria

$$-M \begin{array}{c} \nearrow MP \\ \searrow FT \end{array} \text{está:}$$

g → o comércio externo e seu papel no barateamento do preço do capital constante.

h → o conjunto de processos políticos-conjunturais que redundam em pagamento de salários abaixo do valor da força de trabalho ou aumentam a sua exploração.

O processo de produção – ... P ... – também é afetado por elementos que produzirão diferenciação na geração e apropriação de lucro extra:

i → progresso tecnológico na produção e no gerenciamento do negócio.

j → obsolescência tecnológica e gerencial dos concorrentes.

k → fraude e adulteração dos produtos.

Também o processo de circulação é afetado pela intercorrência de um decisivo aspecto:

l → desenvolvimento dos sistemas de transportes e comunicações.

Finalmente, a realização, a transformação de M' em D', é marcada pela presença de dois grandes intervenientes:

m → variações nas condições de mercado, que fazem aumentar ou diminuir a demanda interna.

n → desenvolvimento e controle de mercados externos.

o → desenvolvimento do esforço de vendas e comercialização.

p → desenvolvimento de mecanismos de financiamento do consumo.

q → ganhos decorrentes da inflação.

Todos estes mecanismos, em última instância, são formas de extração do lucro extra, que são a própria materialização da concorrência.

As formas da concorrência intercapitalista

Trata-se aqui de buscar mostrar que o processo de acumulação capitalista comporta estabilidade e turbulência, conflitos e acordos, formas normais de produção e apropriação de mais-valia e formas episódicas-eventuais-locais de extração da mais-valia, que se realizando com lucros extraordinários são a própria vida da concorrência. Diz Maurício Coutinho: "Marx não apresenta em detalhes os mecanismos de concorrência, mas não resta dúvida de que a mais-valia extraordinária explica a beligerância, a mudança técnica e, em parte, a mobilidade dos capitais" (COUTINHO, 1997, p. 152).

O que se vai buscar a partir daqui é a explicitação do lugar destas diversas formas de concorrência, destas diversas formas de lucro extra, na obra de Marx, em particular em *O Capital*. Como roteiro, vai se tomar a sequência estabelecida no *Diagrama 2*.

A. Monopólios

Engels, em nota em *O Capital*, diz: "Evidentemente aí está posta de lado a possibilidade de obtenção momentânea de lucro extraordinário, reduzindo-se salários, estabelecendo-se preço de monopólio" (*in* MARX, 1974, livro III, p. 190). Ou ainda o próprio Marx: "não estamos considerando os superlucros decorrentes de monopólios, no sentido usual, sejam eles artificiais ou naturais" (MARX, 1974, livro III, p. 224).

B. *Aduanas e cartéis*

Diz Engels:

> Hoje se impõe cada vez mais à consciência dos capitalistas a circunstância de que as forças produtivas modernas, em crescimento veloz e gigantesco, ultrapassam cada dia mais o domínio das leis capitalistas relativas à troca de mercadorias, dentro dos quais deveriam mover-se. Isto se evidencia sobretudo em dois sintomas. Primeiro, na nova mania generalizada de barreiras aduaneiras, que se distingue do protecionismo antigo especialmente porque protege em regra justamente os artigos exportáveis. Segundo, nos cartéis (trustes) formados pelos fabricantes de ramos inteiros de produção, para regular a produção e em consequência os preços e os lucros (ENGELS, *in* MARX, 1974, livro III, p. 134).

C. *O Estado e subsídios*

Veja-se o trecho de Marx:

> Certos ramos de produção exigem nas primeiras fases de produção capitalista um mínimo de capital que não se encontra em mãos de indivíduos isolados. Isto faz surgirem os subsídios oficiais a particulares, como na França no tempo de Colbert e em muitos estados alemães até nossa época, e as sociedades com monopólio legal para explorar determinados ramos industriais e comerciais, os precursores das modernas sociedades por ações (MARX, 1968, livro I, p. 354).

D. *A força da natureza*

Certos ramos de produção – mineração, agricultura, etc. – distinguem-se pela possibilidade de um uso especial da natureza, uso que tem como consequência um incremento da produção sem acréscimo proporcional de capital empregado. Essa possibilidade de produção de super lucros decorre da apropriação das forças elásticas, e gratuitas, da natureza. Diz Marx: "ao incorporar as fontes originais da riqueza, a força do trabalho e a terra, adquire o capital uma força de expansão, que lhe possibilita ampliar os elementos de sua acumulação além dos limites aparentemente estabelecidos por sua própria magnitude, fixados pelo valor e pela quantidade dos meios de produção já produzidos, através dos quais existe o capital" (MARX, 1968, livro I, p. 702).

E. *Os juros baixos*

Dentre os vários elementos capazes de beneficiar os capitais, dar-lhes vantagens competitivas, tem importância significativa o pagamento de juros baixos. Veja-se o trecho: "se consegue por exemplo comprimir o salário abaixo do valor da força de trabalho, abaixo do nível normal portanto, obter capital com taxa reduzida de juro e pagar renda fundiária menor que a normal, absolutamente não lhe importará vender o produto abaixo do valor e mesmo abaixo do preço geral de produção..." (MARX, 1974, livro III, p. 1000).

F. O papel dos lucros retidos

A utilização dos lucros retidos – a estratégia de utilizar como mecanismo de financiamento da produção a transformação da distribuição de lucros em dinheiro em novas ações ou ainda como diz Marx, o próprio cálculo dos dividendos – tem papel importante na geração de lucros extras, na medida em que significa não submissão à taxa geral de lucro: "o sentido aqui é o desses capitais, embora aplicados em grandes empreendimentos produtivos, só fornecerem, após deduzidos os custos, juros grandes ou pequenos, os chamados dividendos" (MARX, 1974, livro III, p. 276).

G. Barateamento do preço do capital constante

Este aspecto, também decisivo no processo concorrencial, aparece várias vezes em *O Capital*. No capítulo XIV do livro III o tema aparece na discussão sobre o papel do comércio externo: "O comércio exterior, ao baratear elementos do capital constante e meios de subsistência necessários em que se converte o capital variável, contribui para elevar a taxa de lucro..." (MARX, 1974, livro III, p. 272). No mesmo livro III, no capítulo V – "Economia no emprego de capital constante" – há uma ampla pesquisa sobre expedientes comuns da concorrência capitalista e que se realizam pela redução das medidas relacionadas à segurança e comodidade dos trabalhadores; economia em produção e transmissão de energia e em edifícios; aproveitamento de resíduos de produção.

H. Redução dos salários e aumento na taxa de exploração

Sobre isto é exemplar o trecho seguinte: "Ao tratar da produção da mais-valia, temos pressuposto sempre que o salário tem um valor pelo menos igual ao da força de trabalho. A redução compulsória do salário abaixo desse valor, entretanto, desempenha na prática papel demasiadamente importante para nos determos por um momento em sua análise" (MARX, 1968, livro I, p. 697). Ou ainda em outras passagens:

> É um fato notório que, quanto mais longa a jornada de trabalho num ramo industrial, tanto mais baixo é o salário". [...] "Reciprocamente, o prolongamento do tempo de trabalho produz queda na força de trabalho e, em consequência, no salário diário ou semanal" [...] "A concorrência que se cria, assim, entre os trabalhadores capacita o capitalista a reduzir o preço do trabalho, ao mesmo tempo que o preço reduzido do trabalho, reciprocamente, capacita-o a distender ainda mais o tempo de trabalho (MARX, 1968, livro I, p. 632-633).

I. A ciência e o progresso tecnológico

Está em *O Capital*: "Do mesmo modo que a exploração incrementada das riquezas naturais por meio apenas de maior tensão da força de trabalho, constituem a ciência e a técnica uma potência para expandir o capital independentemente da magnitude dada do capital em funcionamento" (MARX, 1968, livro I, p. 703).

J. O papel da obsolescência

Diz Marx: "Como em toda a indústria moderna, o desgaste moral desempenha aqui seu papel" [...] "a luta concorrencial força que se substituam por novos os antigos meios de trabalho, antes de chegarem ao fim de sua vida" (MARX, 1970, livro II, p. 178).

K. A fraude como elemento da concorrência

Veja-se o trecho:

> Pelos relatórios das últimas comissões parlamentares de inquérito sobre falsificações dos meios de subsistência, vê-se que a falsificação dos produtos farmacêuticos, na Inglaterra, constitui a regra e não a exceção. Ao serem examinadas 34 amostras de ópio, compradas em outras tantas farmácias, verificou-se que 31 estavam falsificadas com ingredientes como cápsulas de papoula, farinha de trigo, borracha, barro, areia, etc. Muitas nada continham de morfina (MARX, 1968, livro I, p. 699).

Em trecho do livro III, Marx faz um inventário de truques e fraudes praticados pelos produtores têxteis que incluem – substituição do algodão por amido e minerais; a utilização da cola de amido nos fios de algodão, para aumentar seu peso; a utilização de fios mais finos (MARX, 1974, livro III, p. 145).

L. Melhoria nos sistemas de transporte e comunicações e redução no tempo de circulação

Diz Marx: "Quanto mais reduzido o tempo de rotação, tanto menor essa parte vadia do capital relativamente ao todo, e tanto maior, desde que inalteradas as demais condições, a mais-valia apreendida" (MARX, livro III, 1974, p. 78). Ou ainda: "As transformações dos meios de transporte produzem diferenças locais no tempo de circulação das mercadorias, em oportunidades de compras, vendas, etc., ou repartem de outra maneira as diferenças locais já existentes" (MARX, 1970, livro II, p. 266).

M. O papel da oferta e da demanda

Diz Marx:

> Se a oferta e a demanda coincidem, o preço de mercado da mercadoria corresponde ao preço de produção, isto é, o preço se patenteia então,

regulado pelas leis internas da produção capitalista, sem depender da concorrência, pois as oscilações da oferta e da procura apenas explicam os desvios que os preços de mercado têm dos preços de produção – desvios que se compensam reciprocamente, de modo que em períodos mais longos os preços médios de mercado se igualam aos preços de produção (Marx, 1974, livro III, p. 411).

N. O comércio externo e o imperialismo

Veja-se o texto de Marx:

> capitais empregados em comércio exterior podem conseguir taxa mais alta de lucro, antes de mais nada, porque enfrentam a concorrência de mercadorias produzidas por outros países com menores possibilidades de produção, de modo que o país mais adiantado vende suas mercadorias acima do valor, embora mais baratas que a dos países competidores" [...] "Quanto aos capitais aplicados nas colônias, etc., podem eles proporcionar taxas de lucro mais elevadas, pois nelas em virtude do menor desenvolvimento é em geral mais alta a taxa de lucro e maior a exploração do trabalho, como o emprego de escravos, cules, etc. (Marx, 1974, livro III, p. 273).

O. O papel do comércio

A atividade comercial é, no conjunto da dinâmica capitalista, uma atividade improdutiva, isto é, não geradora de valor e mais-valia. Contudo, diz Marx:

> um comerciante apenas (considerado aqui mero agente da conversão formal das mercadorias, somente comprador e vendedor) pode, com suas operações, encurtar o tempo de compra e venda de *muitos* produtores. É como se fosse uma máquina que reduz emprego inútil de energia ou ajuda a aumentar o tempo que se pode destinar à produção (Marx, 1970, livro II, p. 134).

P. A inflação

Fenômeno recorrente na história do capitalismo a inflação tem lugar entre os fatores capazes de determinar o surgimento do lucro extra. Diz Marx:

> A classe capitalista nunca se oporia aos sindicatos, pois poderia sempre e em qualquer circunstância fazer o que na realidade faz atualmente em caráter excepcional, em circunstâncias determinadas, especiais, por assim dizer locais, a saber, utilizar-se de qualquer elevação de salários a fim de aumentar em proporção bem maior os preços das mercadorias e assim embolsar maiores lucros (Marx, 1970, livro II, p. 361-362).

Não se pretendeu, com a listagem anterior, um levantamento exaustivo das formas concretas da concorrência, isto é, das formas concretas da busca de lucro extra. De qualquer modo, fica claro aí o quanto equivocam-se os que têm insistido em fazer de *O Capital*, da crítica da economia política, um exercício puramente erudito, no âmbito da história do pensamento econômico. Marx e sua teoria e metodologia, são, rigorosamente, atuais, instrumentos úteis na busca da compreensão da realidade capitalista contemporânea.

Afirmar a atualidade do marxismo não significa desconhecer importantes contribuições que se fizeram ao pensamento econômico, distantes do disposto por Marx. Na verdade, o marxismo é, sobretudo, pensamento crítico, e, neste sentido, sua realização plena se faz pelo diálogo, permanente e sistemático, com a cultura e os paradigmas de seu tempo. Diálogo que, para ser profícuo, não pode deixar de considerar as diversas teorias e ideias, não como dados absolutos e fechados em si mesmos, mas como objetos abertos disponíveis para a interrogação reflexionante cujo sentido maior é buscar, nestas teorias e ideias, seus conteúdos críticos-emancipatórios. Foi assim que Marx agiu em relação aos seus grandes contemporâneos e antecessores – é assim que os marxistas de hoje podem honrar o seu legado.

Trata-se, neste sentido, de reconhecer a contribuição da economia política institucionalista, de Veblen a Galbraith; de Schumpeter e dos que se clamam neoschumpterianos; das diversas contribuições a uma teoria do oligopólio – de Joan Robinson e Chamberlain a Steindl, Kalecki, Labini, Baim, Edith Penrose entre outros. Trata-se mesmo de buscar dialogar com os que, inspirados em Keynes, têm buscado desenvolver uma teoria do investimento e das finanças para além do paradigma do equilíbrio geral. Trata-se, enfim, de reconhecer que a economia política é o território da concorrência e da luta de classes, da história.

PARTE IV

CAPÍTULOS DE MARXISMO EMANCIPATÓRIO

*Só quem dia após dia a conquistar
merece a vida em liberdade.*

Goethe

*Quanto mais cresce o perigo,
mais cresce também aquilo que salva.*

Hölderlin

A euforia neoliberal já vai longe, contudo, o seu legado catastrófico ainda não está inteiramente posto desde que, em grande medida, suas políticas e ideologia continuam balizando muito do mundo contemporâneo. Se são auspiciosas as manifestações que têm sacudido várias partes do mundo não há como ignorar as dimensões problemáticas resultantes do esvaziamento da política de seus conteúdos programáticos crítico-estruturais, que confrontando as verdadeiras determinações do poder abrem caminho para a construção de perspectivas, efetivamente, emancipatórias, imunes às manipulações e falsas soluções, porque radicalmente assentadas na crítica ao capital e a suas criaturas e salvaguardas: a mercantilização da cultura; a privatização da cidade; a destruição do espaço público e do meio ambiente; a precarização do trabalho; a concentração da renda, da riqueza, do poder e do capital.

Vive-se hoje a ressaca do vagalhão (macaréu) neoliberal. A violência de suas consequências é proporcional às suas demasias.

Usou-se aqui uma antiga palavra, macaréu, que descreve um fenômeno antigo, os vagalhões típicos dos mares do extremo oriente, que a mídia brasileira, pautada pela internacional tem chamado de *tsunami*, como se fosse fenômeno inédito, inominado, que, assim, justificaria a importação do nome estrangeiro. Com efeito, essa assimilação de um nome estrangeiro para um fenômeno conhecido e que se tomou como inédito, tem semelhança com a aparentemente desconcertante surpresa com que o capital e seus acólitos receberam a eclosão da crise econômica de 2007/2008. Foi como um cair das nuvens a descoberta de que aquela mil vezes alardeada culminância da ordem burguesa, a globalização neoliberal, tinha a espessura das grotescas piruetas especulativas, que o grande capital financeiro patrocinou.

Os marxistas que escreveram sobre a dinâmica capitalista a partir dos anos 1980, como, por exemplo, Robert Brenner, foram enfáticos em dizer que a lucratividade das empresas manufatureiras nos Estados Unidos, apesar do *boom* econômico experimentado na segunda metade dos anos 1990, estava em queda como consequência do excesso de capacidade que atingiu boa parte da economia e se agravou, especialmente em setores de alta tecnologia [...] mesmo enquanto a lucratividade despencava, a expansão econômica se acelerou e os preços das ações subiram a níveis estratosféricos. Contudo, a crescente disparidade entre, por um lado, a alta dos preços das ações e o rápido crescimento dos investimentos e, por outro lado, a acentuada redução da lucratividade não poderia ser sustentada por um longo período (BRENNER, 2003, p. 17-18).

Esse texto de Brenner, escrito em 2002, tinha como foco a crise do setor de alta tecnologia que se manifestou em 2001, no bojo de uma "bolha especulativa sem paralelo na história americana" (BRENNER, 2005, p. 20) Mas, o pior ainda estava por vir, a bolha do "subprime". Essa extravagante onda de especulação, como as anteriores, foi propiciada pelo mesmo mecanismo básico: dinheiro barato e leniência nos controles e na regulação. Esses os verdadeiros combustíveis do que o presidente do FED chamou de "exuberância irracional dos mercados", como se não fosse ele a sua agência.

A atual crise econômica capitalista perfaz em sua singularidade o universal da realidade capitalista: ser expressão necessária do próprio mecanismo de acumulação de capital, que na busca de aumento dos lucros produz o seu inverso, prejuízos, falências, destruição de capital, que só não é maior porque é amortecida por um ainda maior sacrifício imposto ao emprego, aos salários, às condições de vida dos assalariados.

O mecanismo da crise econômica capitalista deve ser pensado como tendo dois componentes básicos. O primeiro expressa os resultados antitéticos dos movimentos da taxa de mais-valia e da composição orgânica do capital, que, impulsionados pela concorrência, tendem a ultrapassar as condições que garantem a valorização do capital, como decorrências da superprodução de capital e da superprodução de mercadorias. O segundo componente é da ordem da particularidade, expressando os condicionamentos e interveniências políticas, sociais, geográficas, culturais, científicas e tecnológicas que, a cada período histórico, redefinem a forma concreta de produção, circulação, distribuição e consumo das mercadorias.

Numa passagem do Livro III de *O Capital*, escrito na década de 1860, publicado por Engels em 1893, Marx diz algo que parece referir-se à crise atual. Diz ele: "a queda da taxa de lucro empurra os capitais para as peripécias das especulações, das manobras fraudulentas com créditos, ações, para as crises" (MARX, Livro III, vol. IV, 1974, p. 288).

Para buscar escapar da queda da taxa de lucro o capital lança mão de todos os recursos, até mesmo dos legais. Mas, em geral, não é ao canônico que o capital recorre nessas horas, que esses são tempos de *big stick*, de recrudescimento imperialista, de desconstituição de direitos sociais, trabalhistas, previdenciários, de desemprego e precarização do trabalho, de expansão colonizadora do capital sobre o "mundo da vida" como liberdade, autonomia, diversidade e igualdade.

As crises econômicas capitalistas por seus múltiplos e incontroláveis desdobramentos, implicações e consequências, atualizam, permanentemente, as novas configurações da luta de classes: seus sujeitos, suas formas de luta, seus temas, seus programas, seus espaços geográficos. De fato, as crises econômicas podem abrir épocas de transformações históricas, de revoluções sociais. A dificuldade de se entender essa questão reside, em parte, no uso indiscriminado da palavra "revolução" que fala tanto do movimento disruptivo, que é inerente a toda revolução (a tomada da Bastilha na Revolução Francesa; a tomada do Palácio de Inverno na Revolução Russa), quanto do processo de transformações estruturais sem as quais a revolução seria apenas um evento político.

Nesse sentido, pensar a Revolução Burguesa, isto é, a imposição da ordem burguesa, é considerar tanto seus espaços de ocorrência – Inglaterra, Estados Unidos, França – quanto seus elementos singularizadores e suas temporalidades: século XVII – a resistência da sociedade civil inglesa às tentativas de absolutização do poder por parte da dinastia Stuart; século XVIII – a mobilização dos colonos norte-americanos contra tentativa da coroa britânica de imposição de efetivo regime colonial; século XVIII – a ampla mobilização, na França, do "terceiro estado" às tentativas de continuidade da ordem feudal no contexto da dissolução das bases materiais de sua sustentação – crise agrícola, crise de abastecimento, desemprego, crise fiscal, crise política.

Ainda mais exemplar na confirmação da complexidade e das múltiplas determinações dos processos revolucionários é a revolução russa, que para ser, efetivamente, compreendida, demanda: que se reconstitua as decisivas implicações da longa dominação czarista sobre a vida política e cultural russa; que se considere as vicissitudes da recepção do marxismo na Rússia e sua apropriação pelo Partido Operário Social-Democrata Russo; que se considere a história do POSDR, sua divisão em 1903, o papel de Lênin; a guerra entre Rússia e Japão em 1904; a Revolução de 1905; a Guerra imperialista de 1914-1918 e seus impactos sobre a Rússia; as Revoluções de Fevereiro e Outubro de 1917; o cerco imperialista; a guerra civil e o comunismo de guerra; a NEP e a luta política entre 1921 e 1928; a vitória do stalinismo e a coletivização forçada.

Considerar a Revolução Russa em todas as suas fases, é considerar o mais importante projeto de transformação política, econômica, social do nosso tempo; é considerar a mais ampla e vigorosa experiência de construção da socialização da produção e do poder. Experiência que motivou adesões entusiasmadas, que iluminou com seu exemplo revoluções em que essas revoluções tenham sido derrotadas ou fracassado como instrumentos emancipatórios, é algo que deve ser explicado tanto por erros políticos e degeneração ideológica, organizativa e programática, quanto por obstáculos histórico-materiais concretos, que impuseram a continuidade de instrumentos sancionadores de divisão do trabalho hierárquica e assimétrica, controle discricionário sobre o processo produtivo e sobre a estrutura de poder, típica dos processos de modernização capitalista. Finalmente, não menos importantes foram as permanentes ações de isolamento, cerco e agressões, provocações promovidas tanto por regimes liberais, quanto pelos nazifascistas em seus ataques às experiências de construção do socialismo.

Nesse nosso tempo de desencanto com partidos, sindicatos, governos que se reclamavam de esquerda, socialistas, é crucial que se mostre que a história do marxismo não foi só burocratização e transformismo burguês, que há experiências, correntes, teses, movimentos, ideias, símbolos que nunca perderam seus vínculos com o projeto emancipatório. São fontes importantes para a reconstrução do marxismo revolucionário como aposta na liberdade e na igualdade. É o caso de pensadores marxistas como Ernst Bloch, Walter Benjamin, Henri Lefebvre, é o caso de militantes políticos e pensadores marxistas como Rosa Luxemburgo, Anton Pannekoek e Karl Korsch.

Rosa Luxemburgo, Anton Pannekoek e Karl Korsch

O Esquerdismo e as revoluções no início do século XX

A dura condenação de Lênin foi decisiva para a desconfiança, para dizer o mínimo, que se abateu sobre as correntes que, no início do século XX, foram chamadas de "esquerdistas". O livro de Lênin, de 1920, *A doença infantil do "esquerdismo" no comunismo*, tem impedido que se avalie, com equilíbrio, não só o conteúdo mesmo das teses ditas esquerdistas, quanto suas eventuais contribuições para a afirmação do marxismo como instrumento emancipatório. Nesse texto, busca-se tanto apresentar o essencial das teses esquerdistas, quanto defender que a interdição virtual de suas ideias, propostas e *ethos*, desarmou o marxismo de um poderoso antídoto contra a burocratização, o oportunismo e o autoritarismo.

Não se ignora aqui seja o contexto de dificuldades em que Lênin atuou, sejam suas responsabilidades como revolucionário e principal dirigente da decisiva experiência, cheia de consequências, da construção do socialismo na Rússia. Não se busca aqui, também, alguma sorte de conciliação que, ao custo de desnaturar as posições em choque, acabe por gerar confusionismos e oportunismos teóricos, políticos e ideológicos. Com efeito, o que move este ensaio é uma radical recusa de qualquer tentativa de monopólio da verdade no campo do marxismo, que, ao contrário, só pode vicejar a partir do reconhecimento de sua permanente abertura para o que se comprometa com a efetiva emancipação humana como liberdade e igualdade.

Nesse sentido, não há porque interditar quem tenha buscado, continue buscando, formas descentralizadas de exercício do poder. É esse o caso das correntes que foram chamadas de "conselhistas", que, diferentes sob vários aspectos importantes, atuaram, entre outros países, na Holanda, na Alemanha, na Itália, nas primeiras décadas do século XX.

A atribuição de esquerdista a um autor, a um movimento, a uma corrente, a uma proposta, a uma política está longe de ser um juízo neutro, objetivo, constituindo-se, de fato, em acusação, em denúncia grave, que tem como contrapartida um autoatribuído monopólio de sensatez, da responsabilidade, da sabedoria revolucionária por parte de quem denuncia. Esta questão está longe de ser retórica ou secundária, tendo se colocado com contundência em mais de um momento da história das revoluções, na história da esquerda, na história do marxismo. No essencial, o que estaria sempre presente na discussão sobre o esquerdismo é algo, de fato, inverificável, na medida que o que está em jogo, sempre, são convicções, são opiniões, são experiências que, em princípio, não podem se reivindicarem verdadeiras, "científicas", na medida em que todas são, efetivamente, "apostas". Nesse sentido, qual seria, por exemplo, o destino da Revolução Russa se a *Oposição dos Trabalhadores* tivesse tido sucesso em suas críticas, diz Deutscher.

> A oposição dos trabalhadores não foi a única a manifestar desencanto. No XI Congresso, o último a que Lênin compareceu, Trotsky viu-se atacado, juntamente com Lênin, por velhos e íntimos amigos: Antonov-Ovseenko, que falou sobre a rendição do Partido ao *Kulak* e ao capitalismo estrangeiro. Riazanov, que deblaterou contra a desmoralização política predominante e a forma arbitrária pela qual o Politburo dirigia o Partido. Lozovski Skripnik, o comissário ucraniano, que protestou contra o método supercentralista de governo que, na sua opinião, lembra demais a Rússia 'una e indivisa' de antigamente; Bubnov, ainda decemista, que falou do perigo de 'degeneração pequeno-burguesa do Partido', e Preobrazhensky, um dos principais teóricos em economia e ex-secretário do Comitê Central (DEUTSCHER, 1968a, p. 42-43).

Não há propósito em afirmar que a vitória da *Oposição dos Trabalhadores* teria evitado a degeneração da Revolução Russa, seja porque foram vários e heteróclitos os determinantes do processo, seja porque, afinal, Lênin poderia ter razão em acreditar que o afrouxamento da disciplina bolchevique poderia ser utilizado pela contrarrevolução.

De fato, a questão aqui remete à avaliação das reais condições do proletariado russo de fazer frente às tarefas da revolução. Para Lênin o proletariado russo, naquele momento, início dos anos 1920, inexistia. A resposta de um membro da *Oposição dos Trabalhadores* é mais que um achado retórico, diz Schliapnikov: "Vladimir Ilitch disse ontem que o proletariado como classe, no sentido marxista, não existe (na Rússia). Permitam-me congratular-me com vocês por serem a vanguarda de uma classe inexistente" (SCHLIAPNIKOV *apud* DEUTSCHER, 1968a, p. 25).

Não é possível dirimir, objetiva e inequivocamente, a questão posta aqui. Isto é, não há garantias de que uma posição, uma tese, uma proposta, por mais lúcidas e respaldadas que sejam, serão vitoriosas quando se está em meio a conjunturas de exacerbação de luta de classes, de mobilização, em grande escala, de todos os instrumentos da luta política, incluídos aí a guerra e os paroxismos da luta pelo poder.

O que é certo é que, em vários momentos revolucionários, à guisa de responsabilidade, de defesa dos interesses gerais da revolução, sacrificaram-se grupos, lideranças, bandeiras "esquerdistas", "irresponsáveis", mesmo quando nascidas das mais legítimas aspirações revolucionárias, de alguns de seus quadros mais dedicados.

De fato, a presença de grupos radicalizados no contexto de revoluções sociais é uma constante, como expressão mesmo da complexa e heterogênea massa de interesses, projetos e perspectivas que as revoluções mobilizam e suscitam. É o que se viu no caso da Reforma Protestante luterana e a corrente "comunista" que ensejou, com Thomas Münzer, fazer da "reforma" a senha para a "revolução", para o fim dos privilégios do senhoriato secular e religioso, para a distribuição da terra e da riqueza. Assustado com o radicalismo de seus adeptos à esquerda Lutero não hesitou em conclamar a destruição de Thomas Münzer e sua "revolução", como mais tarde, no contexto da Revolução Inglesa do século XVII, Cromwell também não recuou em esmagar os "diggers" que queriam levar a revolução até o efetivo "nivelamento" social. Foi, também o caso das *Conspirações dos Iguais*, na Revolução Francesa do século XVIII, sacrificada, reprimida, em nome da "institucionalização" da "consolidação" da revolução (FETSCHER, 1971, cap. 1º). Não foi diferente o destino dos insurgentes de Kronstadt, em 1921, massacrados pelo poder soviético que ajudaram a conquistar.

Kronstadt foi, no contexto da Revolução Russa, a reposição do trágico das revoluções, de suas contradições decorrentes do descompasso entre o desejo, que recusa o apaziguamento, que tem pressa, que não pode exigir menos que a liberdade plena, e o "realismo", que interrompe a ação transformadora, que a domestica, consagrando-se a pura conquista e manutenção do poder como objetivos absolutos.

Será possível evitar que a Revolução devore seus filhos, talvez seus melhores filhos? Esse desafio tem sido posto desde cedo na história das revoluções, na história da esquerda.

Se antes houvera "levellers", "diggers", "babovistas", a Revolução Russa também inspirou movimentos que não se submeteram à tutela do partido e do Estado sobre os sindicatos, sobre os comitês de fábrica. Disse Deutscher:

> A Oposição dos Trabalhadores e os chamados *decemistas* (o grupo do Centralismo Democrático) eram os maiores defensores da "democracia proletária" contra a ditadura. Foram os primeiros dissidentes bolcheviques a protestar contra o método do governo destinado a "fazer o povo acreditar pela força", imploraram ao partido "entregar seu destino" à classe operária que o levara ao poder. Falavam a linguagem que a totalidade do partido falou desde 1917 (DEUTSCHER, 1968b, p. 541).

Para Deutscher as petições desses grupos, desses "magnânimos sonhadores utópicos", desses "quixotescos", se atendidas, seriam um "suicídio nobre, mas imperdoável". O Partido, a república não poderiam confiar sua sorte a uma classe operária desgastada, exausta e desmoralizada pela guerra civil, pela fome, pelo mercado negro (DEUTSCHER, 1968b, p. 541).

Além da desconfiança na capacidade da classe operária, enfraquecida e desgastada, de dar conta da tarefa de construção do socialismo naquelas condições adversas, Deutscher aponta, ainda, o irrealismo do programa da Oposição dos Trabalhadores, sua exigência da imediata realização do comunismo num quadro marcado pela precariedade de bens materiais. E conclui Deutscher: "Era um triste presságio o fato de serem os defensores dessas ideias fantasiosas os únicos a reivindicar o renascimento da democracia proletária" (DEUTSCHER, 1968b, p. 542).

Será certamente um equívoco teórico, oportunismo político e leviandade moral se se considerar a questão em tela ignorando, subestimando, falsificando as condições históricas concretas em que os sujeitos daquele processo tiveram que atuar. Com efeito, as restrições à democracia proletária tomada no contexto do XI Congresso do Partido Comunista, em 1921 – esmagamento da rebelião de Kronstadt; proibição do direito de organização de frações internas no Partido; supressão da liberdade e autonomia sindical; implantação da NEP (Nova Política Econômica) – não foram expressões de um estrutural e inevitável autoritarismo que tipificaria o bolchevismo. De fato, a história do Partido Bolchevique, a história da Revolução Russa, estão longe da linearidade, da homogeneidade, marcadas que foram por divergências, por disputas, pela existência de fases distintas em seus ritmos, em suas lideranças e tendências. Sem falar das mudanças de posição que levaram, por exemplo, Bukharin transitar de um ultraesquerdismo, junto com Preobrazhensky, no referente a Paz de Brest-Litovsk, que eles viam como "vergonhosa", à liderança do que se chamou de "direita" do partido no contexto da luta política que marcou a Revolução Russa nos anos 1920.

Bukharin não foi o único a mudar de posição no contexto da experiência soviética, e não se veja nisso oportunismos ou interesses menores, que, muitas vezes, foram legítimas as motivações.

Explicite-se, se ainda não está posto, o ponto central do que se pretende neste texto. Busca-se aqui, sem ignorar ou minimizar as trágicas consequências de certas apropriações do marxismo, de certas experiências que se reclamaram socialistas, comunistas, mostrar a existência de autores, ideias, instrumentos político-organizativos, que continuam perfeitamente identificados com a construção do socialismo como projeto emancipatório, como é o caso dos "conselhistas". Para apreender o essencial do que tem a dizer é o caso de retomar as lições da Revolução de 1905 e as teses de Rosa Luxemburgo sobre essa revolução, como pontos de partida para a compreensão das correntes "conselhistas".

Retrato da revolução quando jovem: 1905

Naquele 21 de janeiro de 1905, a multidão, cerca de 200 mil pessoas, que, entoando hinos e carregando ícones religiosos, liderados por um padre, em procissão tanto quanto em manifestação política, dirigiu-se ao Palácio de Inverno, em São Petersburgo, para clamar junto ao pai poderoso e severo, o czar, certos direitos, sintetizou, na complexa trama de seus símbolos e significados, o essencial da realidade política e cultural russa. Naquele domingo, que depois se chamou sangrento, a multidão, que acorreu às ruas, crente e esperançosa em seu czar e em sua Igreja, desfilando suas justas demandas, secularmente sonegadas, reivindicando direitos que quase todos os povos europeus já haviam conquistado, era o sujeito de uma nova época histórica que se abria.

Por certo a *Revolução de 1905* não foi a primeira mobilização política da Rússia. No século XVIII, Pugatchev (1726-1775), já havia protagonizado uma revolta contra Catarina II, com base nos cossacos e camponeses dos Urais e do Don, que resultou em fracasso e execução de seu líder. Em 1825, em 14 de dezembro, um grupo de oficiais e nobres, inspirados nos ventos renovadores e constitucionais, que a Europa vivia sob o influxo da Revolução Francesa, *malgré tout*, tentou se insurgir contra o czar Nicolau I, em movimento, chamado *decembrista*, que também resultou em fracasso e punição exemplar, como era a praxe.

Os acontecimentos de 1905 têm um lugar especial tanto na história russa, quanto na história contemporânea, por diversas razões. No âmbito nacional, a Revolução Russa de 1905 explicitou traços da complexa e ambígua tessitura política e cultural russa – uma revolução, que reivindicava direitos trabalhistas e democráticos, que teve início com a repressão à uma passeata-procissão liderada por um padre e cheia de simbolismos religiosos.

Esse amálgama heteróclito de motivações e valores é quase uma síntese da realidade histórica russa, que teria como característica central a impermeabilidade às transformações decorrentes da modernidade, o apego à velha ordem feudal. Disse Otto Maria Carpeaux: "a Europa passou pela experiência da Renascença, que a Rússia não conheceu. As consequências desse fato são muito grandes: o pensamento russo, ou antes, o sentimento russo não conhece a independência da ciência racional e da arte profana, não conhece a secularização da sociedade" (CARPEAUX, 1952, p. 49).

Trata-se aqui de reconhecer que, historicamente, a longa dominação do regime feudal, da autocracia czarista e suas pesadas e asfixiantes burocracias estatal e religiosa, resultaram, na Rússia, em rarefação quase absoluta de liberdade e de autonomia sem as quais a sociedade ficou imune à mercê de poder autocrático. Fechada, afundada em suas vastidões eurasianas, desconfiada de tudo quanto parecia comprometer as velhas instituições autocráticas, a Rússia manteve-se à margem da modernidade em todas as suas dimensões e possibilidades. Reclusa, e deliberadamente avessa ao que ameaçasse o poder absolutista, a Rússia só experimentou a modernidade, seletivamente, pela importação-imposição de alguns de seus elementos pela mão pesada do estado seja com Pedro, o Grande, seja com Catarina, a Grande, seja com as "modernizações capitalistas" conduzidas pelo conde de Witte, no final do século XIX.

Isaac Deutscher viu bem o essencial dos limites do desenvolvimento capitalista na Rússia. Disse ele:

> os esforços realizados em termos tzaristas para modernizar a estrutura da vida nacional foram bloqueados pelo denso resíduo de feudalismo, o subdesenvolvimento e fragilidade da burguesia, a rigidez autocrática, o sistema arcaico de governo e, por último, mas não menos importante, a dependência econômica da Rússia em relação ao capital estrangeiro (DEUTSCHER, 1968, p. 10).

A um tempo Império e Colônia, asiática e europeia, moderna e resistente baluarte do Antigo Regime, a Rússia deslumbrava e desafiava quem a entendesse. Sua literatura, no século XIX, foi o espaço privilegiado da atualização cultural. Seus grandes escritores perfizeram no plano literário a revolução que outros países tinham nos planos econômico, político e social. Marx, disse na "Contribuição da Filosofia do Direito de Hegel: Introdução", 1844, que a miséria alemã residia no fato de que a revolução, que Inglaterra, França tinham vivido no campo econômico e político, a Alemanha só a tinha feito no plano filosófico. No caso da Rússia esse descompasso histórico seria ainda mais radical, pelo brutal atraso da vida política, econômica e social russa. É a partir desse quadro geral, que se pode entender o prodigioso da grande literatura russa, sua capacidade de presentificar as questões-chaves da vida burguesa, como se a defasagem histórico-social da Rússia com relação ao mais avançado da sociedade burguesa funcionasse como elemento ainda mais iluminador do dilaceramento que marca a sociedade comandada pelo capital.

Assim, quando as massas acorrem ao chamado do padre Gapon, e dirigem-se ao czar, em atitude respeitosa e inflamada, pela justeza do pleito, é todo o drama russo que marcha e ora, pede e clama, num gesto em que o religioso e o profano são indistinguíveis.

E o que fez o czar? E o que fez o pai quando seus filhos, contritamente respeitosos, vão a ele para pedir justiça e direitos? Massacrou-os. E o domingo de inverno tingiu-se de sangue: mais de mil mortes, mais de dois mil feridos.

Abriu-se então, uma época de intensa mobilização política e social; novas formas de exercício da vida política: os *soviets* surgiram superando as velhas formas de representação; a *greve geral de massas* mostra-se um instrumento poderoso de luta social; operários, soldados, marinheiros, o povo enfim, marchou e se organizou construindo uma unidade política de caráter estratégico.

A Revolução de 1905, no inverno russo, é a primavera adiada, desde 1848, quando a Rússia só foi capaz de viver aqueles tempos de renovação no plano das ideias, pela ação da *Intelligentsia*. Seus grandes nomes – de Herzen a Bakunin, dos populistas aos anarquistas, dos "eslavofilos", como Dostoievsky, aos "ocidentalizados" como Turguêniev – atualizaram a vida cultural russa num sentido algo original em relação ao mundo ocidental: é que a Rússia quer a renovação, mas não quer deixar de ser a Rússia herdeira da tradição e da ortodoxia religiosa. Deste processo, em que o novo não quer significar a destituição da tradição, resultará, em alguns casos, paroxismos de contradições e defasagens.

Uma das versões mais significativas dessa complexa apreensão dos resultados da modernização na Rússia acabou por ser, rigorosamente, religiosa, como se vê em Dostoievsky: "o povo russo, segundo Dostoievsky, tem uma missão divina: cabe-lhe a tarefa de transformar o Estado profano em Igreja espiritual, para redimir, assim, o mundo inteiro" (CARPEAUX, 1952, p. 32).

Outros autores, os populistas, e mesmo o Marx que reconheceu as virtualidades socializantes da comunidade rural russa, reconhecerão na complexidade da trama histórico-cultural russa elementos possibilitadores de uma transição singular do velho ao novo. Diz Isaiah Berlin:

> a total ausência de direitos, liberdades elementares, os sete tenebrosos anos que se seguiram a 1848, em vez de induzirem ao desespero ou à apatia, trouxeram a mais de um pensador russo o sentido da completa antítese entre seu país e as instituições relativamente liberais da Europa, que, de modo bastante paradoxal, tornou-se a base do subsequente otimismo russo. Dela nasceu a fortíssima esperança de um futuro sem par, feliz e glorioso, destinado unicamente à Rússia (BERLIN, 1988, p. 28).

São os dados exuberantes da presença e consequências dessas defasagens, desses descompassos, que marcaram a história da Rússia, que autorizam a se pensar que é de certas instituições do passado – da *Obshchina*, aldeia comunitária russa; do *Mir*, o conselho comunitário dessas aldeias – combinadas com o mais avançado da ciência, da tecnologia, da cultura, da política, que virá o influxo efetivamente transformador e emancipatório. É essa a base conceitual-cultural, que, obviamente remete à justa compreensão da dialética histórica, que informa a tese decisiva do "desenvolvimento desigual e combinado" elaborado por Trotsky:

> Sob o chicote das necessidades externas, a vida retardatária vê-se na contingência de avançar aos saltos. Desta lei universal da desigualdade dos ritmos decorre outra lei que, por falta de denominação apropriada, chamaremos de *lei do desenvolvimento combinado*, que significa aproximação das diversas etapas e combinação das fases diferenciadas, amálgama das formas arcaicas com os mais modernos. Sem esta lei, tomada, bem entendido, em todo o seu conjunto material, é impossível compreender

a história da Rússia, como em geral a de todos os países chamados à civilização em segunda, terceira ou décima linha (TROTSKY, 1967, p. 25).

Atrasada, num certo momento, a Rússia vai viver em 1905 o que a Europa vivera em 1848: "O '1848 russo' aconteceu naquele país em 1905 e, a essa altura, a classe média no Ocidente já não era mais revolucionária ou sequer ativamente reformista" (BERLIN, 1988, p. 27). Deste desencontro resultou uma ultrapassagem: em 1905, se a revolução na Rússia começou como uma busca de atendimento de reivindicações democráticas e trabalhistas – jornada de 8 horas de trabalho; direito de greve; liberdade de expressão e consciência; separação da Igreja do Estado, convocação do Parlamento; paz na guerra com o Japão – sua dinâmica significou não só a invenção de formas radicalmente democráticas de organização – *os soviets* – como a radicalização da greve geral de massas como a forma central da luta social.

Num contexto de marasmo político, de atrofia do impulso revolucionário nos partidos socialistas do ocidente europeu, a Revolução de 1905 causou espanto, admiração e entusiasmos. Alguns de seus episódios, como a revolta do *Couraçado Potemkin*, em junho de 1905, foram fixados como momentos fundantes da moderna revolução socialista, revolução que se espraiará também para o campo das artes, da cultura. É o que se vê tanto no filme de Eisenstein, o *Couraçado Potemkin*, de 1925, que revolucionou a montagem e o ritmo cinematográfico (EISENSTEIN, 1982), quanto no poema de Boris Pasternak, *O ano de 1905*, publicado em 1927, como parte das comemorações pelo décimo aniversário da Revolução de Outubro (PASTERNAK, s.d.).

Com efeito, foi a Revolução de 1905 a grande e fundamental influência sobre as correntes marxistas, que se recusaram a submeter a autonomia revolucionária da classe operária aos ditames do realismo político, da burocratização.

Rosa Luxemburgo e a revolução de 1905

Rosa Luxemburgo, nasceu em 5 de março de 1871, há quem diga ter sido em 1870, em Zamość, perto de Lublin, na Polônia. Filha de uma família judia, desde muito jovem militante socialista, concluiu seus estudos superiores em Zurique, na Suíça, defendendo uma tese, em 1897, *Sobre o desenvolvimento industrial da Polônia*, utilizando-se do marxismo, no que antecipa Lênin, que publicou seu *Desenvolvimento do capitalismo na Rússia*, apenas em 1899. Tendo chegado, em 1889, a Zurique, Rosa Luxemburgo matriculou-se na universidade para estudar ciências naturais e matemática. Entre 1890-91, abandonou as ciências naturais e passou a estudar economia, filosofia e direito (ETTINGER, 1996, p. 59). Durante sua estadia em Zurique conheceu Plekhanov (1856-1918), que vivia então naquela cidade. Ao lado de seus estudos, Rosa Luxemburgo intensificou sua militância política. Em 1893, fundou, junto com Leo Jogiches (1867-1919), o Partido Social

Democrata do Reino da Polônia (SDKP). Em 1893, atuou com destaque no Congresso da II Internacional. Em 1898, Rosa foi para Berlim dando início à decisiva participação no mais importante partido socialista do mundo, então.

Logo em seu primeiro ano de estadia na Alemanha, confrontou-se com um dos mais importantes membros do Partido Social Democrata Alemão, Eduard Bernstein (1850-1923). Naquele momento Bernstein estava empenhado em desenvolver uma tese que, conhecida hoje como *revisionista*, dividiu o movimento socialista entre os que defendiam a destruição do capitalismo mediante uma revolução, que instaurasse o socialismo, posição que naquele momento Rosa Luxemburgo defendeu ao lado de Karl Kautsky (1854-1938), e os que, convencidos da indestrutibilidade do capitalismo, de sua ilimitada capacidade de adaptação, haviam abandonado a perspectiva da Revolução em nome de uma estratégia de acomodação-adaptação ao capitalismo. Publicados pelo *Die Neue Zeit*, entre 1897 e 1898, os artigos "revisionistas" de Bernstein receberam de Rosa Luxemburgo uma resposta tão dura quanto lúcida. Veja-se o que diz Elzbieta Ettinger: "O artigo de Luxemburgo, 'Reforma Social ou Revolução', publicado em sete capítulos, de 21 a 28 de setembro de 1898, no *Leipziger Volkszeitung*, foi aclamado como um trabalho de erudição impecável, como a refutação mais completa da teoria de Bernstein" (ETTINGER, 1996, p. 100).

Nesse texto, Rosa Luxemburgo mostra uma de suas virtudes essenciais – sua capacidade de surpreender as consequências mais amplas de processos apenas esboçados. É o caso de sua análise das consequências da expansão do sistema de crédito, vale dizer, do sistema financeiro, e das consequências que ela extrai da expansão dos gastos militares, então em curso (LUXEMBURGO, 1974). Nos dois casos Rosa Luxemburgo antecipou processos, que mais tarde terão enormes impactos globais: a expansão dos gastos militares como tendência inerente ao imperialismo e as guerras que ele gera; a expansão do sistema de crédito, do sistema financeiro e suas consequências sobre o processo de valorização e acumulação de capital fictício no sentido de sua maior complexificação e fragilização, de que a crise de 1929 e a crise atual são expressões maiores.

A Revolução de 1905, que teve início em janeiro, prolongou-se por todo o ano e avançou por 1906. Rosa Luxemburgo voltou a Varsóvia, em 1905, para participar da Revolução, que ela atingiu, também, a Polônia, a Lituânia, os Países Bálticos, a Sibéria e o Cáucaso. Presa, em 4 de março de 1906, Rosa Luxemburgo foi posta em liberdade condicional, em 28 de junho de 1906. Em setembro de 1906, participou do Congresso do Partido Social Democrata Alemão, em Manheim, onde pronunciou dois discursos sobre a Revolução Russa. Também, em 1906, esteve em São Petersburgo encontrando-se com lideranças bolcheviques e mencheviques. É essa intensa movimentação e o contato com a realidade da Revolução, que estão na base do livro que ela publicou, ainda em 1906, *Greve de massas, partido e sindicato*, que, ao lado de ser uma das mais acuradas análises da Revolução de 1905, é também a explicitação de uma das matrizes centrais do pensamento revolucionário contemporâneo. Se Lênin é a *organização*, é o sentido prático, a força organizativa; se Trotsky é o *programa*, o descortínio dos grandes movimentos históricos; Rosa Luxemburgo é a aposta na força emancipatória da *espontaneidade das massas*, é a abertura para a política como invenção permanente de mobilização e de luta.

Para Rosa Luxemburgo a Revolução de 1905 era a materialização do potencial revolucionário das massas, era a comprovação do inaceitável da posição oportunista da social democracia alemã. Disse Rosa Luxemburgo:

> A questão principal consiste no seguinte: compreender de modo claro e consciente que, da revolução em andamento no império tzarista, derivará uma poderosa *aceleração* da luta de classe internacional, que – bem cedo – irá nos colocar, também nos países da "velha" Europa, diante de situações revolucionárias e novas tarefas táticas (LUXEMBURGO, apud SALVADORI, 1984, p. 271).

O entusiasmo de Rosa Luxemburgo pela Revolução Russa de 1905 decorreu, em grande parte, da centralidade que a greve de massas exerceu naquele processo, em aspectos essenciais: 1) por seu significado como expressão da livre mobilização das massas; 2) por sua capacidade de articular aspectos econômicos e políticos; 3) por sua capacidade de elevar o nível de consciência das massas. Diz Isabel Maria Loureiro: "Embora as greves da primavera de 1905 tenham sido quase todas vitoriosas, elevando o nível de vida da classe operária, o que realmente importa é o crescimento do seu 'nível cultural'".

"O resultado mais precioso, porque o mais permanente deste fluxo e refluxo brusco da revolução, é seu *peso intelectual*. O crescimento, intermitente do proletariado no plano intelectual e cultural oferece uma garantia absoluta do seu irresistível progresso futuro, tanto na luta econômica quanto na política" (LUXEMBURGO apud LOUREIRO, 2004, p. 77).

Rosa Luxemburgo não foi a única a reconhecer o legado da Revolução Russa de 1905 para a revolução socialista. Tanto Parvus, o revolucionário russo radicado na Alemanha, cujo nome é Alexander Helphand, quanto a socialista holandesa Henriette Roland Holst, contribuíram para a compreensão dos amplos significados da Revolução de 1905. Disse Massimo Salvadori:

> Na análise dedicada no curso de 1905 à revolução russa e ao seu significado internacional, Rosa Luxemburg esforçou-se por resolver um problema teórico central, que pode ser indicado do seguinte modo: como podem os métodos de luta de um proletariado como o existente num país tão atrasado como a Rússia ter um significado geral, válido também para o proletariado ocidental? (SALVADORI, 1984, p. 272).

A resposta de Rosa Luxemburgo foi:

a única classe realmente revolucionária é o proletariado industrial, assim como a única ideologia revolucionária é a social-democrata: "contra todas as opiniões correntes, a atual revolução russa possui o caráter mais marcadamente proletário de todas as revoluções ocorridas até hoje (LUXEMBURGO *apud* SALVADORI, 1984, p. 272).

Ainda:

> o caráter proletário da revolução derivava, ademais, não apenas do fato de que as forças materiais eram as massas trabalhadoras, mas também da forma das lutas, forma própria das lutas proletárias (os movimentos de massa), e da duplicidade dos objetivos, os quais não se voltavam somente contra o absolutismo político, mas também contra a exploração econômica. A luta, por conseguinte, era ao mesmo tempo política (antiabsolutista) e econômica (anticapitalista). A greve de massa, desse modo, constituirá "a síntese desses dois movimentos" (SALVADORI, 1984, p. 273).

Num processo tão rico de experimentações, tão nuançado e complexo, em que surgiram os *soviets* Rosa Luxemburgo escolheu enfatizar a greve de massas, a forma por excelência de organização e de luta na Revolução de 1905. Sublinhar a centralidade da greve de massas é, de fato, afirmar que o sujeito da história são as massas, não o partido (LOUREIRO, 2004, p. 73). Disse Trotsky:

> É verdade, sem dúvida, que Rosa Luxemburg opôs com paixão o espontaneísmo das ações das massas à política conservadora da direção social-democrata, particularmente depois da revolução de 1905. Esta posição era, do começo ao fim, revolucionária e progressista. Rosa Luxemburg compreendeu e começou a combater bem mais cedo que Lênin o papel de freio do aparelho ossificado do partido e dos sindicatos (TROTSKY *in* LUXEMBURGO, 1979, p. 8).

Durante muito tempo, e ainda hoje, há quem queira ver na posição de Rosa Luxemburgo uma recusa da necessidade da organização das massas. Contra essa ideia veja-se o que Rosa Luxemburgo escreveu em 1903: "A revolução socialista só poderá ser consumada pela classe operária... Só a luta de massas, a organização do proletariado, e a sua educação poderá fazer surgir as condições necessárias para a futura sociedade" (LUXEMBURGO *apud* GERAS, 1978, p. 31). Assim, veja-se em Rosa Luxemburgo, também neste caso, ao insistir na necessidade de uma organização política, que se previna contra a degeneração burocrática, à luz da história do século XX, a prova de sua extraordinária acuidade política e efetivos compromissos com a democracia socialista. É de Rosa Luxemburgo, a inspiração básica das tendências teórico-políticas do chamado "comunismo de esquerda", dos "conselhistas".

Os conselhistas

A plataforma política dos conselhistas não é senão a que caracteriza o socialismo: a abolição das classes, a abolição do assalariamento e a abolição da exploração capitalista, mediante a gestão direta, sem intermediários, dos meios de produção pelos operários, através de uma organização da produção que lhes desse todas as possibilidades de controle (MATTICK, 1977, p. 84). Não é difícil mostrar, que a plataforma dos conselhistas é, rigorosamente, a mesma que Marx chamou de "livre associação dos produtores", ponto de partida inegociável da construção do socialismo.

Durante as primeiras décadas do século XX, da Revolução de 1905 até ao "curto verão de anarquia" catalã, nos anos 1930, a revolução socialista pareceu ser possível, como realização da autonomia operária, da democracia socialista. Que isso tivesse como referência o marxismo ou o anarquismo não parecia afetar o objetivo geral comum: por fim à dominação capitalista, realizar a liberdade e a igualdade plenas. Trata-se de processo abrangente e complexo em seus rebatimentos nacionais, regionais, políticos, teóricos, ideológicos. Uma análise detida de todas essas dimensões está longe de ser possível aqui. Assim, escolheu-se abordar o tema a partir da apresentação de dois dos mais influentes representantes do "conselhismo": o holandês Anton Pannekoek e o alemão Karl Korsch.

A. Anton Pannekoek

Anton Pannekoek nasceu em 2 de janeiro de 1873, em Vaassen, povoado de Gueldre, na Holanda. Estudou astronomia na Universidade de Leiden, por onde doutorou-se, em 1902. Sua carreira como astrônomo foi reconhecida internacionalmente como um dos maiores especialistas em atmosfera estrelar sendo um dos primeiros teóricos do "efeito Stark" nas estrelas. Recebeu o título de doutor "honoris causa" da Universidade de Harvard, foi homenageado pela American Astronomical Society e recebeu a medalha de ouro, em 1951, da Royal Astronomical Society, da Inglaterra. Mudou-se para a Alemanha, em 1905, onde desenvolveu intensa atividade docente e política na Escola do Partido Social Democrata Alemão. Voltou à Holanda, em 1914, e passou a lecionar matemática em vários liceus. Em 1918, foi indicado para chefiar o Observatório Astronômico de Leiden, não chegando a ocupar o cargo por veto do governo. Em 1921, ingressou no Instituto de Astronomia da Universidade de Amsterdam. Em 1932 tornou-se professor catedrático daquela universidade. Aposentou-se em 1943. Faleceu em 29 de abril de 1960, em Wageningen (BRENDEL, 1978; MATTICK, 1973).

Pannekoek formou, junto com Herman Gorter, Frank van der Goes e Henriette Roland Holst, a ala esquerda da social-democracia holandesa, a partir de 1901, quando ingressou no Partido Operário Social democrata holandês. A social-democracia holandesa, nesse período, distinguia-se por uma significativa disposição combativa em muito devida à influência de Domela Nieuwenhuis, fundador do Partido Operário Social-Democrata holandês e oriundo da tradição anarco-sindicalista. Disse Mattick:

Sob a influência de seu fundador não marxista, Domela Nieuwenhuis, esse partido foi mais combativo que as organizações estritamente marxistas que integravam a Segunda Internacional. Assim, assumiu uma posição essencialmente antimilitarista e Domela Nieuwenhuis defendeu a utilização da greve geral para impedir a guerra. Foi contra a exclusão dos anarquistas da Internacional e sua experiência como membro do Parlamento o fez rechaçar o parlamentarismo como arma de emancipação social. As tendências 'anarco-sindicalistas' que ele representava levaram à divisão do Partido. Assim, surgiu um novo partido mais próximo do 'modelo' da social-democracia alemã. Não obstante, a ideologia radical do antigo partido influenciou nas tradições do movimento operário holandês (MATTICK, 1973, p. 4-5).

Gorter e Pannekoek fundaram, em 1903, uma revista – *De Tribune* – com o propósito de combater o oportunismo crescente dos dirigentes do Partido Operário Social-Democrata holandês. Em 1909, a ala esquerda desse partido foi expulsa e fundou o Partido Social-Democrata Independente, que, em 1918, vai ser o núcleo fundador do Partido Comunista Holandês.

Desde 1905 na Alemanha, Pannekoek lecionou na escola do Partido Social-Democrata Alemão e colaborou nos seus principais jornais: *Neue Zeit* e *Bremer Bürger Zeitung*. Em 1912 iniciou polêmica com Kautsky, em que desenvolveu argumentos que, mais tarde, vão ser considerados como típicos do "comunismo de esquerda". Durante a guerra, voltou à Holanda. Em 1915 defendeu a plataforma de Lênin apresentada na Conferência de Zimmerwald, que está na base da criação da III Internacional, em 1919. Nesse período, desenvolveu intensa atividade política e teórica escrevendo para as publicações *Lichtstrahlen* e *Arbeiterpolitik*. Do mesmo modo que Rosa Luxemburgo, Pannekoek e Gorter vão apoiar, criticamente, o regime bolchevique ao mesmo tempo que trabalhavam para a criação de um novo partido comunista e de uma nova internacional.

Astrônomo reconhecido internacionalmente, cientista perfeitamente senhor do mais atualizado das ciências físicas e naturais do seu tempo, Pannekoek combinou esse qualificado domínio das ciências com um desassombrado desafio político: construir o socialismo como expressão do proletariado organizado sob a forma de conselhos, sem intermediários e cláusulas apaziguadoras. De fato, parece não ser estranho ao astrônomo o assalto ao céu, ao céu do poder, para mostrar do que, de fato, ele é feito, sua matéria própria, que não é, senão, a sua ardilosa e materialmente construída capacidade de convencer a maioria a obedecer a um.

Pannekoek desenvolveu, desde o início do século XX, importante atividade militante sendo responsável, junto com Herman Gorter, por uma série de textos, que foram publicados entre 1912 e 1920, que, reunidos em livro, expressam o central da linha política dos conselhistas naquele período – *Contra* o *nacionalismo, contra o imperialismo e a guerra: revolução proletária mundial* (GORTER; PANNEKOEK, 2005).

Ao mesmo tempo em que debatia questões imediatamente políticas, Pannekoek também se dedicou aos estudos filosóficos como é o caso de seu livro *Lênin filósofo*, publicado em 1938, em que critica o livro de Lênin – *Materialismo e empiriocriticismo*, de 1908.

Trata-se de questão em que estão presentes equívocos e mal-entendidos de ambas as partes. De um lado, é possível admitir, que a leitura de Lênin de Mach e Avenarius não lhes fez justiça, ainda mais quando buscou apoiar-se em Haeckel e Plekhanov, autores em muito distantes de perspectiva dialética. Por outro lado, sabemos que Lênin modificou seus pontos de vista filosóficos, fundamentalmente pela revalorização que vai fazer de Hegel na obra de Marx. Em 1914 Lênin leu, anotou e resumiu vários livros de Hegel, em particular a *Ciência da Lógica*. Essa posição, naquele contexto, quando dominava um marxismo fortemente '"positivista", de Plekhanov, de Kautsky, e por que não dizer de Pannekoek, a remissão a Hegel abre um caminho de renovações para o marxismo, que para ser materialista, efetivamente, como queria Pannekoek, teria que ser, efetivamente, dialético a partir da efetiva superação da dialética hegeliana empreendida por Marx e que Pannekoek rejeitou por, exatamente, não reconhecer a centralidade da dialética na obra de Marx (LENINE, 1973).

Há semelhanças entre as posições de Pannekoek e Rosa Luxemburgo sobre a Revolução Russa, distinguindo-se, no entanto, quanto à questão da dissolução da Constituinte Russa, de 1918, apoiada por Pannekoek e condenada por Rosa Luxemburgo.

As divergências entre os "comunistas de esquerda" e a liderança bolchevique vão se aprofundar culminando com a publicação daquela implacável condenação que é o livro de Lênin – *A doença infantil do "esquerdismo" no comunismo*, de 1920.

Nesse texto Lênin acerta contas com os críticos esquerdistas da Revolução Russa. Tem lugar especial aí o que ele chama de *"revolucionarismo pequeno burguês*, assemelhado ao anarquismo, ou que toma algo dele e que se afasta, no essencial, das condições e exigências de uma consequente luta de classes do proletariado" (LÊNIN, 1981, p. 360).

Entre esses "revolucionários pequeno burgueses", Lênin inclui alguns membros do Partido Comunista Holandês:

> que tiveram a desgraça de terem nascido num país pequeno, com uma tradição e condições de situação legal, singularmente privilegiados, e singularmente estáveis, que jamais experimentaram a alternância de situações legais e ilegais, e que se atrapalharam, perderam a cabeça e patrocinaram absurdos infundados (LÊNIN, 1981, p. 369).

A crítica de Lênin aos esquerdistas holandeses tem três tópicos básicos: a) a recusa dos esquerdistas em participarem de sindicatos contrarrevolucionários;

b) a recusa dos esquerdistas em participarem do parlamento burguês; c) a crítica dos esquerdistas à centralização política do partido bolchevique.

Lênin é implacável em sua crítica:

> Por suposto, o erro do doutrinarismo de esquerda no comunismo é, na atualidade, mil vezes menos perigoso e grave, que o de direita (isto é, o erro do social chauvinismo e do kautikismo); porém, isto se deve, unicamente, a que o comunismo de esquerda é uma tendência novíssima, que apenas acaba de nascer. Só por isso, a enfermidade pode ser facilmente vencida, sob certas condições, e é necessário empreender seu tratamento com a máxima energia (LÊNIN, 1981, p. 420).

Nesse caso, o tratamento foi a expulsão dos comunistas de esquerda no Congresso da III Internacional, de 1921. Para este Congresso Pannekoek redigiu um texto – "Revolução mundial e a tática comunista" – escrito em março de 1920 – que tem a seguinte estrutura: na primeira parte, há

> uma tentativa de análise da revolução russa desde a perspectiva das revoluções asiáticas contra o capital; a segunda parte, é uma crítica do socialismo radical, na medida em que seu programa manteve-se ligado às formas tradicionais do parlamentarismo e do sindicalismo. [...] No que diz respeito à Rússia tudo dependerá da revolução na Europa do Oeste e na América. Assim, o atraso do país tornaria inevitável a aparição de uma burocracia do Estado e da empresa, que, fundindo-se com a antiga burocracia conduziria a um novo poder de chefes... (PANNEKOEK, 1975, p. 13-14).

Não faria justiça aos contendores, nem contribuiria para a melhor compreensão da questão seja a simples tomada de posição por uma das posições em disputa, seja a busca de uma neutralidade que se resumiria em inventariar, abstratamente, erros e acertos como se se pudesse, de fato, estabelecer juízos seguros sobre o imponderável do que poderia ter sido se tal ou qual coisa tivesse acontecido, se tal ou qual sujeito tivesse tal ou qual atitude... É um fato inegável que a tática bolchevique foi vitoriosa, como disse Lênin; que a Revolução de Outubro "está cheia de casos de manobras, de acordos e compromissos com outros partidos, incluídos os partidos burgueses" (LÊNIN, 1981, p. 393). Lênin é enfático na defesa de uma tática, que não exclua, a priori, manobras que contribuam para o fortalecimento do partido revolucionário. Na verdade, é essa a grande divergência entre os conselhistas e os bolcheviques, a centralidade do partido na revolução socialista e na construção do socialismo. Para os conselhistas o sujeito insuperável da ação revolucionária é a classe operária, como disse Pannekoek: "o marxismo é a teoria da ação política, que une a ação revolucionária de massas e a ideologia dos conselhos" (GREBING, 1971, p. 166).

De fato, a razão maior da divergência entre os conselhistas e os bolcheviques não é nem a tática nem a necessidade do partido. Para os conselhistas também se coloca a necessidade da luta legal e do partido:

> Para conduzir essa luta, o proletariado precisa de um partido revolucionário consciente dos objetivos. Tal partido só poderá e deverá ser composto pela vanguarda revolucionária do proletariado. Somente poderão tornar-se membros, portanto, aqueles que foram bem sucedidos na experiência da luta revolucionária, que admitem o princípio da ditadura do proletariado e se submetam incondicionalmente às decisões do partido. O partido utiliza todas as formas de luta, legais e ilegais. Sua tarefa é preparar e organizar os movimentos de massa, as greves de massas e a insurreição armada. (Internacional Council Correspondence, (1935), 1973, p. 53, tradução nossa).

Na base dessa visão estão uma indeclinável aposta na espontaneidade revolucionária das massas, que tem como referência, sobretudo, as revoluções russas de 1905 e de 1917 e a ação dos "soviets". Nas palavras de Pannekoek:

> A verdadeira organização de que têm necessidade os operários no processo revolucionário é uma organização na qual cada um participa, de corpo e alma, tanto na ação como na direção; na qual cada um pensa, decide e atua mobilizando todas as suas faculdades; um bloco unido de pessoas plenamente responsável. Os dirigentes profissionais não têm lugar nesta organização. Entendam-se bem: será necessário obedecer: cada um deve se submeter às decisões que ele mesmo contribuir para formular. Porém, a totalidade do poder estará sempre nas mãos dos próprios operários (PANNEKOEK, 1975, p. 41).

Com efeito, é um equívoco ver os conselhistas como aqueles que desconsideraram a importância da organização para a emancipação plena da classe operária. Diz Pannekoek: "A organização é o princípio fundamental de combate da classe operária no sentido de sua emancipação. Disso resulta, do ponto de vista da práxis do movimento, que o problema mais importante é o da forma desta organização" (PANNEKOEK, 1975, p. 65). Para Pannekoek, cada momento da história de classes exige uma forma determinada da organização operária. No nascimento do capitalismo, os sindicatos foram os instrumentos criados pelos operários para buscarem se contrapor às consequências alienantes e corrosivas da solidariedade operária decorrentes da divisão do trabalho e do regime capitalista de produção. Com a plena consolidação do capitalismo os operários descobriram a necessidade da construção de partidos e de atuarem tanto no plano parlamentar, quanto nas múltiplas dimensões da luta de classes. Por outro lado, no contexto da revolução, abre-se o tempo de uma outra forma de organização: os conselhos operários, onde:

> só os interesses proletários são representados, excluindo dessa forma de participação os delegados capitalistas. Contestando a classe capitalista todo direito à existência, os conselhos operários tendem a eliminá-la como tal, desprovendo-a dos meios de produção. Além disso, essa mesma organização de conselhos é um instrumento que permite aos trabalhadores assumir, à medida que a revolução avança, a função que consiste em organizar a produção. Em outras palavras, os conselhos operários são os órgãos da ditadura do proletariado (PANNEKOEK, 1975, p. 80).

Nesse sentido, os conselhos operários são as formas necessárias da organização operária nas revoluções e nos processos de constituição do poder operário, que reconheçam a inegociável titularidade da classe operária como sujeito legítimo da revolução proletária. As revoluções russas de 1905 e 1917 viram surgir os "soviets", decisivo instrumento da classe operária em seu processo de emancipação. Diz Pannekoek:

> As velhas formas de organização, sindicatos e partidos políticos e a nova forma de conselhos (soviets) pertencem a fases diferentes da evolução social e tem funções, também diferentes. Os primeiros tinham por objeto fortalecer a situação da classe operária no interior da classe capitalista e estão ligados a seu período de expansão. A segunda tem por finalidade criar um poder operário, abolir o capitalismo e a divisão da sociedade em classes; e está ligado ao período do capitalismo decadente. No seio de um sistema ascendente e próspero, a organização dos conselhos é impossível, os operários se associam unicamente para melhorar suas condições de vida, o que permite a ação sindical e política (PANNEKOEK, 1975, p. 76).

Com efeito, a perspectiva dos conselhistas não ignorou as especificidades dos vários momentos de luta de classes, estabelecendo um caminho organizativo único e inflexível. De fato, o que, efetivamente, é inafastável para eles é a necessidade de não se adiar a transferência do poder para o proletariado depois de derrotado o poder burguês, isto é, que a ditadura do proletariado só pode ser o caminho para a construção do socialismo se ela for, desde o primeiro momento, a interdição do poder burocrático. Diz Pannekoek:

> O sistema conselhista é uma organização estatal, sem a burocracia de funcionários, que fazem do Estado um poder alheio e alienante do povo. O sistema conselhista faz realidade a afirmação de Friedrich Engels de que o poder sobre as pessoas deixa lugar para a administração das coisas. Os, sempre necessários para a administração, funcionários, cujos postos não são especialmente importantes, mediante uma adequada formação popular, serão acessíveis a todos. A verdadeira administração está nas mãos dos delegados eleitos, cujo mandatos são revogáveis a qualquer momento, e que trabalham pelo mesmo salário de um operário" (PANNEKOEK, 1978, p. 89-90).

Essa proposição recupera a grande lição da Comuna de Paris, e dá a ela o sentido de um programa – a construção da transição para o socialismo sem a interveniência obliterante seja do *burocratismo*, seja do *profissionalismo político*.

A crítica de Lênin aos conselhistas baseia-se no fato de que eles ignorariam as dificuldades da construção do socialismo em países grandes e heterogêneos do ponto de vista econômico-social e onde prevalecem regimes políticos autoritários. Nesses países, na Rússia em particular, a atividade política dos socialistas não poderia prescindir da busca de alianças táticas, da participação do jogo político parlamentar o que, ainda mais, reforçaria a necessidade da centralização política do partido, sob pena de seu esfacelamento político-ideológico no contexto da participação do partido no âmbito de mobilizações políticas policlassistas. De fato, Lênin tem razão em dizer que as circunstâncias históricas, que as configurações concretas das correlações de forças, como no caso da luta antifascista, podem exigir alianças políticas policlassistas como condição de resistência à barbárie aniquiladora. Tem razão Lênin em ver doutrinarismo, "esquerdismo" na recusa dos conselhistas em participarem do parlamento burguês ou de sindicatos não revolucionários. A ênfase na centralização política do partido defendida por Lênin é legítima sobretudo porque apoiada numa igualmente vigorosa defesa da democracia interna.

A conclusão geral que decorre da discussão sobre a questão da construção partidária deve começar por reconhecer, que o partido de tipo leninista é uma das formas possíveis e legítimas de organização política tanto mais seja efetivo o centralismo democrático. Por outro lado, não há que fazer do partido leninista o modelo único e inalterável de organização partidária, que essa deve responder aos cambiantes desafios de seu tempo e lugar, abrindo-se, permanentemente, para incorporar as experiências vivas da luta social, seja do ponto de vista organizativo, seja do ponto de vista programático.

Nesse sentido, a grande contribuição dos conselhistas e de Rosa Luxemburgo, para a construção do partido da revolução socialista, foi a advertência que fizeram quanto aos riscos da burocratização decorrentes da hipertrofia do partido em detrimento do poder dos Conselhos. Se a questão é grave e deveria ter merecido permanentes cuidados por parte da direção partidária revolucionária, ela ganhou ainda mais força à luz da tragédia das experiências do socialismo burocrático, constituindo-se em inafastável condição para a plena realização do socialismo, como liberdade e igualdade.

B. *Karl Korsch*

Karl Korsch nasceu em Tostedt, no norte da Alemanha, em 1886, filho de uma família de classe média. Seu pai, concluiu o bacharelado e interessou-se, vivamente, por filosofia, tendo elaborado um vasto livro sobre Leibniz, que ficou inédito. Sua mãe, originária da Prússia Oriental, era de origem rural e não tinha interesses intelectuais. Aos onze anos de idade os pais de Karl mudaram-se para a cidade de Meiningen onde ele poderia continuar seus estudos em ambiente mais aberto. A cidade foi capital de um grão-ducado e abrigava o mais antigo teatro da Alemanha. Nessa cidade o pai de Karl empregou-se em um banco, chegando à vice-presidência desse estabelecimento. Karl e seus cinco irmãos, um irmão e 4 irmãs, foram criados com algum conforto, levando, a família, vida modesta.

Concluído seu bacharelado em Meiningen, Karl estudou direito, economia e filosofia em Munique, Berlim, Genebra e Jena, doutorando-se, em 1910, pela Universidade de Jena, em Direito, com a tese "O momento da prova na qualificação da confissão". Casou-se em 1908, com Hedda Korsch, com quem teve duas filhas.

Desde jovem descobriu a política militando em organizações estudantis, que combatiam o antissemitismo e o militarismo. Filosoficamente Korsch, inicialmente, foi influenciado por Kant. Sua adesão ao socialismo vai se dar durante sua estadia na Inglaterra, entre 1912 e 1914. Na Inglaterra aprofundou seus estudos de direito publicando, em 1913 *Contribuição ao conhecimento e compreensão do Direito Inglês*. Na Inglaterra entrou em contato com a Sociedade Fabiana. Iniciada a guerra, em 1914, voltou à Alemanha e foi incorporado ao exército alemão. Contrário à guerra é desse período sua efetiva adesão à perspectiva do socialismo revolucionário, atuando como oficial, nas seguintes condições, como relatou sua esposa:

> Porque era contrário à guerra, jamais usou um fuzil ou um sabre. Não via dificuldade nisso porque estava tão seguro armado como desarmado; a questão é que não estava seguro de modo algum. Ele, pessoalmente, não mataria ninguém, porém, considerava que sua missão era a de trazer com vida a suas casas tanta gente de sua tropa quanto pudesse (KORSCH, 1973, p. 119).

Foi a experiência da guerra que confirmou sua adesão ao socialismo revolucionário. Para ele e vários de seus companheiros o final da guerra abriria caminho para a revolução socialista, que, efetivamente, eclodiu em 1919.

Terminada a guerra Korsch ingressou no Partido Socialista Alemão Independente, de tendência centrista, partido que incluía então, Kautsky e Hilferding. Logo desfiliou-se desse Partido passando a militar no Partido Comunista Alemão Unificado, resultado da fusão de vários grupos em torno da corrente spartaquista, liderada por Rosa Luxemburgo.

Ao lado de intensa militância política Korsch desenvolveu igualmente significativa atividade intelectual publicando ensaios e artigos como: em 1919 – "O que é socialização?"; 1921 – "A subversão da Ciência Natural por Albert Einstein"; 1922 – "Pontos nodais da concepção materialista da história"; 1922 – "Glosas marginais ao programa do Partido Operário" (SÁNCHEZ VÁZQUEZ, 1977, p. 10).

Mas, é em 1923, que a atividade política e intelectual de Korsch, atinge seu momento mais marcante. Nesse ano, ao lado de exercer o magistério como professor de direito na Universidade de Jena, Korsch exerceu o cargo de ministro da justiça do governo comunista da Turíngia; e foi deputado comunista do Parlamento da Turíngia durante a Revolução de 1923. Também em 1923 é a publicação de *Marxismo e Filosofia*, seu livro mais conhecido, que apareceu inicialmente na revista de Leipzig *Archiv für die Geschichte des Sozialismus und der Arbeiterbewegung* e que depois motivou tanto entusiasmos, quanto a implacável perseguição por parte da direção da III Internacional. Ainda assim, disse Sánchez Vázquez:

> A atividade prática política de Korsch no Partido Comunista Alemão prolongou-se alguns anos, durante os quais foi diretor da revista *Die Internationale*, órgão teórico do partido, deputado pelo Reichstag e delegado ao V Congresso da III ͣ Internacional, que se realizou em Moscou, em 1925. Os ataques desferidos por Zinoniev contra seu livro, no V Congresso, e, particularmente, sua posição em relação à política externa soviética, sobretudo sua condenação do tratado germano-russo, conduziram à sua expulsão do Partido, em 1926. Depois de sua expulsão, prosseguiu seu trabalho como deputado ao Reichstag, até 1928, e desenvolveu atividade política de oposição nas revistas *Kommunistische Politik* e *Der Gegner* (O Adversário). Na primeira publica 'A luta da esquerda pela Internacional Comunista' e 'Dez anos de luta de classes na Rússia dos soviets'. Na segunda, dá a conhecer suas 'Teses sobre Hegel e a revolução'. Nessa revista mantém uma posição ultraesquerdista que, no terreno prático militante, chega ao seu fim em 1928 (SÁNCHEZ VÁZQUEZ, 1977, p. 11).

Com a chegada de Hitler ao poder, Korsch abandonou a Alemanha, dirigindo-se, inicialmente, à Dinamarca, seguindo depois para a Inglaterra, radicando-se nos Estados Unidos, em 1936. Faleceu em 1961, em Cambridge, Massachusetts.

Durante sua permanência nos Estados Unidos escreveu artigos para a revista *Living Marxism* e outras revistas norte-americanas de esquerda. Publicou nesse período, em 1938, o livro *Karl Marx*, e os artigos: "A ideologia marxista na Rússia"; "O marxismo e a tarefa atual da luta de classes do proletariado"; "A filosofia de Lênin", além do livro em coautoria com Kurt Lewin, *Mathematical Constructs, in Psychology and Sociology*.

Seus últimos anos de vida foram marcados por perspectiva pessimista sobre o movimento revolucionário mundial. De todo modo, suas *10 teses sobre marxismo*, resultado de conferência pronunciada em 1950, e publicadas em 1959, tidas em geral como puro e simples abandono do marxismo, podem ser lidas, como fez Hedda Korsch, como tentativas de atualizar o marxismo para dar conta das novas realidades, interessando-se, cada vez mais, pelas experiências das revoluções em países atrasados, que lhe pareciam capazes de renovar o impulso revolucionário (KORSCH, 1973, p. 128-129).

Korsch, independente de como se avalie a última parte de seu itinerário político e intelectual, deixou legado fundamental para o marxismo emancipatório, em pelo menos dois aspectos fundamentais: 1) pela decisiva indicação que faz de que o marxismo, seu método crítico, deve ser aplicado ao próprio marxismo como teoria e prática, isto é, que o marxismo precisa, permanentemente, se submeter ao mesmo escrutínio crítico-dialético que ele exerce sobre todas as realidades histórico-sociais, como única garantia contra a petrificação, a dogmatização, a burocratização, praticadas tanto pela II?, quanto pela III? Internacional. Disse Korsch:

> Ao chegar ao seu fim, no início do século XX, o longo período do desenvolvimento puramente evolutivo, e aproximar-se um novo período de lutas revolucionárias, multiplicaram-se os indícios de que, ao mudarem as condições práticas da luta de classes, a teoria do marxismo entrou em situação crítica [...] Onde mais claramente manifestou-se essa crise da teoria marxista, é na questão da atualidade da revolução social frente ao Estado, isto é, quanto aos importantes problemas de transição e o objetivo final como são os referentes à "tomada do poder pela classe operária" e a "extinção final do Estado" na sociedade comunista [...] Precisamente, a atitude das diferentes correntes socialistas sobre esses problemas explicitou que aquela crise que há alguns decênios havia se manifestado, visivelmente, no campo dos partidos e sindicatos, social-democratas da segunda Internacional, sob a forma de uma controvérsia entre o marxismo ortodoxo e os revisionistas, uma falsa e provisória manifestação de uma ruptura muito mais profunda que atravessava o próprio marxismo ortodoxo [...] seria uma interpretação muito superficial e nada marxista-materialista, nem sequer hegeliano-idealista e simplesmente não dialética, se se tratasse de ver essa crise [...] como unicamente de covardia ou falta de espírito revolucionário [...] O único método autenticamente 'materialista e portanto científico' (Marx) para uma investigação dessa natureza consiste em ampliar o ponto de vista dialético, introduzido por Hegel e por Marx na concepção da história, ponto de vista que até agora haviam aplicado unicamente à filosofia do idealismo alemão é a teoria marxista que dela surgiu [...] Isso é, devemos compreender todas as transformações, desenvolvimentos, retrocessos e atrofias dessa teoria marxista [...] Se procedermos assim, compreenderemos tanto as causas reais da decadência da teoria marxista até chegar ao marxismo vulgar, como o sentido real dos apelos reformistas, aparentemente tão ideológicos, com os quais os teóricos marxistas da Terceira Internacional lutem, na atualidade, tão apaixonadamente, para restaurar a "verdadeira doutrina de Marx" (KORSCH, 1977, p. 35, 36, 37).

A obra de Korsch deve ser entendida como:

> o marxismo histórico compreendido entre a liquidação burocrática da revolução russa e a aparição dos movimentos radicais na Alemanha, entre 1918 e 1923. São, precisamente, esses dois momentos que determinam dois aspectos nucleares de seu pensamento: a crítica do marxismo como ideologia do poder burocrático na social-democracia e o leninismo, e a afirmação do proletariado como sujeito consciente e autônomo da história (SUBIRATS, 1973, p. 5).

Só por essa primeira dimensão, aplicar ao marxismo histórico a arma insubstituível da crítica dialética e materialista, o pensamento de Karl Korsch deveria ter lugar de destaque na luta pela afirmação do caráter emancipatório do marxismo. Mas, vai mais longe a atualidade do pensamento de Korsch, ao ser uma inegociável aposta no socialismo como "organização unitária do sujeito autoconsciente", de "autogestão generalizada de todos os planos da existência". Nas palavras de Helga Grebing: "o intento mais significativo de efetuar uma síntese entre marxismo, socialização e sistema de conselhos, tendente à aplicação das teorias marxistas, decorrem de Karl Korsch" [...] Socialismo era, para Korsch: "socialização é a revolução socialista, é mediante ação prática... cerne e verdade do pensamento socialista em vias de realização" [...] "como força impulsionadora deste processo reconhecia a ação direta do proletariado, dirigida por postulados objetivamente econômicos e sociais."

"Desta maneira, os conselhos viriam a ser instrumentos para a construção de uma sociedade sem classes e desprovida de qualquer marco estatal" (GREBING, 1971, p 168).

Com efeito, para Korsch o que importava, de fato, era a construção do socialismo como projeto resultante da ação autônoma da classe operária. Nesse sentido, o marxismo deixa de ser um fim em si mesmo para ser um instrumento, o mais percuciente, para a realização do socialismo proletário. Que Korsch tinha, em momento de isolamento político e desespero, não sabido reconhecer o efetivamente não passível de degeneração que é a essência do marxismo, não diminui a importância de sua obra e de sua intransigente defesa da autonomia proletária. Nesse sentido, é o caso, um dos poucos, é que não é possível acompanhar Eric Hobsbawm, quando diz que, "definitivamente, não há uma razão fundamental, hoje, pela qual devêssemos lê-lo" (HOBSBAWM, 1982, p. 162).

Lembrar Karl Korsch, nesse momento, é mostrar a existência de correntes, como a dos conselhistas, que buscaram construir o socialismo como projeto incancelavelmente emancipatório.

Introdução ao pensamento de Ernst Bloch

Vivemos tempos difíceis. Se outros tempos pareceram interessantes, ainda que dramáticos, é que havia a presença, ainda que pálida, de perspectiva emancipatória. Hoje, esta perspectiva parece bastante debilitada. De fato, são visíveis muitas e contundentes manifestações de regressão e amesquinhamento de projetos que reivindicavam a construção de uma sociedade efetivamente humana. Contudo, se não é o caso de minimizar esses inequívocos sinais de retrocesso, eles não podem anular a presença de vozes e exemplos perfeitamente comprometidos com a plena emancipação humana. Destaque-se, aqui, um desses nomes imprescindíveis, como está no verso de Brecht: Ernst Bloch.

Platão disse que a dialética leva a alma a contemplar tudo o que de melhor existe. A utopia é o modo pelo qual somos mobilizados a acreditar que o melhor pode ser alcançado, que a vida humana pode ser, de fato, liberdade, igualdade, felicidade. Ernst Bloch é o filósofo da utopia e da esperança, do não conformismo e da "consciência antecipadora". Sua obra tem lugar importante entre os que, a partir do marxismo, não se deixaram tragar pelo burocratismo, pelo esquematismo mecanicista, pelo "economicismo".

Bloch não está só no campo dos pensadores marxistas cujas ideias são tanto denúncia e antídoto contra o "mundo danificado" da ordem capitalista, quanto são inspiração e mobilização para a reconstrução de projeto socialista efetivamente emancipatório.

Com efeito, a obra de Bloch é uma resposta decisiva sobre o lugar e a atualidade da filosofia no mundo contemporâneo, resposta que não podendo ignorar a miséria da reificação, da imposição da venalização, da manipulação e da alienação gerais, como disse Karel Kosik, não cede ao irracionalismo, e, ao invés disso, nos relembra outras vertentes e matrizes da racionalidade, que não a instrumental, que, sendo uma forma particular de presentificação da razão, tem sido apresentada, a partir de óbvios interesses ideológicos, como a única e exclusiva forma de existir da razão.

O mundo contemporâneo, em qualquer de suas dimensões decisivas, parece ser a perfeita dominação do que Max Weber identificou como inevitáveis consequências da imposição do processo de racionalização: a vida autêntica aprisionada numa jaula de aço, a realidade humana e social prisioneira de um ambiente inóspito e petrificado.

Esse quadro foi tomado como irreversível consequência da modernidade, que, se significou a vitória da técnica, da industrialização, da padronização do modo de vida, significou, também, o insidioso apequenamento da alma reduzida a simples *lócus* do cálculo e do individualismo. Foi contra essa desoladora perspectiva que se insurgiram tanto o romantismo e seus desdobramentos à direita e à esquerda, quanto as correntes socialistas.

Fenômeno complexo e ambíguo, com características nacionais e temporais irredutíveis a simplificações, o romantismo tanto inspirou movimentos à esquerda, como é o caso de Rousseau, como foi arma da contrarrevolução e do conservantismo em geral, como se vê no heterogêneo arco que vai de Burke, na Inglaterra, a De Bonald e De Maistre, na França, a Donoso Cortez, na Espanha, a Adam Müller na Alemanha (LEPENIES, 1996, p. 336-337).

Sustenta-se aqui, que a recusa das implicações alienantes do processo de racionalização não precisa significar seja o recuo a um passado mítico (ao cristianismo primitivo como em Dostoievsky; à idade do ouro grega, como em Nietzsche), seja a valorização do puro direito à *diferença*, como está no chamado pensamento pós-moderno. Trata-se, de fato, de dizer que a racionalidade instrumental não esgota todas as possibilidades da razão, nem é seu perfeito sinônimo, que a racionalidade instrumental, que teria "desencantado o mundo, substituindo o mito e a imaginação pelo saber", sendo a busca do "esclarecimento", acabou por fazer desse "esclarecimento" instrumento de poder e opressão, como disseram Adorno e Horkheimer:

> O saber que é poder não conhece nenhuma barreira, nem na escravização da criatura, nem na complacência em face dos senhores do mundo [...]A técnica é a essência desse saber, que não visa conceitos e imagens, nem o prazer do discernimento, mas o método, a utilização do trabalho de outros, o capital [...]o que os homens querem aprender da natureza é como empregá-la para dominar completamente a ela e os homens (ADORNO; HORKHEIMER, 1985, p. 20).

Entre as decisivas consequências da imposição hegemônica da racionalidade instrumental está o seu autoatribuído caráter absoluto e exclusivo, que tem dominado o pensamento moderno desde o Renascimento impondo às ciências, às técnicas, às tecnologias, e mesmo às artes, um monopólio feito de interditos e desqualificações de tudo quanto não se submeta ao império do cálculo e da manipulação.

Assim, a corrente dominante do pensamento moderno omitiu a existência de "outras racionalidades", outras formas de pensar e organizar o mundo, que sendo rigorosamente racionais, isto é, colocando-se a serviço da busca do melhor e mais autenticamente humano da vida, recusam-se a se fazer da ciência a pura manipulação da natureza, o reino do utilitarismo. Trata-se, assim, de reconhecer a existência de "outras racionalidades" que valorizam a alteridade, o diálogo, a complexidade, a interdisciplinaridade, a utopia, a esperança, os fluxos, a deriva, a aposta, a revolução.

Esse ensaio é uma introdução, precária e incompleta, à obra de um autor, Ernst Bloch, que reafirmou as potencialidades emancipatórias da filosofia pela mobilização da utopia.

Esquerda filosófica

A inspiração básica desse item é o livro de Ernst Bloch, de 1952, *Avicena e a esquerda aristotélica* (BLOCH, 1966). Nesses tempos da trágica agudização de conflitos étnicos e religiosos tem um sentido, efetivamente, civilizador lembrar Ernst Bloch e seu livro, que nos remetem a uma velha e esquecida lição quanto ao papel decisivo da cultura islâmica na preservação e desenvolvimento de contribuições fundamentais da cultura clássica. Avicena funciona na obra de Bloch como uma insuspeitada matriz de uma postura científica e filosófica que contesta a clivagem discriminatória que vê o "oriente" como infenso à razão, à liberdade, condenado ao obscurantismo de uma religiosidade intolerante.

Avicena, Abu Ali al-Husayn ibn Abdallah ibn Sina, filho de uma família rica, nascido na Pérsia, em 980, versado em aritmética, geometria, lógica e astronomia, filosofia e medicina, que estudou na Universidade de Bagdá, é um dos autores do Islã, como Averróis, que disseram que a encarnação do espírito humano não era Maomé, mas Aristóteles (BLOCH, 1966, p. 18). Foi, entre os pensadores muçulmanos que a obra do estagirita continuou sendo estudada enquanto no "ocidente" ela despareceu, por vários séculos, só retomada no século XIII, sob as mãos de São Tomás de Aquino, profundamente influenciado em seu esforço de relançar a filosofia aristotélica no ocidente cristão pela leitura, pela interpretação do estagirita feita pela tradição islâmica. Com efeito, foi o Islã o guardião e o grande intérprete do filósofo que é quase um outro nome do pensamento sistemático, da razão colocada a serviço da educação e do aperfeiçoamento humano, sem que isso signifique ignorar as muitas "comprometedoras contradições do pensamento aristotélico", sobretudo de sua ética. A palavra ética tem em grego, ensinou-nos o filósofo brasileiro Henrique Cláudio de Lima Vaz, duas matrizes: as palavras *ethos* e *hexis*. Esses termos remetem a vários significados: abrigo, costume, hábito. De tal modo, que ética pode ser entendida como aquele comportamento, aquela prática a que todos estão submetidos que garantem a melhor vida na *polis*. A contradição flagrante da filosofia ética de Aristóteles, decorre, exatamente, de que quando ele fala da "melhor da vida na polis", ele exclui grande parte dessa mesma polis, já que jovens, mulheres, estrangeiros e escravos estão excluídos da vida da polis, das decisões que a constituem e a administram. Ainda assim, a filosofia ética de Aristóteles continua sendo referência necessária na medida mesmo em que permite vislumbrar um mundo, uma cidade, que seja efetiva realização da liberdade e da igualdade.

Que Aristóteles, esse decisivo pensador da "filosofia ocidental", tenha sido, superiormente, estudado e compreendido por pensadores do Islã deveria ser uma advertência contra reducionismos e preconceitos.

Não foi pacífica a aceitação das teses de Avicena (980-1037) sobre Aristóteles no Islã. De fato, tanto Avicena, quanto Averróis, Ibn Roshd (1126-1198), foram atacados pela ortodoxia islâmica, foram perseguidos, tiveram seus livros queimados, ainda que não tenham sido eles mesmos queimados como foi o caso de Giordano Bruno (1548-1600), grande admirador de Averróis e do filósofo judeu-árabe Avicebron, Ibh Gabirol (1126-1198), que compartilhou com eles a mesma adesão ao que Bloch chamou de "esquerda aristotélica", e que tem como característica central a apropriação do pensamento de Aristóteles de modo a desdobrar o conceito de matéria da sua imediaticidade como "mero ser em potência, como o indeterminado em si" em "matéria universalis", "dotada de um eterno movimento interior e uniformemente vivo", conceito que está na base da "natura naturans" de Spinoza (1632-1677) e do panteísmo de Giordano Bruno, que "concebeu a matéria como *vida total, fecundante e fecundada*, una, infinita como o antigo Deus, porém sem um *Mais Além*" (BLOCH, 1966, p. 29-30).

É essa "esquerda aristotélica", representada por Averróis e por Avicena, que estabeleceu um dos marcos fundantes da modernidade. Foi Siger de Brabante (1235?-1281/1284), sob influência de Averróis, quem disse "que o saber enquanto tal não necessitava assentar-se sobre a fé transmitida" (BLOCH, 1966, p. 43). Mestre da Faculdade de Artes da Universidade de Paris, Siger de Brabante protagonizou um debate célebre com os teólogos da Faculdade de Teologia, capitaneado por São Boaventura, entre 1265 e 1277. Esse debate e suas consequências são um capítulo importante da imposição de um "novo sistema simbólico", que chamamos Modernidade, que o Padre Henrique Cláudio de Lima Vaz viu como resultado da "entrada decisiva da razão aristotélica no universo teológico cristão" (VAZ, 2002, p. 65).

Assim, tem lugar especial na constituição da modernidade como projeto filosófico a "esquerda aristotélica". Autores como Avicena, como Averróis vão influenciar tanto Siger de Brabante, quanto São Tomás de Aquino na decisiva operação de "reconhecimento da legitimidade e da capacidade da filosofia, como obra da razão natural, para operar no campo do seu objeto próprio: a *natureza* ou mesmo, o *revelável*, que subsistem independentemente das verdades reveladas" (VAZ, 2002, p. 65).

Quando Bloch deu destaque à "esquerda aristotélica" ele mostrou que a melhor tradição filosófica, mesmo a mais canônica, não está condenada a ser apenas a reiteração do mesmo. É possível, como fez Bloch, reconhecer a existência, na história da filosofia, de correntes, perspectivas, autores, obras que se abrem para o novo, para a alteridade, para a diferença. Com efeito, é possível dizer que a afirmação de Bloch sobre a existência de uma "esquerda aristotélica" é confirmada por uma constatação que se pode fazer recorrendo-se, inicialmente, à filologia. Sabe-se que a palavra *razão* tem duas matrizes etimológicas: a grega, a partir da palavra *logos* e a latina, derivada da palavra *ratio*. Em sua matriz grega, *logos* remete aos conteúdos referidos às palavras: palavra, expressão, pensamento, conceito, discurso, fala, verso, razão, inteligência, e ainda, aos verbos recolher, reunir, unir, ligar (FERRATER MORA, 1981, vol. 3, p. 2028-2029). Por sua vez, em sua raiz latina, *ratio* remete à: calcular, contar, contabilizar (LALANDE, 1953, Tomo II, p. 1077). Que as duas matrizes, *logos* e *ratio*, tenham se aproximado ao ponto de se tornarem sinônimos, não deve impedir que se recupere seus sentidos originários onde está inscrita, de fato, uma diferença decisiva. Enquanto a palavra *logos* abre-se para receber conteúdos típicos de uma realidade que se transforma, que não está pronta e acabada, o radical latino traz consigo o confinamento do já feito, do que só exige o registro, a escrituração, o cálculo como foi conservado pela prática da contabilidade ao criar o "livro razão", por exemplo.

Assim, a mesma palavra, razão, em suas origens etimológicas tanto pode evocar o devir, o que resulta da reunião, do encontro, do compartilhamento, quanto o definitivamente dado, ao que só se presta ao escrutínio, à verificação, ao controle.

Quando Bloch fala da existência de uma "esquerda aristotélica" o que também está dito é a existência de uma "direita aristotélica", isto é, que seu pensamento também foi apropriado por quem o quis apenas a reiteração do cálculo, do mesmo. Na verdade, a tese de Bloch deve ser desdobrada para reconhecer a existência de uma "filosofia de esquerda" que, ao longo do tempo, heteróclita, heterogênea, sem ser, necessariamente, convergente, foi, sempre a aposta na liberdade, na capacidade do autoaperfeiçoamento humano.

Um exemplo particularmente expressivo da existência dessa "esquerda filosófica" é dado por Marx (1818-1883), que, tendo que escolher um tema para sua tese de doutorado, defendida em 1841, escolheu estudar as filosofias da natureza de Demócrito (460-370a.C) e Epicuro (341-270 a.C), que são grandes nomes do materialismo (Demócrito) e do humanismo (Epicuro), clássico. Marx escolheu Demócrito, o pioneiro filósofo do atomismo, e Epicuro, o filósofo que modificou a teoria de Demócrito pela decisiva introdução da ideia de *clinamen* (desvio), que afetando a trajetória dos átomos em sua constante declinação em linha reta, permitia a emergência da *diferença* pelo efetivo reconhecimento da existência da *temporalidade*. Diz José Américo Motta Pessanha:

> o *clinamen* introduz no mecanicismo determinista o espaço para o processo de libertação interior, que a ética epicurista prescreve: a liberdade é desviante, introduz nova direção a partir da reta (in)flexível da fatalidade. [...] o *clinamen* é condição indispensável para que o mundo, cuja existência é provada por nossos sentidos, fosse gerado. O que vale dizer: a passagem do possível ao real exige um desvio – mínimo – das leis mecânicas; deixadas só em si mesmas, elas estabelecem um cenário racional onde o mundo é apenas possibilidade abstrata; a efetivação deste mundo – aí depende da introdução nesse cenário de um mínimo de alteração, para que a possibilidade de um mundo *qualquer* se torne a realidade neste mundo, em particular (PESSANHA, 1996, p. 70-71).

Marx estudou Demócrito e Epicuro em sua tese de doutorado e fê-los, sobretudo a Epicuro, precursores de Spinoza e de Feuerbach (1804-1872). Veja-se, sobre isso, um outro texto de José Américo Motta Pessanha:

> Trata-se de um Marx que exalta Prometeu, o rebelde que concede aos homens o fogo da libertação. Um Marx que, por isso mesmo, só pode identificar-se com Epicuro, em quem encontra um tipo de materialismo capaz de levar à liberdade que sempre principia pela rejeição dos absolutos transcendentes e atemorizadores – Epicuro que é o 'primeiro teólogo da morte de Deus'. E que, ao contrário de Demócrito, opõe-se à ética e à religião tradicionais (PESSANHA, s.d. p. 13).

É, certamente, um exagero e um anacronismo ver na escolha de estudar Epicuro, filósofo materialista e humanista, a presença, em 1841, do que mais tarde será específico do pensamento marxiano. Definitivamente, não há algo como um marxismo pronto e acabado desde o início da vida intelectual de Marx, senão que suas teses e conceitos característicos foram elaborados como resultado de um longo percurso, que iniciado, para alguns, em 1843 com a *Crítica da Filosofia do Direito de Hegel*, só se consolidou com os *Grundrisse*, em 1857/1858, ressalvando-se ainda, que, aperfeiçoamentos teóricos decisivos vão se dar até a publicação do livro I de *O Capital*, em 1867.

De todo modo, o que se quer enfatizar é que, exposto ao conjunto da história da filosofia, Marx fez escolhas de correntes, conceitos, autores, que fazem parte do que se chamou aqui de "esquerda filosófica", que compreendendo o que Bloch denominou de "esquerda aristotélica" tem um sentido mais amplo ao abranger escolas e perspectivas, que, dessemelhantes em vários aspectos, são, no essencial, assemelhadas em suas recusas à fetichização dos fenômenos tomados como realidades definitivas.

Uma outra maneira de considerar essa clivagem, entre uma "direita" e uma "esquerda" filosófica, é o que nos deu Gerd Bornheim quando reconheceu a existência de "dois tipos de razão". De um lado, a razão instrumental, tipificada, exemplarmente, nas obras de Galileu-Descartes-Newton, que fundam uma nova concepção de universo que Alexandre Koyré caracterizou como infinito, aberto, homogêneo, geometrizável, concepção que se contrapôs ao que tinha prevalecido durante a antiguidade clássica, que sob o nome de cosmos era caracterizada como finito, heterogêneo, hierarquizado (KOYRÉ, 1991, p. 205-206). A longa e forte hegemonia exercida por essas perspectivas quase conseguiram convencer que não haveria outro caminho para a razão, que não o posto pela razão instrumental, o que significou, na prática, o soterramento de outras perspectivas que sendo, também, racionais recusaram-se a vê-la, à razão, como pura manipulação, cálculo ou unilateralidade. As consequências dessa hipertrofia da razão instrumental são complexas e ambivalentes. Se não há que questionar o quanto se ganhou, que houve efetiva melhoria da qualidade de vida, como resultado de avanços científicos e tecnológicos, não há, também, que se omitir o quanto essas inovações foram seletivamente apropriadas, e o quanto têm contribuído tanto para a concentração da renda, do capital e do poder, quanto para a imposição suicida do capital como sujeito da sociabilidade humana.

Karel Kosik mostrou que o resultado da imposição do poder do capital é a vitória da manipulação, da venalidade e da alienação gerais. É como antídoto, como crítica dessa desoladora perspectiva que se deve ver a retomada de obras como as de Montaigne, Pascal, Spinoza, Vico, Rousseau, Goethe, que representariam, segundo Gerd Bornheim, perspectivas não manipulatórias da razão, efetivos contrapontos à razão instrumental (BORNHEIM, 1993, p. 164).

As duas distintas formas da razão identificadas por Gerd Bornheim, fazem parte da complexa trama constitutiva da modernidade. Um dos mais lúcidos e emblemáticos pensadores desse processo é Max Weber. Sua teoria da modernidade buscou distingui-la do mundo pré-moderno, a partir do lugar ocupado em cada uma dessas épocas pelo conhecimento, pela ética e pela arte. Enquanto na pré-modernidade essas instâncias da cultura eram submetidas ou à metafísica ou à religião, o distintivo da modernidade seria, precisamente, a autonomização dessas esferas, que no mundo moderno não mais precisariam se prostrar diante dos desígnios absolutos de um mundo onde tudo estaria dado, definitivamente, onde tudo estaria em seu devido lugar, num cosmo tomado como fechado, finito, heterogêneo e estático (KOYRÉ, 1982, p. 155).

Com a modernidade, o conhecimento, a ética e as artes teriam se libertado dos constrangimentos que limitavam o conhecimento ao que estava nos textos sagrados ou na metafísica clássica; que partindo de uma concepção universalista da ética não era capaz de reconhecer a existência de desigualdades sociais, étnicas, de gênero, culturais que discriminam, interditam e precarizam o pleno exercício da cidadania; finalmente, a arte moderna teria deixado de ser seja a pura reiteração das formas perfeitas e idealizadas para permitir a livre experimentação sobre a representação do homem e de seu mundo em sua realidade fenomênica.

A modernidade, no plano ético, significou a substituição da ética universal à moda de Sócrates, de Platão, de Aristóteles, por uma relativização das exigências éticas, que, na modernidade, fragmentar-se-ão para admitir éticas profissionais, de grupos, de confissões religiosas em franca ruptura com o sentido original da ética, que em suas acepções basilares, remetia às ideias de hábito, de costume, de comportamento que se exigem de *todos* com vistas a garantir a melhor vida na cidade, ética como a morada do humano, como seu abrigo como garantia de sua plena realização (VAZ, 1988).

No plano da arte, a modernidade significou admitir a problematização, a forma, a busca da representação do mundo como ruptura às exigências miméticas, pela mobilização de formas que transfiguram, ressignificam, anunciam outros mundos.

Vista em conjunto, a modernidade afirmou-se com conjunto de promessas auspiciosas: no plano do conhecimento, pela via da revolução científica, a promessa de uma ciência capaz de melhorar a vida, de colocar a natureza a serviço do bem estar coletivo. No plano ético, a modernidade valorizou a liberdade e os direitos individuais, por meio do Estado, que, como disse Jacob Burckhardt, afirmou tanto os direitos do indivíduo, quanto a paz e segurança dos cidadãos (BURCKHARDT, 1973). Finalmente, no campo das artes, a modernidade libertou-se tanto da idealização das formas perfeitas que marca as artes visuais clássicas, quanto das reiteradas tentativas de representação do mundo para a "maior glória de bens", típica tanto da arte bizantina, quanto da arte gótica e medieval, todas elas monumentos da afirmação da precariedade do projeto diante da magnificência do poder do sagrado. São essas amarras que são rompidas pela arte moderna por Giotto (1267?-1337), quando resolveu pintar o mundo, os homens, as coisas tais quais elas existem, realmente, em suas relações espaciais; Petrarca (1304-1374), quando fez do seu *eu*, inteiramente pessoal, o sujeito de sua poesia.

Acontece que as promessas da modernidade se frustraram, resultando, não raro, em tragédias, impasses e crises. É a constatação de uma crise geral da modernidade, que, desde o século XIX, tem motivado variadas contestações à direita e à esquerda.

Trata-se, aqui, de constatar que o Estado, promessa de garantia de direitos individuais e coletivos, tornou-se monstruosamente autoritário; que os decisivos direitos individuais de instrumentos da afirmação da liberdade humana tornaram-se privilégios de minorias; que a ciência e a tecnologia modernas não só não livraram a humanidade da fome, da miséria, da ignorância, quanto agregaram novos problemas para a vida do planeta e da espécie, desafiadas hoje por uma série de deletérias consequências decorrentes do modo de produção dominante.

Basicamente, é possível identificar três posições básicas quanto a como enfrentar a crise da modernidade. De um lado há os que, como o romantismo conservador, querem um regresso à pré-modernidade, tida como única possibilidade de uma vida autenticamente humana porque infensa aos artificialismos da racionalização e da impessoalidade como se vê em Dostoievsky, por exemplo.

Baseada no mesmo diagnóstico negativo sobre as consequências da modernidade, sobre o caráter desumanizante da modernidade capitalista, há uma segunda posição que é a de Marx, que vê na revolução, a superação material, política e social da modernidade capitalista sob o socialismo. Uma terceira posição é a de Max Weber, que tendo o mesmo diagnóstico negativo sobre a modernidade, semelhante ao de Marx, ao contrário dele, em vez de revolução, resigna-se apelando para uma heroicidade individual, desconsolada e trágica (COHN, 1979).

No século XX, as manifestações problemáticas da modernidade, já detectadas no século XIX, se materializaram como tragédias, pela vitória da manipulabilidade, da venalidade e da alienação gerais (KOSIK, 1968). É nesse contexto, é com base nesse diagnóstico que Adorno e Horkheimer, em 1947, e Adorno, em 1966, vão como que dar um adeus à modernidade, de que é maior testemunho o livro *Dialética negativa* de Adorno (ADORNO; HORKHEIMER, 1985; ADORNO, 2009).

O diagnóstico sombrio de Adorno foi recebido com ressalvas mesmo entre pensadores ligados à Escola de Frankfurt, como é o caso de Herbert Marcuse e Jürgen Habermas. Marcuse, membro da primeira geração da Escola, buscou enfrentar a crise apontada por Adorno e Horkheimer mobilizando um conjunto de sujeitos – estudantes, jovens, as sociedades do terceiro mundo – que não teriam sido tragados pela pasteurização da racionalização capitalista. Por sua vez, Habermas vai se contrapor ao beco sem saída da "dialética negativa" reafirmando a possibilidade da emancipação social, ao mesmo tempo em que os instrumentos emancipatórios mobilizados deslocar-se-ão do âmbito da crítica da economia política e da razão dialética para os campos do estrutural-funcionalismo de Parsons, do pragmatismo e da filosofia da linguagem, como se vê em *Teoria da ação comunicativa*, de 1981, e mais tarde para os procedimentalismos da democracia deliberativa, como se vê em *Direitos e democracia entre facticidade e validade*, de 1992 (HABERMAS, 1988; 2003).

Habermas perfez, em seu itinerário, o melhor que o pensamento socialdemocrata foi capaz de elaborar. Se durante os anos de estabilização decorrente da vigência do Estado de Bem-estar social (1945-1970) pareceu razoável afirmar que os grandes problemas referentes à exploração e à desigualdade social estavam resolvidos, ou ao menos minimizados, as reemergências de variadas crises (ambiental, fiscal, política, inflacionária, econômica em sentido amplo) a partir dos anos 1970, obrigaram Habermas a modificar seu discurso num sentido cada vez mais liberal, cada vez mais normativo, em que a perspectiva da emancipação social foi sendo abandonada não por qualquer falha nas regras do discurso, ou por problemas no âmbito dos procedimentos quanto à produção do consenso, mas, pela brutal presentificação de contradições típicas do domínio do capital, da sociedade mercantil capitalista em escala efetivamente mundial.

Ainda assim, insubsistente para enfrentar uma situação que repõe, em toda a linha, a necessidade de se retomar e atualizar a crítica da economia política, Habermas tem o mérito inequívoco de não ter reduzido a modernidade à sua apropriação capitalista. Com efeito, o que é preciso ser dito é que a modernidade que se impôs não esgota todas as suas possibilidades, que algumas de suas instituições típicas ainda continuam legítimas, que, enfim, a última palavra sobre a cidade, sobre a universidade, sobre a razão, sobre o poder, ainda não foram ditas, que ainda estão abertas as possibilidades de se fazer da cidade a efetiva morada de uma humanidade livre e igualitária; que as ciências, a filosofia, as artes e as tecnologias podem ser instrumentos, efetivamente, a serviço da plena emancipação humana.

Habermas disse, certa vez, que a modernidade era um projeto inconcluso, que para se realizar teria de "ser capaz de desenvolver, a partir de si mesmo, instituições que ponham limites à dinâmica interna e aos imperativos de um sistema quase autônomo e seus complementos administrativos" (HABERMAS, 1988a, p. 100).

Sabe-se que Habermas rejeitou o socialismo e a revolução porque os viu definitivamente comprometidos com a tragédia stalinista. Nesse caso, é preciso dizer, que Habermas, que se recusou a acompanhar os pensadores da pós-modernidade em seus juízos implacáveis sobre a modernidade, que se recusou a condenar a modernidade à pura matriz de traumáticas mazelas do mundo contemporâneo, acabou por ignorar vertentes, perspectivas, conceitos, autores que, na modernidade permitem vislumbrar outras possibilidades de sociabilidade, de projetos político-sociais comprometidos com a liberdade e a igualdade, com a diversidade e a sustentabilidade. Como se vê, por exemplo, em Henri Lefebvre (1901-1990), que, em seu livro *A revolução urbana*, convoca uma nova forma de organização da vida coletiva baseada em três princípios, que em sua extraordinária capacidade de síntese, atualizam em grande medida a luta pela emancipação social, a saber: 1) a substituição do contrato pelo costume; 2) a reapropriação pelo ser humano de suas condições de liberdade no tempo, no espaço e nos objetos; 3) a autogestão da produção, das empresas e das unidades territoriais (LEFEBVRE, 2000).

Que isso se coloque como utopia, só faz tornar ainda mais urgente a questão, como viu Jacques Rancière:

> Pois a utopia não é o longínquo ou o futuro do sonho não realizado, senão a construção intelectual que faz coincidir um lugar de pensamento com um espaço intuitivo percebido ou perceptível. O realismo não é nem o rechaço lúcido da utopia nem o esquecimento do *telos*, senão uma das maneiras utópicas de configurar o *telos* e reencontrar a rosa da razão na cruz do presente (RANCIÈRE, 2011, p. 31).

É como uma das fontes mais potencialmente emancipatórias da modernidade que se deve convocar a utopia e seu grande mestre contemporâneo Ernst Bloch: "A utopia é como uma constante que se manifestaria tanto nas obras de arte, quanto nos envolvimentos sociais, nas aspirações religiosas e no saber crítico; em qualquer domínio onde a imaginação pode, através de formas, de esboços extrair do presente, sempre provisório e instável, aquilo que ele contém do futuro" (BLOCH, vol. 3, 2006, p. 352).

Ernst Bloch: elementos de biografia e de bibliografia

Ernst Bloch nasceu em Ludwigshafen am Rhein, em 8 de julho de 1885, e faleceu em Tübingen em 4 de agosto de 1977. Sua cidade natal, na região da Baviera, sediava, então, importantes empreendimentos industriais entre eles a I.G. Farben a maior fábrica de produtos químicos da Alemanha.

Ter nascido numa cidade industrial e movimentada, tendo, desde cedo, sido exposto às realidades da vida industrial e moderna são circunstâncias que vão marcar, fortemente, a sensibilidade e os interesses intelectuais de Bloch, filósofo crítico do capitalismo urbano e industrial.

Ernst Bloch foi filho único de Marcus Bloch e Bertha Feitel, judeus não religiosos, mas profundamente conservadores e autoritários. Tanto seu pai, funcionário da companhia de estrada de ferro da Baviera, quanto sua mãe, foram grandes obstáculos ao precoce interesse de Bloch por temas filosóficos e culturais. Bloch estudou no liceu de sua cidade natal tendo obtido seu bacharelado, em 1905. Durante seus anos de estudo aproveitou-se da proximidade da cidade de Mannheim, na outra margem do Reno, e seu grande teatro, o maior da Alemanha, e ainda mais de sua magnífica biblioteca.

Durante esses anos de liceu, na Biblioteca Real de Mannheim, tomou conhecimento com o melhor do pensamento filosófico, tendo, entre os 16, 17 anos, experimentado pequenos ensaios filosóficos sobre Kant e Hegel (MÜNSTER, 1997, p. 37-42).

É também desses anos juvenis a descoberta da música, da literatura e da mística judaica e cristã. Esses interesses, cultivados ao longo de décadas de uma longa e profícua vida de trabalho, fizeram com que a obra de Bloch se tornasse referência para a filosofia, para a musicologia, para a política, para a literatura, para a teologia, para a história, e para o direito.

Ernst Bloch casou-se três vezes: a primeira vez em 1913, com a escultora estoniana Else Von Stritzky, casamento que durou até o precoce falecimento de Else, em 1921. Em seguida casou-se com Linda Oppenheimer, ligação que durou poucos anos. Em 1934 casou-se, em Viena, com a arquiteta polonesa, Karola Piotrkowska, ligada ao Partido Comunista Alemão, que terá decisivo papel em sua vida, a partir daí, seja como suporte moral e político, seja por ter garantido a sobrevivência do casal durante os longos anos de exílio nos Estados Unidos, de 1938 a 1949, em que Bloch não conseguiu exercer qualquer atividade remunerada.

Terminado o bacharelado, em 1905, Bloch foi para a Universidade de Munique e passou a estudar germanística, Filosofia e Física. Em 1906, Bloch foi estudar na Universidade de Würzburg, onde, sob a orientação de Oswald

Külpe, elaborou sua tese de doutorado, defendida em 1908, cujo título é: *Rickert und das Problem der modernen Erkenntnistheorie* (*Rickert e o problema da moderna teoria do conhecimento*) (MÜNSTER, 1997, p. 43-46).

Concluído o doutorado, Bloch transferiu-se para Berlim onde permaneceu até 1911. É desse período berlinense dois episódios seminais na formação da personalidade intelectual de Bloch: seus encontros com Georg Simmel (1858-1918) e com Georg Lukács (1885-1971). Em Simmel Bloch encontrou, como ele próprio dirá, o único filósofo europeu, que tinha algo novo a dizer, que ensinava a pensar sobre as questões contemporâneas com originalidade e pertinência. Em Lukács Bloch encontrou um seu igual, estabelecendo-se uma relação de complementariedade e simbiose intelectual, que, para além de diferenças pessoais, traduz uma época de urgências e compromissos, em que a inteligência e a paixão pareciam capazes de transformar o mundo, salvando-o da mediocridade e da estultice burguesas.

> Simmel teve lugar de destaque na filosofia europeia:
>
> Entre 1900 e 1918 Simmel desenvolveu uma filosofia de vida fundamentada em uma peculiar interpretação do neokantismo e nas categorias conceituais de vida, forma, alma, cultura, interioridade e exterioridade com o propósito de abordar o problema de como pode ser formada a vida?, ou mais precisamente, como pode ser captada a partir de formas culturais a fluidez e a descontinuidade da vida sem dissecar a riqueza e a inapreensibilidade da vida mesma? (VILLEGAS M., 1996, p. 133-134).

Com efeito, os temas de Simmel estiveram fortemente presentes nas fases inicias das obras de Bloch e Lukács, no momento em que ambos os pensadores transitaram de Kant a Hegel e daí a Marx. Foi Bloch quem primeiro conheceu e frequentou os famosos seminários privados de Simmel, em Berlim. Em 1911, os dois, Bloch e Lukács, já amigos, e discípulos de Simmel foram recomendados por ele a Max Weber. Em Heidelberg, o chamado *Círculo de Weber*, reunia o mais importante e significativo do pensamento alemão naqueles anos da Belle Époque.

Logo os dois amigos foram reconhecidos como nomes de proa naquele grupo de excelência. Em sua biografia de Max Weber Marianne Weber registra o quanto os dois jovens filósofos impressionaram a seu exigente marido (WEBER, 1995).

A grande guerra, 1914-1918, encerrou uma etapa da história mundial, aquela marcada pela hegemonia liberal. Karl Polanyi chamou o período que vai de 1815 a 1914, como "cem anos de Paz", a hegemonia da PAZ BRITANNICA e de suas instituições típicas: o equilíbrio de poder; o padrão ouro; o mercado autorregulável; o estado liberal. Esses "cem anos de Paz" fizeram-se à sombra do equilíbrio entre as grandes potências que, impediram a eclosão de conflitos continentais (POLANYI, 1980). Nesses "cem anos de Paz", é certo, ocorreram vários e graves conflitos, como a guerra da Criméia, por exemplo, a guerra de imposição do poderio prussiano contra a Dinamarca, 1862; Áustria, 1866 e França, 1870. Com efeito, esses anos de hegemonia liberal assistiram à consolidação de novos impérios, o norte-americano, o japonês, o alemão, que vão se chocar, de maneira trágica, em1914, resultando daí a constituição de um novo quadro geopolítico mundial com a deposição dos velhos impérios (turco, russo, alemão e austríaco), a emergência de uma nova potência hegemônica, os Estados Unidos, e do desafio socialista com a vitória da revolução Russa.

No plano cultural esses anos, 1914-18, foram também de grandes transformações, que sintetizadas sob o título geral de *"vanguardas"*, vão sacudir as artes plásticas, a música, a literatura, a arquitetura, o cinema, em movimentos como o dadaísmo, o surrealismo, o suprematismo, o construtivismo, a Bauhaus.

A guerra explicitou para Bloch, como para toda uma geração, tanto o trágico esgotamento do projeto burguês quanto a auspiciosa emergência da perspectiva socialista, a afirmação da superioridade ética, política e conceitual do marxismo e do socialismo emancipatório. É nesse contexto, que Bloch vai se afastar de Simmel, que se mostrara conivente com os interesses imperialistas da burguesia alemã, buscando no marxismo as decisivas referências para uma recusa radical da ordem burguesa em toda a linha.

O movimento de Bloch assemelhou-se ao de Lukács, também ele transitando de Hegel para Marx naqueles anos de pós-guerra, ficando a diferença entre as suas posições centrada na efetiva adesão partidária de Lukács, enquanto Bloch, segundo Münster teria se colocado um "partidarismo radical sem filiação a um partido determinado" (MÜNSTER, 1997, p. 81).

Tanto Bloch quanto Lukács estão entre os nomes principais do que foi chamado por Maurice Merleau-Ponty de "marxismo ocidental" e que teria como característica central ser a filosofia da revolução e do não dogmatismo (MERLEAU-PONTY, 2006). Com Bloch o marxismo vai manter uma permanente disposição contra o conformismo, contra o dogmatismo, contra o pragmatismo.

Durante sua estadia em Heidelberg, entre 1912 e 1914, Bloch intensificou seus estudos sobre filosofia da religião. Durante a guerra realizou várias viagens a Munique e a Garmisch-Partenkirchen, nos Alpes Bávaros, onde escreveu, quase integralmente, *O espírito da utopia*, publicado em primeira edição em 1918, e republicado com alterações em 1923 (MÜNSTER, 1993, p. 120). *O espírito da utopia*, escrito entre 1915 e 1916, editado a primeira vez em 1918, republicado com modificações em 1923, é bem o produto de uma época, de revoluções e contrarrevoluções, de vanguardas e experimentações, de esperanças e medos. Tratava-se, então, como hoje, de combater o amesquinhamento do pensamento e da prática, mediante a construção de uma filosofia utópica, de uma gnose revolucionária (BLOCH, 1977, p 335).

Em 1917, Bloch foi para a Suíça exercendo ali o jornalismo, no *Die Freie Zeitung*, de Berna, publicação com forte conotação antimilitarista e anti-imperialista. Com o final da guerra voltou à Alemanha, a Berlim, durante a revolução spartaquista. Em janeiro de 1919, com a derrota da revolução, foi para Munique onde concluiu seu livro *Thomas Münzer. O teólogo da revolução*, publicado em 1923 (BLOCH, 1973).

Nos anos 1920 Bloch integrou-se ao vibrante mundo cultural berlinense estabelecendo relações de amizades com Walter Benjamin, Siegfried Kracauer, Bertolt Brecht, Kurt Weill, Hanns Eisler, Otto Klemperer. Participou do debate sobre o expressionismo que o colocou no campo oposto ao de seu grande amigo de juventude, Georg Lukács, ao defender o expressionismo contra a crítica classicizante de Lukács à vanguarda (MACHADO, 1998).

Em 1930 Bloch publicou *Spuren*, cujo título em português pode ser *Pistas* ou *Vestígios*, em que estão reunidos ensaios filosóficos e aforismos sobre a vida cotidiana em registro semelhante ao que Walter Benjamin desenvolveu seja em seu livro *Mão única*, seja no livro das *Passagens*. Em 1935, exilado na Suíça desde a ascensão de Hitler, Bloch publicou *Herança desta época* (*Erbschaft dieses Zeit*), em que, também sob a forma de ensaios, Bloch buscou explicar as razões da vitória do nazismo na Alemanha (MÜNSTER, 1993, p. 121). Entre 1936 e 1938, Bloch morou em Praga, abandonando a cidade antes da ocupação nazista. Depois de breve passagem pela Polônia, Bloch e Karola chegaram aos Estados Unidos, em 1938, para um exílio que só terminou em 1948. Durante esse tempo, ao lado de pesquisar para o que será sua obra mais famosa, *Princípio esperança*, publicou em 1949, pela editora Fondo de Cultura Económica, do México, *El Pensamiento de Hegel* (BLOCH, 1949), que antecedeu a publicação do original alemão *Die Selbsterkenntnis Erläuterungen zu Hegel*.

De volta a Alemanha, em 1948, escolheu ficar em Leipzig na Alemanha oriental, convidado para dirigir o Instituto de Filosofia da Universidade Karl Marx. Sua decisão apoiava-se na expectativa de contribuir para a "renovação democrática e socialista da Alemanha" (MÜNSTER, 1993, p. 122).

Na década de 1950 Bloch publicou: em 1952, *Avicena e a esquerda aristotélica* (*Avicenna und die Aristotelische Linke*); em 1959, *O princípio esperança* (*Das Prinzip Hoffnung*), escrito entre 1938 e 1947, revisado entre 1953 e 1959, em três volumes, que é considerada sua principal obra.

Há duas ideias que resumem aspectos centrais de *Princípio esperança*. Para Habermas, este livro é a odisseia de um espírito a partir do êxodo. Escrito nos Estados Unidos, em situação de grande isolamento político, durante a Segunda Guerra, o livro é, também, e fundamentalmente, o que dele disse Pierre Bouretz, uma enciclopédia das esperanças, numa época em que elas pareciam quase mortas, em que a sombra da tragédia, em que a barbárie nazista parecia não poder ser detida (HABERMAS, 1980; BOURETZ, 2011).

Em 1956, com a repressão violenta aos movimentos de renovação socialista na Hungria, na própria Alemanha Oriental e na Polônia (CLAUDÍN, 1983), Bloch rompeu com o regime da Alemanha oriental, e com as sobrevivências stalinistas no geral, passando a receber todo tipo de represálias por parte do governo, culminando com a sua demissão da Universidade de Leipzig, em 1958, depois de intensa campanha difamatória (MÜNSTER, 1993, p. 12). Em 1961, deixou definitivamente a Alemanha Oriental em protesto pela construção do Muro de Berlim. Na Alemanha ocidental foi convidado para lecionar no célebre *Colégio de Tübingen*, onde Hegel, Schelling e Hölderlin fizeram seus primeiros estudos de Filosofia e Teologia e onde plantaram a "árvore da liberdade, para comemorar a Revolução Francesa no ano de 1792". Bloch publicou durante esse último período de sua vida, cinco importantes livros:

1. O livro sobre o materialismo: *O problema do materialismo. Sua história e sua substância* (*Das Materialismusproblem, seine Geschichte und Substanz*), 1972.

2. Um grande volume contendo *Ensaios filosóficos* (*Philosophische Aufsätze zur objektiven Phantasie*), G.A., v. 9, Frankfurt, 1969.

3. O livro contendo a quase totalidade de seus ensaios políticos escritos entre 1933 e 1965: *Mensurações políticas, tempos de peste, Vormärz* (*Politische Messungen, Pestzeit, Vormärz*), Frankfurt, 1970.

4. Suas aulas na Universidade de Leipzig: (*Aus Leipzig Vorlessungen*), 1977.

5. *Experimentum mundi*, 1975, seu último livro, consagrado à fundamentação de um novo sistema de categorias da "práxis" (MÜNSTER, 1993, p. 123).

Citem-se, ainda, outros livros de Bloch: de 1947, *Liberdade e ordem* (Freiheit und Ordnung); de 1949 – *Christian Thomasius*; de 1961 – *Direito natural e dignidade humana* (Naturrecht und menschliche Würde); de 1968 – *Ateísmo no Cristianismo* (Atheismus im Christentum); de 1972, *A Filosofia do Renascimento* (Vorlesungen zur Philosophie der Renaissance) (BLOCH, 1974).

As obras completas de Bloch pela Suhrkamp Verlag de Frankfurt, somam 16 volumes, mais 4 volumes avulsos, não incluídas na Gesamtausgabe, além de 2 volumes com entrevistas e um volume com a correspondência (SERRA, 1998, p. 13 e 14). Dessa enorme massa bibliográfica apenas dois livros foram, até aqui, publicados no Brasil: *Thomas Münzer, teólogo da revolução*, publicado pela Tempo Brasileiro, em 1973; e *O princípio esperança*, publicado em 2005, pela Editora Contraponto/Editora da Universidade do Estado do Rio de Janeiro.

O que chama a atenção nesse caso, a pequena presença de Bloch, medida pela tradução de suas obras, em nossa vida cultural, é menos o dado quantitativo, e mais, sobretudo, o fato de que outros autores contemporâneos e assemelhados a Bloch, pela temática e opções políticas e ideológicas, como Lukács, como grande parte dos membros da Escola de Frankfurt, tenham tido considerável maior divulgação entre nós. A explicação para esse fato demanda discussão que não é possível ser feita aqui, e deve considerar, também, a recepção da obra de Bloch em outros países, em outros contextos culturais.

O fato é que a obra de Bloch tem, relativamente, tido repercussão restrita. Para explicar esse fato é comum falar-se da dificuldade do texto blochiano, do seu estilo aforístico, da erudição verdadeiramente enciclopédica de suas referências, que mobilizam as ciências, a filosofia, a literatura, a música. Tudo isso é verdade. Mas é preciso, nesse caso, ir além dessa constatação para reconhecer que a questão da forma, da linguagem aqui e sempre é, decisivamente, essencial. Falando da linguagem de Hegel Bloch diz: ela tem "a plasticidade do raio que, vindo de um céu não certamente limpo de nuvens, iluminará, precisará e resumirá, num golpe, toda a paisagem" (BLOCH, 1949, p. 13). Diz Bloch que a sintaxe de Hegel é lógico-dialética e que essa característica é a condição indispensável para captar e reproduzir conceitualmente uma realidade que só se deixa apreender quando o sujeito, a consciência, forem capazes de mimetizar o objeto, o mundo, reproduzindo, em seu itinerário, as mesmas complexas manifestações do sujeito. É essa a condição para a apreensão do real: que a forma seja a exata presentificação do conteúdo, que a viagem da consciência perfaça o caminho completo do ser; como no *Fausto* de Goethe:

> Em Goethe é um manto encantado o que ajuda o herói a cruzar os reinos. Fausto os percorre aprendendo, assimilando experiências, compreendendo, cada vez com maior precisão, o mundo e a si mesmo; em Hegel é "a bota de sete léguas do conceito" o que leva o sujeito através do universo e faz com que o universo e o sujeito aprendam o um do outro e se penetrem mutuamente (BLOCH, 1949, p. 45).

Bloch, leitor e extraordinário intérprete e discípulo de Hegel, fez para si mesmo, para sua linguagem, o mesmo que Hegel. Também em Bloch "muitas de suas frases ou proposições são como vasos cheios de uma bebida forte e fervente e além de tudo sem asas por onde agarrá-los" (BLOCH, 1949, p. 12).

A linguagem barroca, elíptica, poética e precisa de Bloch, talvez, explique a sua pequena repercussão nesses tempos aligeirados. De todo modo, há quem venha divulgando e estudando sua obra. No Brasil, em 1974, foi publicado o livro de Pierre Furter *Dialética da esperança* (FURTER, 1974); em 1987 apareceu o livro de Luiz Bicca *Marxismo e liberdade* (BICCA, 1987); em 1993 e 1997 foram publicados dois livros de Arno Münster sobre Bloch, já citados; em 2006 Suzana Albornoz publicou *Ética eutopia, Ensaio sobre Ernst Bloch* (ALBORNOZ, 2006).

Também Hobsbawm repercutiu a estranheza-grandeza da obra de Bloch – *Princípio esperança* – diz ele:

> Trata-se de uma obra estranha, densa, às vezes absurda, mas, não obstante, soberba. O leitor inglês pode julgá-la quase inverossímil porque em nosso país o filósofo à moda antiga, como os nossos avós o conheceram, está desaparecendo como o bisão das planícies, caçado pelos lógicos matemáticos e os definidores de questões suscetíveis de indagação [...] O ponto de partida da argumentação do Professor Bloch é a observação empírica de que o homem, a despeito dos mais sombrios *litterateurs*, é um animal esperançoso. Estar insatisfeito, desejar vislumbrar um estado mais geral em que as coisas poderiam ser diferentes (isto é, melhores) do que são, é

> a forma mais elementar desse impulso humano fundamental. Sua forma mais elevada é a utopia [...]Não é todo dia que somos lembrados, com tanta sabedoria, erudição, inteligência e domínio da língua, de que a esperança e a construção do paraíso terreno são o destino do homem (HOBSBAWM, 1982, p. 141-145).

Não há propósito em trazer aqui levantamento exaustivo da bibliografia sobre Bloch. Citem-se, ainda, alguns outros textos sobre Bloch: de Michael Löwy *Redução e utopia* (Löwy, 1989) e de Michael Löwy e Daniel Bensaïd *Marxismo. Modernidade. Utopia* (LÖWY e BENSAÏD, 2000). O volume *Em favor de Bloch* com textos de José Gómez Caffarena; Hans Mayer, José Antonio Gimbernat; Felipe González Vicén; Alfred Schmidt, Heinz Kimmerle, além de um texto inédito de Ernst Bloch (GÓMEZ, e outros, 1979), o livro de Stefano Zecchi, *Utopia y esperanza en el comunismo* (ZECCHI, 1978). O livro de Miguel Vedda, *La sugestión de lo concreto. Estudios sobre teoria literária marxista* (VEDDA, 2006).

Digno de registro é o livro *Ernst Bloch & Györg Lukacs, Réification et Utopie, un Siècle Après,* que reúne as comunicações apresentadas num colóquio realizado em Paris, em 1985, no *Goethe Institut*, sobre o centenário do nascimento dos dois grandes nomes do marxismo do século XX. O livro foi organizado pelos professores Pierre Furlan, Michael Löwy, Arno Münster e Nicolas Tertulian (FURLAN, *et al.*, 1986).

Em *O espírito da utopia*, Bloch denunciou o quanto a vida universitária, há cem anos, se estiolava. Cem anos depois é preciso, ainda mais, para os que estamos na universidade, lutar para impedir que "as universidades se tornaram verdadeiros cemitérios do espírito, infectadas pela preguiça e pelo obscurantismo rígido" (BLOCH, 1977, p. 9-10, tradução nossa).

Nesses nossos tempos esvaziados de sentido utópico, é preciso lembrar Ernst Bloch e desejar como ele: "Se pudesse desejar algo para mim, não desejaria riqueza nem poder, mas a paixão da possibilidade, desejaria apenas um olhar, que eternamente jovem, ardesse de desejo de ver a possibilidade" (BLOCH, 2006, vol. III, p. 140). Possibilidade que se constrói pelo sonho diurno, que é viagem para o futuro, que é consciência antecipadora, que é esperança como modo da consciência sobre uma realidade que é algo inacabado, em processo de realização, puramente disponível para quem a queira como liberdade, igualdade e felicidade.

Henri Lefebvre

Permita-se uma ousadia: a cidade é a maior e a mais autenticamente emancipatória invenção da humanidade. Ao dizer isto não se está ignorando o muito de barbárie e exclusão, que tanto hoje, quanto no passado, a cidade tem experimentado. É que os processos regressivos que têm marcado a sua história, variados e recorrentes, também têm encontrado nela seus mais permanentes críticos e antídotos, de tal modo que se é o caso de acreditar na possibilidade de superação das crônicas mazelas da cidade, que se veja esse processo como decorrência do potencial emancipatório decorrente dela própria em sua inexcedível capacidade de emular a interação, a cooperação, a construção de identidades coletivas.

A cidade é a matriz do *logos*, como é a matriz do *ethos*. Produziu as condições tanto para a vida saudável quanto para a vida justa. Matriz das melhores virtudes, da *phronesis*, a cidade é também possibilitadora da *poiesis*, da criação técnica e artística, como, também, sempre conheceu a *hybris*, a violência, a demasia.

Realidade totalizante, a cidade, viu-a assim Werner Jaeger: "Só na cidade (pólis) é possível falar daquilo que abraça todas as esferas da vida espiritual e humana e determina de um modo decisivo a forma de sua construção" [...] "Descrever a cidade grega é descobrir a vida dos gregos com sua totalidade" (JAEGER, 1957, p. 84-85).

Em que pese diferenças radicais entre a cidade antiga – a de Platão e Aristóteles –, e a cidade contemporânea, das multidões e do capital, esta, como aquela, a cidade continua, ainda, a abraçar todas as esferas da vida social e mais, decisivamente, continua a ser, como a grande arte, promessa de felicidade, *malgré tout*.

Este texto pretende considerar certos aspectos centrais da trajetória da cidade, desde sua *forma antiga*, até a atual presentificação, sob a *forma do urbano*, que Henri Lefebvre vai surpreender tanto como sendo o lugar da expressão dos conflitos, como o lugar do desejo, como espaço político, quanto como possibilidade de emancipação, como "virtualidade em marcha".

A cidade antiga

Fustel de Coulanges, em 1864, fez reviver a cidade antiga, recriou-a, e assim fazendo mostrou-nos o quanto tanto as nossas cidades, quanto as dele, no século XIX, na França, distinguem-se da *polis*, da *civitas*, greco-romana. Jacques Le Goff insistiu em dizer que se há razões para continuarmos a usar a mesma palavra para designar a *cidade* antiga e a *cidade* contemporânea, não nos esqueçamos de reconhecer as diferenças abissais entre as duas realidades (LE GOFF, 1998). Ao mesmo tempo Le Goff chamou a atenção para o muito de semelhante existente entre a cidade medieval e a cidade contemporânea. Muralhas e torres, que definiam a fisionomia das cidades medievais, também se apresentam hoje, mesmo que como "muralhas ocas" que é como Le Goff vê as grandes avenidas perimetrais, que costumam cercar as grandes cidades de hoje.

O vocabulário que se usa hoje para designar o fenômeno urbano remonta às matrizes clássicas greco-romanas e tem três acepções básicas. Do grego vem a palavra *polis*, que remete a dois sentidos: a *polis* é tanto a fortaleza, o espaço material do poder da cidade, quanto é o conjunto de pessoas, cidadãos, corpo coletivo da cidade, que se caracterizaria por congregar os que cultuavam os mesmos deuses. Da matriz latina vêm as duas outras acepções: a *civitas*, que é a reunião dos concidadãos, uma associação política e religiosa. E a *urbs*, que é o lugar da reunião, o espaço da realização do encontro dos cidadãos (COULANGES, 1945).

Numa época muito marcada pela perspectiva romântica a historiografia de Fustel de Coulanges se destaca por sua sobriedade, que interditou impulsos mitificantes típicos do período. Sua visão da cidade antiga é realista e buscou efetivo rigor ao mostrar que a universalidade da cultura clássica, sua decisiva contribuição filosófica e artística, não deve obscurecer o quão distantes de nós estão as instituições do mundo antigo. Assim, ao se reconhecer que é na Grécia, é em Atenas, que são criadas valores fundamentais da civilização, como a democracia, reconheçam-se, também, as diferenças entre a democracia tal como a Grécia era capaz de conceber e praticar, e sua realidade contemporânea.

Fustel de Coulanges vai insistir que a instituição fundante da cidade antiga é a *religião*. Religião que evoluiu do culto de deuses domésticos, aos deuses de conjuntos de famílias e de tribos, que, unificados, serão os deuses das cidades.

Foi a religião a instituição cimentadora da integração da cidade. É a partir da religião que se estabeleceram os laços de solidariedade e respeito recíprocos, que são essenciais para a existência da *polis*. Nesse sentido, a religião foi a matriz primeira da sociabilidade. Instituição ao mesmo tempo sagrada e política, a religião estabeleceu as condições de possibilidade de existência da interação social ao estabelecer os limites da conduta aceitável. Uma das acepções da palavra *ética*, remete ao vocábulo grego *ethos*, que significa hábitos, costumes a que todos estariam sujeitos com vistas a garantir o bem comum, o bem da *polis*.

Com Sócrates, Platão e Aristóteles a filosofia grega clássica vai estabelecer a inextricável relação entre o bem, o racional e o belo, entre a ética, o conhecimento e a estética, todas essas realidades consideradas como decorrências, como possibilidades pela existência e desenvolvimento da *polis*.

Em última instância é a dimensão religiosa, é o respeito aos deuses da *polis* os condicionantes intransponíveis da conduta na *polis*. Foi a acusação de desrespeito aos deuses da *polis* o decisivo elemento da condenação de Sócrates.

Trata-se, no caso cidade antiga greco-romana, como também, e ainda mais fortemente, em Bizâncio, de ver a *polis* como submetida a uma *centralidade religiosa-política*. Nem sempre essa dupla centralidade manifestou-se sob a mesma forma. Na Roma anterior a César o poder político, efetivamente, foi exercido pelo Senado, que não exercia tutela sobre o culto religioso. É com os césares que são unificados, na pessoa do imperador, as funções de mando político, militar e religioso. Mais tarde, durante a longa dominação bizantina, a dupla dominação política e religiosa será magnificada com a instituição do *cesaropapismo*.

Essa centralidade dual, religiosa-política, tinha na cidade antiga uma materialização espacial. A *acrópole* era tanto o centro físico quanto o centro político-ideológico da *polis*. Quando em seu livro *Leis*, escrito em 357 a.C., Platão se propuser a estabelecer sua derradeira teoria da cidade ideal, seu centro será a *Acrópole*. Em torno dela se espraiaria a cidade, em círculos concêntricos, até que a área total comportasse 5040 cidadãos, número mágico obtido pelo fatorial de 7, resíduo da filiação pitagórica de Platão. A cidade, tendo como centro a *Acrópole*, a partir da qual se desdobraria em círculos concêntricos, seria dividida em 12 segmentos-comunidades, partindo do centro, os quais cultuariam os 12 deuses principais de Atenas.

Figura I
A polis ideal do livro *Leis* de Platão

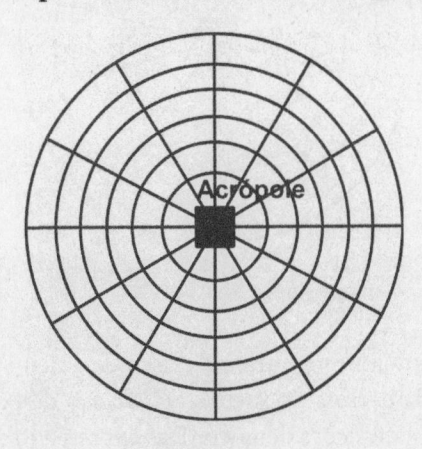

Século IV a.C.

Platão escreveu *Leis* num tempo em que a democracia ateniense estava em crise. O período de auge da democracia ateniense esteve ligado às reformas estabelecidas por Clístenes e que marcaram a história da cidade entre 510 e 404 a.C. É desse período a governação de Péricles, entre 443-429 a.C., que tanto vai valorizar a democracia, as festas, a vida amena, "a beleza sem extravagância", a "filosofia sem indolência", quanto vai desqualificar os *idiotes*, os que só se interessavam pelos negócios privados. A cidade de Clístenes tinha como seu centro a *Ágora*, a praça onde se reunia a Assembleia e era dividida em 10 partes, cada qual representando uma das dez tribos principais que, unificadas, vieram a formar Atenas. Clístenes, assim como Psístrato e Sólon, antes dele, faz parte de uma série de reformadores da vida da *polis*, que buscaram dar poder ao povo mediante medidas concretas no referente à distribuição da terra. A cidade que nasceu da ação desses reformadores, até Péricles, será marcada pela perspectiva democrática. A partir daí, seja com a derrota de Atenas para Esparta na Guerra do Peloponeso, 431-404 a.C., seja, mais decisivamente, com a imposição da dominação macedônia, em 348 a.C., a democracia em Atenas será, sobretudo, um nome e uma promessa.

Comparada com a cidade de Platão, cujo centro é a *Acrópole*, a cidade de Clístenes, centrada na *Ágora*, é o lado laico daquela centralidade dual, que caracterizou a cidade antiga.

Figura II
A polis democrática de Clístenes

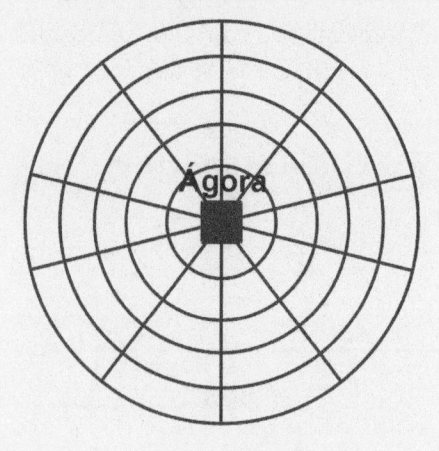

Século VI a.C.

Muitos historiadores mostraram a crise que a democracia grega experimentou a partir da derrota de Atenas, na Guerra de Peloponeso, em 404 a.C. Essa crise das instituições democráticas expressou-se, sobretudo, como crise da *polis*, da sua capacidade de congregar, reunir, fomentar as virtudes públicas e a vida ética. Simbólica e materialmente a crise da *polis* manifestou-se na substituição do centro da cidade da *Ágora*, como em Clístenes, para a *Acrópole*, como vai propor Platão, até o *Jardim*, que na época de Epicuro, em plena dominação macedônia, era o espaço possível para o exercício da filosofia, já que interditadas foram as liberdades públicas.

Atrofiada com o espaço democrático, dominada pelo invasor macedônio, a cidade grega deixou-nos, sobretudo, um incancelável sonho de emancipação.

Há no fato de o *Jardim* ter se tornado o espaço da prática da filosofia de Epicuro um duplo significado. De um lado, a escolha do *Jardim* é uma imposição da dominação macedônia, que interditou a filosofia nos espaços públicos. Obrigada a recolher-se à intimidade do *Jardim*, a filosofia perdeu sua centralidade como principal instrumento da *Paideia* grega. Ao mesmo tempo, o recolhimento e a intimidade forçados pelo bloqueio da função pública da filosofia, foram decisivos para o desenvolvimento, a partir de Epicuro, de uma perspectiva que prenuncia o humanismo em seu sentido moderno. Isto é, a filosofia de Epicuro é a primeira manifestação concreta de uma perspectiva que valoriza, como objetos dignos de ocupação filosófica, o conjunto de circunstâncias que conforme a subjetividade humana – o sentimento da amizade, a busca do prazer e da felicidade íntimos, o cuidado com o corpo e com o outro tomado em sua irredutível singularidade. O *Jardim*, nesse sentido, é também uma metáfora da filosofia epicureia em sua descoberta e valorização da intimidade do sujeito (Pessanha, 1980). Por outro lado, a circunscrição da filosofia ao espaço do *Jardim* segue uma tendência que vai se afirmar ainda mais no mundo antigo com a crise da república romana e que se expressou como esvaziamento do espaço público. Diz Oskar Negt:

> Durante toda a república romana predominou o *ager publicus* isto é, o domínio territorial comunitário, e os gregos sempre lutavam pela conservação de um pedaço desse terreno comunitário. Depois vem o *ager privatus* – a privatização. Gostaria de lembrar também a riqueza do termo "privado", que é derivado do verbo *privare*, que significa roubar. Roubar de quem? Originalmente se rouba da comunidade suspendendo o seu direito. Na origem não está o privado e sim o comunitário (Negt, 2002, p. 23).

É como promessa, como possibilidade, que se deve ver a tese de Aristóteles sobre a essência social, isto é, associativa e interagente do ser humano, tese que ele enuncia no momento mesmo em que Atenas se despe de suas liberdades e prerrogativas. Diz o padre Vaz: "Aristóteles fita os traços do *zôon politikón* no momento em que a *polis* se encaminha para o seu declínio..." (Vaz, 1988, p. 138).

Há na tese de Aristóteles mais que nostalgia de uma época de ouro em que a cidade fora a plena realização da liberdade. Na verdade, se Aristóteles não pode se entregar às utopias platônicas e suas cidades ideais, seu realismo não pode deixar de ter um compromisso profundo com o destino da cidade e com o sentido *formativo, pedagógico* da filosofia. Afirmar o caráter *social* do ser humano é, assim, afirmar a centralidade da *polis* como instrumento da realização do humano, mesmo que a cidade estivesse sob a tutela de um poder opressor.

Depois houve a dominação macedônia e a cidade foi atrofiada como espaço da palavra pública e democrática. A palavra obrigada a buscar o refúgio do *Jardim*, como em Epicuro, obrigada a se circunscrever aos espaços restritos da casa, da intimidade e da família.

Essa desqualificação da cidade como espaço da liberdade manteve-se e mesmo aprofundou-se com a crise do Império Romano do Ocidente. Se Roma foi a culminância da fusão da tradição clássica, greco-latina, com a tradição cristã, pós-Constantino, sua queda definitiva, como capital imperial, no século V, marca a crise agônica da cidade antiga.

É esse o sentido essencial daquele absoluto abandono da cidade, seu esvaziamento político, moral e religioso, representado pela obra de Santo Agostinho. *A Cidade de Deus*, de Santo Agostinho, é a explicitação máxima de uma civilização que tendo nascido na cidade, que tendo tido o melhor de seus frutos decorrentes da cidade, sucumbe diante da irrupção de povos que, não urbanos, num primeiro momento, só enxergaram a cidade como possibilidade de pilhagem e de rapina.

Devastada, destituída de sua condição de centro do poder político, a cidade viverá um longo declínio, um tempo que a historiografia tem caracterizado como de ruralização da sociedade europeia, longa crise da dominação urbana, que, restrita e apequenada, não será nem sombra do que fora.

Esse longo processo de ruralização, que teria marcado grande parte da Idade Media, até o século XI, segundo Herni Pirenne, não deve ser visto como absoluto, como ausência total de cidades, já que elas continuaram a existir, ainda que enfraquecidas e diminuídas em suas centralidades.

Assim, sejam vistas com restrição as teses que absolutizam a ruralização medieval.

De qualquer modo, a cidade antiga, em sua versão romana, conservará os traços básicos, já mencionados, de sua centralidade político-religiosa. Roma é, como seus imperadores encarnaram, a um só tempo, centro político e religioso. Essa ligação será ainda mais intensificada a partir de Constantino, que, convertendo-se ao cristianismo, credenciou o Império, definitivamente, ao mais ousado projeto de universalização de seu poder.

Nem mesmo a separação entre poder temporal, exercido pelo imperador, e poder espiritual, exercido pelo papa, ocorrida na Idade Média, vai modificar o essencial do processo. As duas espadas, a temporal e a espiritual, empunhadas por dois senhores – o imperador e o papa – afinal serviam a um único e mesmo propósito: a manutenção do poder do *senhoriato* que foi chamado em certo tempo de *patriciado*, e depois de *nobreza feudal*.

Essa "duplicidade de poderes" não existiu no Império Bizantino. Ali, predominou o *cesaropapismo*, isto é, a efetiva manutenção das velhas práticas do Império Romano em que o Imperador era também o sumo Sacerdote. No contexto de um Império Romano cristianizado – o Imperador Bizantino não outorgou seus privilégios como chefe da Igreja e chefe de Estado – daí falar-se em *cesaropapismo*, daí que Bizâncio, talvez seja, a mais acabada manifestação da cidade antiga.

As grandes invasões das tribos germânicas, ou as grandes migrações dos povos, como os historiadores alemães chamam esse processo, não desarticularam o Império Romano do Oriente. Bizâncio só cairá em 1453 com a expansão turco-otomana.

No ocidente, depois das grandes ondas migratórias das tribos germânicas, que varreram a Europa e o norte da África entre os séculos IV e V, haverá, entre os séculos VIII e X, um segundo grande ciclo de migrações – a dos sarracenos, húngaros e normandos. Só depois de acomodados estes movimentos traumáticos, e que redefiniram a geopolítica europeia, é que as cidades *ressurgiram*. Ressurgimento, renascimento que significaram, na verdade, uma transformação profunda da cidade. Foi Jacques Le Goff quem disse que são tantas as diferenças entre a *cidade antiga* e a *cidade moderna*, a que ressurge na Europa a partir do século XI, que só por certo atavismo se explica que se continue a usar a mesma palavra, cidade, para designar aquelas realidades tão díspares.

A cidade moderna

É o mesmo Le Goff que dirá que se quase nada, se há alguma coisa, a aproximar a cidade antiga da cidade contemporânea, no referente à relação entre a cidade moderna e a cidade do nosso tempo é preciso falar de importantes homologias, de contiguidades formais, de uma certa convergência fisionômica. É o que se descobre, com surpresa e encantamento, lendo o belo livro de Le Goff – *Por amor às cidades* – que nos convida a admirar as sintonias de volumes e formas, que a *longa duração* conservou na cidade.

Trata-se, é claro, de uma proximidade plástica, formal, que muitas são as diferenças profundas que a cidade moderna experimentou até se tornar no que é hoje – transformações tecnológicas, sociais, políticas, econômicas e culturais.

Para manter a possibilidade de uma apresentação gráfica da trajetória da cidade pode se dizer que a forma da cidade moderna deve ser representada como sendo a disputa entre três centralidades: 1) a centralidade da Igreja, dos Bispos, que fizeram da cidade *sede episcopal*; 2) a *centralidade dos poderes feudais*; 3) *a centralidade dos organismos e instituições autônomas da comuna* – de suas corporações de ofício, de seus grêmios, de suas ordens terceiras, de suas ordens mendicantes, de suas confrarias, de suas estruturas governativas comunitárias, de suas universidades, etc.

Nem sempre essas três centralidades estiveram presentes em todas as cidades, ou em todos os momentos. Em algumas cidades foi sempre forte e efetiva a autonomia das estruturas comunais, seja em relação aos bispos, seja em relação aos poderes feudais – são os casos clássicos de Florença e Veneza, por exemplo. Em outras cidades tenderam a prevalecer fosse a hegemonia imperial, fosse a da nobreza feudal, fosse o poder episcopal. Uma tipologia das cidades modernas classifica-as em três grupos – a) as *cidades livres*, que, na verdade, são as menos livres dentre as cidades modernas já que continuaram a pesar sobre elas certa ingerência dos poderes feudais; b) as *comunas*, que, efetivamente, eram cidades autônomas; c) as *cidades consulares*, que ao lado de serem autônomas desenvolveram formas republicanas de governo (CASTRO, 1977).

A possibilidade da emergência e consolidação dessas experiências de autonomia das cidades tem relação direta com o enfraquecimento dos poderes feudais. Nesse sentido, é legítimo afirmar que o processo de desenvolvimento urbano foi tanto mais dinâmico quanto mais enfraquecidos estavam os dois grandes poderes feudais – o papado e o Império.

Trata-se, nesse sentido, de um longo e complexo processo, que teve início no século XII, atravessou todo o século XIII, tendo seu desenlace no século XIV, com um resultado final que foi o enfraquecimento dos dois grandes poderes feudais – império e papado – e o fortalecimento tanto da monarquia francesa, quanto das cidades do norte da Itália.

Num dos polos desse movimentado processo atuou a monarquia francesa, de Felipe Augusto, no início do século XIII, até seu descendente, Felipe, o belo, no início do século XIV, que tomaram a peito e conseguiram desmoralizar a instituição do papado.

O enfraquecimento do papado e o fortalecimento da monarquia francesa criaram um novo quadro geopolítico de que vão se aproveitar as cidades do Norte da Itália. Num primeiro momento as cidades italianas vão se confrontar com o Império, entre os séculos XI e XIII, depois será a vez do confronto com o papado, entre os séculos XIII e XIV. A autonomização das cidades do domínio imperial não significou, na maior parte dos casos, maiores liberdades, pois que surgiram os déspotas e empalmaram o poder nas cidades. Assim, se as cidades ficaram livres – Pisa em 1085; Milão em 1097; Arezzo em 1098; Lucca, Bolonha e Siena em 1125 – esta autonomia foi substituída pelo despotismo que vai dominar Ferrara em 1264; Mântua em 1270; Rimini em 1280; Ravena em 1286. É o tempo das tiranias – Martino della Scala em Verona; Gerardo de Cannino em Treviso; o Conde Ugolino em Pisa; Ghiberti da Correggio em Parma; Alberto Scotti em Piacenza; Guido da Polenta em Ravena; os Malatesta em Rimini; os Visconti em Milão (SKINNER, 1996, cap. 1).

Jogo complexo esse. As cidades, num primeiro momento, buscaram apoio no papa para combater o Império, depois procuraram apoio da França para combater o papa, manobra e movimentação permanente num quadro marcado pela instabilidade, pela fragilidade das alianças pela precariedade e pela insegurança.

É esse quadro, dramático e angustiante, que explica a recorrente tentativa dos florentinos, de Dante a Maquiavel, de buscarem uma forma de governo capaz de garantir paz e segurança. Para Dante, esse estado seria a restauração, em toda a sua plenitude, do Império universal cristão. Para Maquiavel, na linha da tradição do humanismo cívico, o estado necessário para por fim à insegurança daqueles tempos, teria que levar em conta a experiência da autonomia das cidades-repúblicas italianas.

A partir do século XII, as tentativas dos sucessivos imperadores alemães de buscarem dominar as cidades prósperas e rebeldes do norte da Itália vão resultar numa espécie de guerra permanente em que vão se defrontar encarniçadamente *guelfos* (partidários do papa) e *gibelinos* (partidários do imperador).

Trata-se aqui, antes de buscar reconstruir a história dos conflitos políticos entre as cidades italianas, o imperador, o papa e o rei da França, entre os séculos XI e XIV, de reconhecer nesse processo a explicitação dos três grandes poderes que buscaram hegemonizar a cidade moderna. Se se permite uma analogia geométrica espúria veja-se a cidade moderna como representável a partir de uma elipse que, ao contrário da elipse verdadeira, teria três focos – a Igreja, o estado feudal e a complexa estrutura governativa comunitária.

Figura III
A cidade moderna

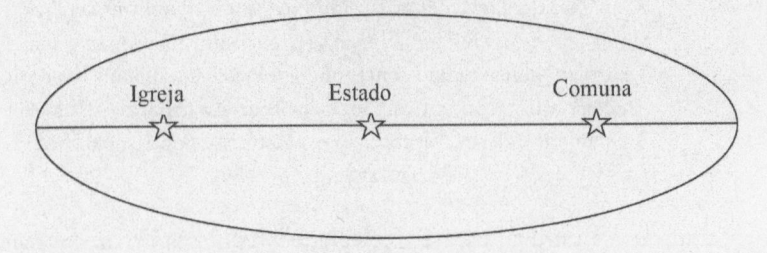

A cidade moderna, representada aqui como essa elipse espúria, pode ser caracterizada por sua permanente disposição para a autonomia e a liberdade. Quando, na Alemanha medieval, cunhou-se a expressão: "o ar da Cidade Liberta", isso correspondia à uma experiência efetiva e auspiciosa.

A cidade moderna como símbolo e ideia vai se impor, tanto aos poderes do Estado, quanto aos poderes da Igreja. Um capítulo decisivo da história da cidade foi ser matriz da universidade. Quando a universidade surgiu, no final do século XII, ela desafiou a estrutura de ensino que vigorava na cidade. Até então o ensino na cidade era controlado pelos monastérios – a *escola monacal*; pelos bispos – a *escola episcopal*; pela corte – a *escola palatina*. A universidade, nascida da iniciativa de corporações de professores e de estudantes, vai significar, na prática, a construção de um novo paradigma reflexivo, uma nova possibilidade de ensino e pesquisa, cujo resultado final, expresso na vitória da Faculdade de Filosofia sobre a Faculdade de Teologia, na Sorbonne, no século XIII, é um dos momentos decisivos da instauração da modernidade, como disse o grande filósofo brasileiro Henrique Cláudio de Lima Vaz (VAZ, 2002).

Arrastar, e vencer, a ortodoxia da Faculdade de Teologia, reivindicar, e conseguir, a liberdade de pensar, de filosofar é um dos mais decisivos e característicos frutos da cidade moderna na medida em que a universidade é uma sua dileta criação.

Não há propósito em reivindicar da cidade moderna o que ela não pode ser. Nesse sentido, não se a veja como espaço efetivamente democrático, no sentido contemporâneo desse termo. Mesmo a cidade mais fortemente apegada a valores republicanos, como Florença, foi governada, de fato, por suas oligarquias. No tempo de Dante o governo da cidade foi disputado pelas velhas oligarquias – os *magnatas* – e pelos "novos ricos" – os *populani*. Os *magnatas*, partido Negro, tenderam a apoiar o Papa; os *populani*, partido Branco, deram seu apoio ao Imperador. Durante todo o tempo Florença buscou sua autonomia governativa. A principal referência deste projeto é a tradição do *humanismo cívico*, que de Brunetto Latini a Maquiavel, procurou valorizar tanto a independência política, quanto o autogoverno da cidade (SKINNER, 1996).

Em sua *História de Florença*, Maquiavel vai exaltar a qualidade das instituições coletivas, que governavam a cidade dizendo:

> Foi nessas organizações civis e militares que os florentinos colocaram as fundações de sua liberdade. Nem se poderia imaginar quanta autoridade e força em pouco tempo conseguiu Florença: não somente em capital da Toscana se transformou, mas se colocou entre as maiores cidades da Itália, e a maior grandeza teria chegado se não tivesse sido assolada por várias e frequentes divisões (MAQUIAVEL, 1995, p. 80).

Maquiavel atribuiu ao caráter "colegiado", republicano, da governação de Florença, a razão de sua prosperidade e grandeza – uma cidade próspera e forte porque capaz de se autogovernar.

O que se está chamando aqui de *cidade moderna* sofreu transformações formais importantes. Num primeiro momento a cidade moderna ainda reproduziu o espontâneo e o casual da cidade medieval. Com o Renascimento a cidade moderna tornar-se-á espaço-sistema planejado e racional (MURATORE, 1980). Há uma indescartável concomitância entre a construção da cidade renascentista e as múltiplas revoluções que a representação do espaço estava experimentando então. A cidade de Alberti, inspirada em Platão e Vitrúvio, é o equivalente, no plano urbano-arquitetônico, de um novo conceito de espaço – a substituição do espaço *agregado* pelo espaço *sistema*, do espaço como *substrato*, pelo espaço como função (MURATORE, 1980, p. 40).

A cidade concreta de Alberti, em que pese sua adesão à centralidade vitruviana, seu apego às formas mandálicas, procurou refletir as diferenças hierárquicas decorrentes das instituições dominantes na cidade (MURATORE, 1980, 105).

É o que se vê em Florença no paralelismo forte que estabelece "entre as instituições da *res publica* e seus edifícios" – "El Palacio del Señorio o la Catedral son, más que símbolos, expresiones tangibles de las relaciones de poder" (MURATORE, 1980, p. 51).

A cidade moderna, em sua expressão renascentista, é a mais expressiva manifestação daquela elipse espúria, que se quer ver aqui como seu símbolo. A Signoria e a *catedral*, em Florença; a *Catedral*, o palácio do Doge, os prédios do Senado, do Conselho Grande e do Conselho Secreto, em Veneza; são os *lócus* concretos de uma estrutura do poder que recusou seja o despotismo da nobreza, seja a imposição da hegemonia clerical. Poder compartilhado, poder dividido entre instituições coletivas que buscaram, tanto quanto puderam, resistir à supressão de suas liberdades e prerrogativas.

Se é assim, é o caso de recusar, como fez Ellen Wood, uma tese bastante difundida, aceita por variadas correntes historiográficas, que quer ver a cidade moderna, a cidade das corporações de ofício e das universidades, das ordens mendicantes e das confrarias, como cidade que vai gerar o desenvolvimento do capitalismo. A partir de argumentação consistente e informada Ellen Wood mostrou que, na verdade, o capitalismo nasceu no campo, nasceu das transformações que a agricultura vai experimentar a partir dos *cercamentos das terras* e suas repercussões: a generalização do arrendamento; a criação dos mercados de terras e de trabalho, a imposição da necessidade sistemática da introdução de "melhoramentos na agricultura", etc. (WOOD, 2001).

Trata-se, segundo Ellen Wood, de rejeitar, por insubsistentes, as perspectivas que querem ver capitalismo, nas relações corporativas, que predominavam na cidade, quando este não só não estava lá, como mesmo foi ali interditado. Isto é, a cidade moderna, durante séculos, interditou a dominação capitalista, que, de fato, só vai se impor com a Revolução Industrial. Essa tese deve ser considerada como decorrendo tanto da leitura atenta e rigorosa de Marx, quanto da explicitação decisiva dos argumentos que estão na obra de Karl Polanyi, *A grande transformação* (POLANYI, 1980).

Ellen Wood mostrou o equívoco de certas associações indébitas: *capitalismo não é igual a modernidade*; *cidade não é igual a capitalismo*. Na verdade, a cidade moderna, seja em sua forma *renascentista*, seja em sua forma *barroca*, a cidade-capital dos estados absolutistas e a espetacularização de seus espaços, jamais foi o espaço do capital, jamais se deixou capturar pelo capital que, até a Revolução Industrial, dominou apenas o campo, a produção agrícola.

A cidade moderna interditou a voragem da competição capitalista, bloqueou o acicate permanente da busca dos "melhoramentos", bloqueou a imposição das regras e consequências da transformação do trabalho em mercadoria. A cidade moderna foi, sobretudo, o espaço da regulação corporativa, da solidariedade corporativa, da interdição da competição e do individualismo. De outro lado, a cidade moderna também foi, em sua apropriação barroca – absolutista, espaço de um poder que, no essencial, se manteve feudal até que as Revoluções Burguesas capturaram e transformaram a cidade num instrumento da hegemonia capitalista e da acumulação de capital.

A cidade do capital

Karl Polanyi mostrou que o capital só conquistou a cidade, só se tornou hegemônico, no processo da *Revolução Industrial*, isto é, no final do século XVIII e início do XIX. Até a Revolução Industrial a cidade moderna – as corporações de ofício, o estado-absolutista, as tradições associativas que tinham feito das cidades refúgios contra a opressão – tinha bloqueado a imposição da lógica capitalista e todas as suas consequências. As leis dos pobres, as leis que bloqueavam a vigência plena das regras de mercado no referente ao trabalho foram instrumentos compensatórios mobilizados contra a violência da imposição das regras do mercado capitalista – o desemprego, a miséria, a fome.

Ao final do século XVIII, com a Revolução Industrial, o dique de proteção social "contra o moinho satânico", a ordem capitalista, foi rompido e a cheia capitalista inundou, sufocou, fez submergir tudo o que não se rendesse aos seus desígnios. Assim, por diversos aspectos, o século XIX será o tempo do liberalismo praticado em sua máxima potência com todas as consequências advindas daí. Entre os resultados da dominação capitalista conte-se a resistência dos trabalhadores, que da radicalização luddita à *Comuna de Paris*, em 1871, vai desafiar o capital e buscar construir regime social alternativo, comunitário e radicalmente democrático.

Essa época de domínio aberto do capital vai se refletir na cidade, que a partir daí vai ser subsumida a uma centralidade única e exigente. A centralidade do capital buscou mais que dominar a vida econômica. É toda a vida social que o capital quer definir. Seus valores e critérios ele quer ver prevalecer em todas as instâncias da vida social – no campo da cultura, no campo político, no campo da conduta e da ética, no campo das relações pessoais: individualismo e privatismo, competição e interesse individual.

Se se buscar um diagrama capaz de representar a cidade do capital é o caso de reconhecer no *buraco negro*, aquela hipercentralidade, que subtrai até mesmo a luz, que traga e esmaga todo o existente, a forma simbólica da cidade do capital em sua pretensão de eclipsar tudo quanto não se submeta à lei da valorização do capital. A cidade do capital tem sua eficácia no fato de que, como numa circunferência, a cidade quer fazer de cada ponto do espaço o seu centro. No caso, trata-se de ver essa metáfora como, na verdade, o essencial do projeto de dominação capitalista que quer fazer com que tudo e todos, em todos os momentos e espaços, se submetam aos interesses do capital, subordinem-se à sua lógica e a seus atributos.

Como circunferência cujo centro é ubíquo, o capital quer que se o veja como universalidade, como superação de todos os particularismos, como realização de uma racionalidade, que, limitada e instrumental, quer anular a existência de uma outra racionalidade, não manipulatória, aberta à complexidade e à alteridade.

A cidade do capital se impôs com arrogância e violência. No início foi o horror das cidades industriais surpreendidas em sua feiura e sujeira como denunciadas por Engels em sua *A situação da classe operária na Inglaterra em 1844*, ou pela descrição dantesca que delas fazem os romances de Charles Dickens.

Multidões segregadas em cortiços e ruelas, famintas, esfarrapadas, doentes. Trabalho estafante e subalimentação, castigos corporais e vigilância estrita contra as "populações perigosas". Tal quadro não foi alterado, no essencial durante o século XIX, e quando chegou a vez de Jack, o estripador, na década de 1888, atacar suas vítimas, elas foram recrutadas entre as filhas da pobreza e da degradação que a cidade do capital nunca deixou de produzir.

Pobreza e miséria, sujeira e doença, morte e sofrimento acompanharam a imposição da cidade do capital. Nela os interesses da circulação de pessoas e coisas, a busca da valorização do capital vão redefinir tanto o uso, quanto as funções do espaço.

A renda da terra urbana na cidade do capital decorre, tanto da atuação das leis econômicas, quanto da intervenção do poder público e sua capacidade de sobre ou subvalorizar os espaços. Assim, a cidade do capital será constituída a partir de uma hierarquização absoluta, da segmentação política, econômica e social de seus espaços.

Houve quem se recusasse a aceitar a tese da piora das condições de vida dos trabalhadores com o advento da Revolução Industrial. Os termos deste debate estão sintetizados em alguns trabalhos de Eric Hobsbawm e parecem concludentes em corroborar a visão dos coetâneos, como Malthus, Ricardo e Marx, que reconheceram a efetiva piora das condições de vida dos trabalhadores no contexto da Revolução Industrial (HOBSBAWM, 1981, caps. 5, 6 e 7).

A cidade do capital também foi a cidade da modernização dos meios de transportes e das comunicações, da sociabilidade e da vida cultural. Se foi a cidade da imposição de uma ordem, que se queria única, também foi a cidade das rebeliões das massas, das revoluções – em 1830, em 1848/1849, em 1871 – e das vanguardas artísticas. Assim, a cidade do capital também foi a cidade da luta de classes e da disputa pela hegemonia política e cultural. Num polo o capital, que num momento de rara franqueza, não hesitou em explicitar o seu poder erguendo, no coração de Paris, da capital do século XIX, como a viu Walter Benjamin, um monumento a si mesma. A Torre Eiffel é, antes de tudo, uma exaltação da grande indústria capitalista, a confirmação de um poderio, que consagrava uma nova estética e uma nova ética. Se os antigos, se os renascentistas buscaram fazer da cidade o espaço da beleza e do sagrado, da democracia e da associação, o capital fê-la um espelho de uma ordem impessoal e desumana. Um dos símbolos mais expressivos dessa ordem é a Torre Eiffel, que com sua estética siderúrgica e agigantada domina a cidade, reconfigurando a sua paisagem pela imposição de uma prótese extravagante e exigente, que faz convergir todos os olhares, que busca admiração não pela beleza de suas formas, mas pela força do poder que quer exaltar.

Em outros momentos e cidades as torres tiveram outros propósitos e simbolismos. As cordilheiras artificiais, que são as torres das catedrais góticas, em sua profusão, são reiterações da busca desesperada dos homens daqueles tempos pelo sagrado. Projetada para cima, obsedantemente procurando a orada de Deus e manifestando a Ele a sua obediência, a arquitetura gótica é teologia em pedra, como foi dito. O campanário do Batistério de Florença, de autoria de Giotto, a Torre de Piza, expressam uma característica essencial da cidade renascentista, que é a sua estrita vinculação à escala do humano. A arte renascentista, sua arquitetura e suas cidades, só querem o monumental enquanto esse for a exaltação da criatividade e da beleza especificamente humanas. Assim, tanto a pintura quanto a escultura e a arquitetura renascentistas estão submetidas a uma matriz cultural que impõe exigência ética também às artes, à cidade. Tanto a escala quanto a forma da cidade renascentista estão referidas a um projeto rigorosamente humanista.

Na cidade do capital o que domina é a escala insofreável da busca da valorização, as demasias e a violência da competição, da crise, do desemprego, da destruição, da alienação. A cidade do capital terá seus tipos característicos, comportamentos forjados pelas circunstâncias histórico-materiais capitalistas. Charles Baudelaire (1821-1867) viu surgir na cidade do capital dois tipos emblemáticos – o *dândi*, a expressão mais acabada da valorização da artificialidade da vida burguesa. E a epidêmica disseminação do *spleen*, a melancolia sem causa, que se instalou no coração do homem da cidade do capital. Georges Simmel (1858-1918) reconheceu como típicas da vida da cidade do capital tanto a indiferença, a atitude *blasé*, quanto a *neurastenia*, a fadiga física de origem psíquica.

Na cidade do capital a impessoalidade é a regra. Impessoal é a lei, impessoais são as regras dos contratos, impessoais os espaços e os volumes definidos pela escala monumentalizada do capital e do poder concentrado do estado.

Hipercentralizada, "buraco negro de poder", a cidade do capital tanto atrai, tanto seduz, quanto corrompe, aliena, destrói. É essa uma das tensões centrais do romance realista do século XIX. Tanto em Balzac, quanto em Stendhal, quanto em Dostoievsky a grande cidade, as luzes, as fantasias do poder e da glória, funcionam como armadilhas, que atraindo ambições e aspirações legítimas, acabam sempre por impor desilusões e fracassos. Julien Sorel, Lucien de Rubempré, Raskolnikov, heróis problemáticos, como os viu Lukács, foram atraídos e derrotados pela cidade grande, que no caso do romance realista é uma recorrente metáfora do encantatório e corruptor do poder e do dinheiro.

Paris ou São Petersburgo, Viena ou Berlim, são como vórtices atraindo e seduzindo, porque promessas de sucesso e glória. É esta "féerie", maravilha de luzes, de elegância e refinamento, que o narrador da *Recherche*, de Proust, fixou, e que durante tanto tempo o fascinou até o êxtase.

A grande cidade é como a enciclopédia de todos os prazeres e de todos os vícios, da futilidade extrema e da derrisão. Mas, a cidade grande, em sua condição enciclopédica, também abrigou as gentes miúdas, os moços-de--frete, os pequenos escriturários, como o Bernardo Soares, de Fernando Pessoa, aquelas multidões inesgotáveis de personagens da cidade que Edgar Allan Poe – Baudelaire – Constantin Guys valorizaram no transitório, efêmero, contingente, precário da cidade grande – "A beleza do tumulto da liberdade humana".

Assim, a cidade grande, cidade do capital, nunca foi homogênea, nunca foi apenas a realização do poder e do dinheiro. É na cidade grande, na segunda metade do século XIX, que surgem decisivas manifestações de contestações à síntese burguesa, a longa dominação liberal, às instituições fundamentais da ordem burguesa. É a mesma cidade do capital que viu surgir a contestação socialista, a revolução e a rebeldia. É a mesma cidade do capital que fomentou as diversas manifestações disruptivas no campo estético, científico e psicológico. É a cidade do capital que vai gerar as várias revoluções artístico-científicas, que vão romper: seja com as formas tradicionais de representação (fauvismo, cubismo, dadaísmo, surrealismo, abstracionismo, suprematismo, etc.), seja com a física clássica e o determinismo (relatividade, física quântica, física probabilística); seja com a imagem de uma psique unitária e harmônica pela emergência da psicanálise e a descoberta do "imenso e poderoso" continente do *inconsciente*.

Síntese dessas tensões e promessa é o *modernismo*, talvez, o filho mais genuinamente característico, e por isso mesmo mais conflituado, da cidade do capital. O modernismo, Perry Anderson o mostrou bem, palavra criada no século XIX, em 1890, por um poeta da Nicarágua, Rubén Darío, expressou a irrupção da reivindicação da periferia, a emergência de um outro, a periferia do sistema comandado pelo grande capital, e sua petição radicalmente inovadora seja no campo cultural, seja no campo político. É da "periferia" que vem o mais ousado e revolucionário daquele tempo – Stravinsky, Kafka, Chagall, Picasso, Kandinsky, Malevich, Miró, Joyce, Freud, Eisenstein, Dziga Vertov, Buñuel, a *Revolução Mexicana*, a *Revolução Russa*...

A cidade do capital, a *coketown*, como foi conhecida e rejeitada, será a exata contraposição dos diversos projetos de regeneração da cidade que vão se dar nos séculos XIX e XX: "a *cidade jardim*" de Ebenezer Howard; "a *cidade-religião*" de Patrick Geddes e Lewis Mumford; "a *cidade culturalista* de William Morris e John Ruskin; "as *cidades cooperativas*" de Charles Fourier e Robert Owen (MUMFORD, 1965).

Desse esforço de restaurar a cidade, de salvá-la do capital, houve quem buscasse transformá-la em um "ersatz" dos organismos vivos – como Gandhi – houve quem a quisesse uma máquina perfeita, *máquina de morar*, como Le Corbusier. Reconstruir a cidade, reconstituí-la segundo a escala da solidariedade e da cooperação passou a ser um dos motivos centrais das utopias do nosso tempo.

É o que se vê nestes versos de William Morris, de 1868:

> "Esquecei seus condados na fumaça afundados
> Esquecei o bufar do vapor e o rebater do êmbolo
> Esquecei a cidade que se alastra, medonha
> Pensai, sim, na alvenaria e postos na colina
> E sonhai com Londres, pequena, branca, limpa
> Bordando o Tâmisa com seus verdes jardins."

Há, no caso dos projetos que recusam a cidade do capital, um conjunto de motivações, efetivamente, emancipatórias. É o caso das teses de John Ruskin (1819-1900), quando afirma a necessidade de estabelecer-se integração entre desenho e execução, como base para a restauração das artes populares e do sentimento artístico entre o povo. É o caso das propostas de Patrick Geddes, Piotr Kropotkin, Élisée Réclus, que apontam na direção de pensar a cidade no contexto de uma região, e pensar a cidade como parte organizadora da religião, tese tão decisiva, quanto necessária e atual.

Na verdade a trajetória da cidade do capital foi marcada por constante tensão. No início foi a denúncia da cidade industrial, da *coketown*, cidade da violência e da miséria, feita pelo romantismo. Inspirados em Rousseau houve quem visse na cidade grande a raiz principal de todos os vícios. Depois foi a afirmação da cidade monumental, a cidade do grande capital, confiante em seu poder e sua técnica de construir um palácio de vidro e aço para a Exposição Universal de Londres, em 1851; a Paris monumentalizada de Haussmann e Eiffel. Contra essa cidade-monumento ao grande capital, se insurgiram diversas correntes e movimentos: os anarquistas, os socialistas, os cooperativistas, os culturalistas em diversos registros e níveis de radicalidade, de tal modo, que é o caso de reconhecer que a cidade do capital, mesmo em seus momentos de maior poder, sempre esteve em disputa.

O urbano

Durante certo tempo, o da IIª Internacional e do Stalinismo, o marxismo foi entendido e praticado como uma sorte de escolástica positivista. Transformado em sociologia mecanicista, o marxismo foi quase sempre tão inócuo como instrumento de produção de conhecimento novo, quanto decepcionante como instrumento efetivamente emancipatório.

Entre os nomes decisivos da renovação do marxismo é o caso de sublinhar o de Henri Lefebvre, que durante sua longa vida (1901-1991), realizou uma obra tão diversificada em seus temas, quanto instigante na presentificação de um marxismo permanentemente atualizado e sintonizado com o nosso tempo.

No centro desse marxismo que se recusou à petrificação, que é a obra de Lefebvre, a sua teoria do urbano, a sua compreensão da cidade como o espaço, material e simbólico, em que se trata hoje, um capítulo decisivo da luta de classes, a luta pela restauração da cidade como espaço da liberdade, rigorosamente anticapitalista e decididamente emancipatório.

É a revolução social contemporânea, que reivindica a cidade. É a perspectiva da revolução, que a cidade vislumbra, entre as muitas dobras do manto de chumbo do domínio autocrático do capital. O brilho incancelável da cidade como promessa de felicidade. Foi a revolução, foi aquele extraordinário 1968, que redescobriu – "sous les pavés la plage" – e fez a cidade, de novo, ter a espessura do desejo e da imaginação. É como presentificação contemporânea da revolução, que se deve ler os textos escritos por Henri Lefebvre sobre a revolução urbana. É a revolução urbana o que dá inteligibilidade àquela desassombrada reivindicação: direito à cidade, libertação e felicidade, poesia e imaginação.

Lefebvre, mais de uma vez, disse que a crise do nosso tempo é a crise da realidade urbana. Assim, pensar a cidade, pensar o urbano é tocar no essencial das contradições do nosso tempo.

Leia-se a cidade, acompanhe-se Lefebvre em sua jornada: a problemática urbana deslocou a problemática industrial; existe uma racionalidade urbana que discrepa da racionalidade empresarial industrial; a sociedade urbana está em formação – houve a era agrária e a sua cidade, houve a era industrial e a sua cidade, estamos vivendo a era de instauração da sociedade urbana, este continente recém-descoberto; a cidade distingue-se do rural porque são distintas as relações de produção que vigoram em cada um desses espaços; a cidade é uma realidade complexa, resultado da coexistência de diversas dimensões – a econômica, a política, a demográfica, etc.; não se perca de vista que a cidade é também obra de arte. O urbano ergue-se a partir da cidade, sustenta-se em seus ombros, distingue-se da cidade porque se essa é a ordem do *sucessivo*, o urbano reclama o simultâneo.

O espaço da era agrária deu-se por *justaposição* – na aglomeração de marcas-manchas que só muito superficialmente feriram a terra. O espaço da era industrial foi o da homogeneidade, da uniformidade, da continuidade. A era urbana inaugura uma nova ordem espaço-temporal – era da complexidade, da simultaneidade, da superposição, da imbricação. Sobretudo, o urbano é o lugar da expressão dos *conflitos*, o lugar do desejo (LEFEBVRE, 1999, p. 160), ou ainda:

> No puede existir realidad urbana alguna si no existe un centro, tanto si se trata del centro comercial (que reúne productos y cosas), como do centro simbólico (que reúne y torna simultâneos determinadas significaciones), como del centro de información y de decisión, etc. Ahora bien, todo centro se destruye a si mismo. Se destruye por saturación; se destruye porque remite a outra centralización; se destruye en la medida que suscita la acción de aquellos a quienes excluye y a los que expulsa hacia las zonas periféricas (LEFEBVRE, 1976, p. 69).

A era rural, marcada pela *necessidade*, foi o tempo da hegemonia da magia e da religião, submetidas ao imediato de uma *natureza* incoercível. A era industrial, foi marcada pela centralidade do *trabalho*, foi o tempo da hegemonia da lei, da razão, das autoridades, da técnica, do Estado, das classes sociais, foi o tempo de *racionalização instrumental*, tal como apreendido por Max Weber. A era urbana, reivindica a *fruição*, dá início à irrupção da complexidade, da simultaneidade, da possibilidade, é o tempo da emergência das lutas sociais que questionam a centralidade autocrática do capital, que inventa novas centralidades. Diz Lefebvre: "A contradição principal se desloca e se situa no interior do fenômeno urbano: entre a centralidade do poder e as outras formas de centralidade, entre o centro 'riqueza-poder' e as periferias, entre a integração e a segregação" (LEFEBVRE, 1999, p. 155).

Entre os marxistas, Henri Lefebvre ocupa um lugar especialíssimo. Sua obra, atravessou todo o asfixiante da dominação stalinista sem estiolar-se, seja pela ousadia temática, seja pela acuidade com que utilizou o método dialético merecendo de Sartre, um elogio enfático em sua *Crítica da Razão Dialética*. Tendo aderido ao Partido Comunista Francês, em 1928, Lefebvre conseguiu uma tal independência intelectual, e espírito crítico, que o vacinaram contra a degeneração stalinista. Coragem intelectual, imaginação, criatividade e lucidez foram atributos que Lefebvre mobilizou e que o levaram a frequentar temas complexos e desafiadores. Foi assim, na década de 1930, quando ele ousou denunciar a pretensão nazista de se apropriar de Nietzsche, foi assim ao longo de sua longa carreira e vida política, quando capacitou o marxismo a enfrentar temas decisivos do mundo contemporâneo como as mudanças na esfera do modo de vida e na da sociabilidade decorrentes do modo de produção capitalista. Mais característico ainda de sua obra serão seus vários e inovadores trabalhos sobre a realidade urbana.

Traçando seu próprio itinerário teórico-filosófico Henri Lefebvre identificará a sequência: 1) uma etapa rigorosamente filosófica em que é central o estudo de Marx, Hegel e Nietzsche; 2) também é este um período de militância política, de engajamento na luta comunista, na resistência contra a ocupação nazista; 3) no pós-guerra, a partir de 1948, sob a influência de Georges Gurvitch Lefebvre transitará: "de la filosofia 'pura' al estudio de la práctica social y la cotidianidad" (LEFEBVRE, 1978, p. 7), são dessa etapa os estudos sobre o desenvolvimento desigual do capitalismo em escala mundial e os estudos sobre a realidade do trabalho rural, sobre a renda da terra e reforma agrária; 4) a quarta etapa é a busca das especificidades da vida cotidiana e da sociedade urbana, como instâncias que não se reduzem a simples "*superestruturas, expressões das relações de produção capitalistas*", na medida em que: "Son esta superestructura, pero también algo más y distinto que las instituciones e ideologias, pese a tener algunos rasgos de las ideologias y de las instituciones" (LEFEBVRE, 1978, p. 10).

Lefebvre, como todo o marxismo crítico no século XX, foi impactado e reagiu à enormidade da crise do "socialismo de caserna". Sua resposta àquela crise tem a marca do melhor que o marxismo é capaz de ser, isto é, reconhecendo a sua amplitude e contundência, identificando seus determinantes e sujeitos, buscar uma alternativa rigorosamente marxista e revolucionária.

Sob o impacto de uma tragédia histórica de grandes proporções, como a representada pelo stalinismo, houve quem se desesperasse, houve quem se rendesse, houve quem, como Adorno, tenha congelado a dialética em sua posição negativa, desacreditando de toda possibilidade de emancipação. Lefebvre, diante do mesmo complexo e exigente desafio, reinventou a ideia de revolução, reconvocou a inteligência livre, a crítica apaixonada e assim atualizou as possibilidades emancipatórias a partir das promessas do urbano.

O urbano, segundo Lefebvre, é a liberdade de produzir diferenças, é a possibilidade de criar situações e gestos tanto ou mais que criar objetos. O urbano quer refundar a sociabilidade: 1) quer substituir o contrato pelo costume; 2) quer a reapropriação, pelo ser humano, de suas condições, no tempo, no espaço e nos objetos; 3) quer a autogestão da produção, das empresas e do território (LEFEBVRE, 1999, p. 162-163).

O urbano é o espaço em construção da revolução social, é a abertura para o novo, é a materialização de uma nova *ética*, no sentido de um novo *costume*, de um novo conjunto de *hábitos*, nascidos da interdição de todos os privilégios, de toda a opressão, de toda a desigualdade social, econômica e política.

Assim, o urbano é o corpo em construção de uma sociabilidade radicalmente humanizada, porque realização de relações sociais fundadas na redignificação dos indivíduos, todos nós, considerados e valorizados como sujeitos autônomos e desejantes, na medida em que formos capazes de fazer o espaço da vida, do urbano como projeto, o *lócus* da autoemancipação da humanidade.

Se o *espaço é poder*, como disse Lefebvre, então a luta contra o poder do capital é a luta contra as formas concretas como ele organiza, controla e disciplina o espaço, é a luta contra a pedagogia e a gramática alienantes do espaço criadas pelo capital, contra a lógica e a linguagem do mundo das mercadorias (LEFEBVRE, 1978, p. 10).

O urbano, diz Lefebvre, "define-se portanto não como realidade acabada, situada, em relação à realidade atual, de maneira recuada, no tempo, mas, ao contrário, como horizonte, como virtualidade iluminadora" (LEFEBVRE, 1999, p. 28).

Trata-se, então, de reconhecer essas "virtualidades iluminadoras" como aquilo que, em outro contexto, Lefebvre chamou de "agrupamento de resíduos", que se contrapõem ao *sistema, ao poder*. Diz ele: "Terminaremos pela decisão fundadora de uma ação, de uma estratégia: o agrupamento de 'resíduos', sua coalisão para criar *poieticamente* na *práxis*, um universo mais real e mais verdadeiro (mais universal) que os mundos dos poderes especializados."

Poder	Resíduos
A religião	A vitalidade (material, carnal)
A filosofia	O não filosófico (o quotidiano, o lúdico)
O político	A vida privada (a privação de tudo o que é tomado pelo político)
O Estado e o estatal	O singular e as singularidades. A liberdade
A centralização	As descentralizações (étnicas, nacionais, regionais, locais
As matemáticas, o número e a medida	O drama
A estrutura	O tempo. A história. O movimento dialético. O trágico.
A técnica e a tecnocracia	O "insólito". O imaginário
A cibernética	O desejo. A subjetividade
A Arte (tornada cultura, alimento para o consumo de massa)	A "criatividade. O estilo. (O domínio do quotidiano e sua metamorfose)
A burocracia	O individual

Poder	Resíduos
A organização	O desviante. O original. Os momentos e as situações
A Razão e a racionalidade (técnica ou pragmática)	O "irracional". O natural
A adaptação. A noção de normal	O caráter. O não mimético
A "mímesis"	A capacidade poiética
A linguagem e o discurso	A palavra. O indizível e o não dito
A significação (signo, significante, significado)	O insignificante
O perigo nuclear	O estado de sobrevivência. A vida possível além das portas da morte

Fonte: LEFEBVRE, 1967, p. 68, 69.

E avança: "Apostar nos resíduos por um ato *poiético* inaugural, reuni-los em seguida na práxis, erguê-los contra os sistemas e as formas adquiridas, tirar deles novas formas, é o grande desafio. É a luva lançada em rosto dos poderes e do estabelecido" (LEFEBVRE, 1967, p. 378).

"Apostar nos resíduos", apostar nas "virtualidades iluminadoras do urbano", reunir num *ato poiético* a *praxis* capaz de transformar o mundo, eis este outro "instantâneo da inteligência europeia" que se recusou a morrer. Em 1929, Walter Benjamin viu o surrealismo como "último instantâneo da inteligência europeia" e disse: "No momento, os surrealistas são os únicos que conseguiram compreender as palavras de ordem que o *Manifesto* (comunista) nos transmite hoje. Cada um deles troca a mera gesticulação pelo quadrante de um despertador, que soa durante sessenta segundos, cada minuto" (BENJAMIN, 1986, p. 35).

Nesse sentido, veja-se a obra de Henri Lefebvre como presentificação daquela pulsão libertária dos surrealistas, pulsão que se vê na obra de Joan Miró irremissivelmente condenada ao movimento, à liberdade e à alegria. Miró deu forma aos "resíduos" que Lefebvre quer ver como anunciadores do novo. Em Miró tanto contam as cores, os volumes, as figuras, quanto as palavras: "Mulher junto a um lago cuja superfície se tornou iridescente pela passagem de um cisne"; "crepúsculo róseo acariciando os genitais de uma mulher, e pássaros"; "une étoile caresse le suif d'une négresse"...

Pintura e poesia, como se vê também em Kandinsky e suas abstrações biomórficas, que povoando alguns quadros são, cada uma daquelas pequenas figuras singulares, irrepetíveis, as representações do urbano inventado por Lefebvre. Cada uma daquelas pequenas pinturas que flutuam em certos quadros de Kandinsky, como cada uma daquelas formas criadas por Miró, parece saída de um mesmo mar primordial matriz de todas as formas, de todas as cores, de todo o movimento. Em sua infinita multiplicidade, em sua infinita liberdade, cada uma daquelas formas, as inumeráveis centralidades que anunciam são as representações possíveis do urbano – atrações e repulsões, poesia e luta: "A esperança vem a nós quando as constelações fogem", "o céu entreaberto restitui-nos a esperança"; "mulher lutando para alcançar o inacessível"... (MIRÓ *apud* PENROSE, p. 197; DÜCHTING, 1994).

O urbano é um espaço político, disse Lefebvre, no sentido em que o *político* é o espaço possível da liberdade. O urbano é a promessa de superações da divisão social do trabalho, é a abertura para a desalienação. Com o urbano a sociedade humana habilitar-se-ia para a eticização do conjunto das relações sociais; para a criação de uma formação econômico-social-espacial baseada na liberdade e na solidariedade.

Referências

ADORNO, Theodor W. *Dialética negativa*. Trad. port. Rio de Janeiro: Zahar, 2009.

ADORNO, Theodor W.; HORKHEIMER, Max. *Dialética do esclarecimento*. Trad. port. Rio de Janeiro: Jorge Zahar Editor, 1985.

ALBORNOZ, Suzana. *Ética e utopia*. 2. ed. Porto Alegre: EDUNISC/Movimento, 2006.

ALTVATER, Elmar. *As modalidades ecológicas econômicas de tempo e espaço*. 1992, p. 7. Mimeo.

ANDERSON, Perry. *Passagens da antiguidade ao feudalismo*. 2. ed. Porto: Afrontamento, 1982.

AUERBACH, Erich. *Dante poeta do mundo secular*. Rio de Janeiro: TopBooks, 1997.

AUERBACH, Erich. *Mimesis*. Trad. port. São Paulo: Perspectiva/EDUSP, 1971.

BENJAMIN, Walter. O surrealismo, o último instantâneo da inteligência europeia. In: *Obras escolhidas*. Trad. port. 2. ed. São Paulo: Brasiliense, 1986. v. 1.

BENSAÏD, Daniel. *Marx, o intempestivo*. Rio de Janeiro: Civilização Brasileira, 1999.

BERLIN, Isaiah. *Pensadores russos*. Trad. port. São Paulo: Companhia das Letras, 1988.

BICCA, Luiz. *Marxismo e liberdade*. São Paulo: Edições Loyola, 1987.

BLOCH, Ernst. *Avicena y La Izquierda Aristotélica*. Trad. esp. Madrid: Editorial Ciencia Nueva, 1966.

BLOCH, Ernst. *El Pensamiento de Hegel*. Trad. esp. México: Fondo de Cultura Económica, 1949.

BLOCH, Ernst. *L'Esprit de L'Utopie*. Trad. francesa. Paris: Gallimard, 1977.

BLOCH, Ernst. *La Philosophie de La Renaissance*. Trad. francesa. Paris: Petite Bibliothéque Payot, 1974.

BLOCH, Ernst. *O princípio esperança*. Trad. port. 3 vols., Rio de Janeiro: Contraponto/EUERJ, 2005, 2006.

BLOCH, Ernst. *Thomas Münzer, teólogo da revolução*. Trad. port. Rio de Janeiro: Tempo Brasileiro, 1973.

BLOCH, Marc. *A sociedade feudal*. Lisboa: Edições 70, 1979.

BÖHM-BAWERK, E. La conclusión del sistema de Marx. *In: Economia Burguesa y Economia Socialista*. Trad. esp., Buenos Aires, Cuadernos Pasado y Presente, n. 49, 1974.

BORNHEIM, Gerd. Reflexões sobre o Meio Ambiente: Tecnologia e Política. *In*: STEIN, Ernildo; BONI, Luis de A. de (Orgs.). *Dialética e liberdade*. Festschift em homenagem a Carlos Roberto Cirne Lima. Porto Alegre: EUFRGS; Petrópolis: Vozes, 1993.

BORGES NETO, João Machado. O Sistema Único Temporal: uma nova abordagem da transformação dos valores em preços de produção. *In: Revista ANPEC*, Brasília, n. 3, ago. 1997, (1998).

BORTKIEWICZ, Ladislaus von. Contribuición a una retificación de los fundamentos de la construcción teórica de Marx en el volumen III de El Capital. *In: Economia Burguesa y Economia Socialista, op. cit.*

BOURETZ, Pierre. Ernst Bloch (1885-1977). Uma Hermenêutica da Espera. *In*: BOURETZ, Pierre. *Testemunhas do futuro*. Trad. port. São Paulo: Perspectiva, 2011.

BRAUDEL, Fernand. *Civilização material, economia e capitalismo*, tomo II. Lisboa: Cosmos, 1985.

BRENDEL, Cajo. "Introducción" a PANNEKOEK, Anton. *Una Nueva Forma de Marxismo*. Trad. esp. Madrid/Bilbao: Edit. Zero, 1978.

BRENNER, Robert. *O boom e a bolha*. Trad. port. Rio de Janeiro/São Paulo: Record, 2003.

BURCKHARDT, Jacob. *O renascimento italiano*. Trad. port. Lisboa: Editorial Presença, 1973.

CARPEAUX, Otto Maria. Dostoievsky no mundo dos Karamázovi. *In*: DOSTOIEVSKY, F. M. *Os irmãos Karamázovi*. Trad. port. Rio de Janeiro: José Olympio, 1952. v. 1.

CASSIRER, Ernst. *Filosofia de las Formas Simbólicas*. 2. ed. México: F.C.E., 1988. v. 1

CASSIRER, Ernst. *El Problema del Conocimiento*. Trad. esp. México/Buenos Aires: Fondo de Cultura Económica, 1956. v. II.

CASTORIADIS, Cornelius. *Revolução e autonomia*. Belo Horizonte: COPEC, 1981.

CASTORIADIS, Cornelius. *A instituição imaginária da sociedade*. 2. ed. Rio de Janeiro: Paz e Terra, 1986.

CASTRO, José Olegário Ribeiro de. *História e Teoria Política: ensaios*. Belo Horizonte: Interlivros, 1977. cap. IV.

CERQUEIRA, Hugo Eduardo da Gama. *Filosofia moral. Economia Política na obra de Adam Smith*. Teses de doutorado: FAFICH, UFMG, 2005.

CLASTRES, Pierre. *A Sociedade contra o Estado*. 2. ed. Rio de Janeiro: Francisco Alves, 1982b.

CLASTRES, Pierre. *Arqueologia da violência*. São Paulo: Brasiliense, 1982.

CLAUDÍN, Fernando. *A oposição no "socialismo real". União Soviética, Hungria, Polônia, Tcheco-Eslováquia*. Trad. port. São Paulo: Editora Marco Zero, 1983.

COHN, Gabriel. *Crítica e resignação*. São Paulo: T. A. Queiroz, Editor, 1979.

COULANGES, Fustel de. *A cidade antiga*. Trad. port. 6. ed., 2 vols. Lisboa: Livraria Clássica, 1945.

COUTINHO, Maurício. *Marx: Notas sobre a Teoria do Capital*. São Paulo, Hucitec, 1997.

COUTINHO, Maurício. *Marx e a economia política clássica: trabalho e propriedade*. Campinas: Unicamp, 1992. Mimeo.

DEUTSCHER, Isaac. *A revolução inacabada: Rússia 1917-1967*. Trad. port. Rio de Janeiro: Civilização Brasileira, 1968.

DEUTSCHER, Isaac. *O profeta desarmado*. Trad. port., Rio de Janeiro, Civilização Brasileira, 1968a.

DEUTSCHER, Isaac. *O profeta armado*. Trad. port. Rio de Janeiro: Civilização Brasileira, 1968b.

DOBB, Maurice. *Teoria del valor y de la Distribuición desde Adam Smith*. Trad. esp. Buenos Aires: Siglo XXI, 1975.

DUAYER, Mario. *Apresentação a MARX, Karl. Grundrisse*. Trad. port. Rio de Janeiro: EUFRJ/Boitempo Editorial, 2011.

DÜCHTING, Hajo. *Wassily Kandinsky (1866-1944). A revolução da pintura*. Trad. port. Köln: Taschen, 1994.

DUMÉNIL, Gerard. *Le Concept De Loi Économique dans "Le Capital"*. Paris: Maspero, 1978.

EAGLETON, Terry. De onde vêm os pós-modernistas. *In*: WOOD, Ellen; FOSTER, John Bellamy (Org.) *Em defesa da História*. Rio de Janeiro: Zahar, 1999.

EISENSTEIN, S. M. *O Couraçado Potemkin* (Roteiro). Trad. port. São Paulo: Global, 1982.

ETTINGER, Elzbieta. *Rosa Luxemburg*. 2. ed. Trad. port. Rio de Janeiro: Jorge Zahar, 1996.

FAUSTO, Ruy. *Marx: lógica & política*. São Paulo: Brasiliense, 1987. Tomo II.

FERRATER MORA, José. *Diccionario de Filosofia*. 3. ed. Madrid, Alianza Editorial, 1981. v. 3 e 4.

FETSCHER, Iring. Evolución Histórica de las Ideologias Socialistas desde los orígenes históricos hasta Marx y Engels. *In:* FETSCHER, Iring (Org.) *Socialismo*. Trad. esp. Barcelona: Luis de Caralt, Editor, 1971.

FINLEY, Moses I. *El Mundo de Odiseo*. Trad. esp. México: Fondo de Cultura Económica, 1961.

FOSTER, John Bellamy. Marx e o Meio Ambiente. *In*: WOOD, Ellen; FOSTER, John Bellamy (Org.). *Em defesa da História*. Rio de Janeiro: Zahar, 1999.

FURLAN, Pierre et al. *Réification et Utopie. Ernst Bloch & György Lukács. Un Siècle Après*. Paris, Artes Sud., 1986.

FURTER, Pierre. *Dialética da esperança*. Rio de Janeiro: Paz e Terra, 1974.

GERAS, Norman. *A Actualidade de Rosa Luxemburg*. Trad. port. Lisboa: Afrontamento, 1978.

GINZBURG, Carlo. *Mitos, emblemas, sinais*. São Paulo: Companhia das Letras, 1990.

GOLDMANN, Lucien. *El hombre y lo absoluto*. 2. ed. Barcelona: Península, 1985.

GÓMEZ CAFFARENA, José; MAYER, Hans et al. *En Favor de Bloch*. Madrid: Taurus Ediciones, 1979.

GORTER, Herman; PANNEKOEK, Anton. *Contra El Nacionalismo, Contra El Imperialismo y La Guerra: Revolución Proletaria Mundial*. Trad. esp. Espanha: Ediciones Espartano Internacional, 2005.

GREBING, Helga. El Socialismo na Alemanha. *In*: FETSCHER, Iring (Org.) *Socialismo*. Trad. esp. Barcelona: Luis de Caralt, Editor, 1971.

GROSSMAN, Henryk. *La Ley de la Acumulación y del Derrumbe del Sistema Capitalista*. Trad. esp. México: Siglo XXI, 1979.

HABERMAS, Jürgen. Ernst Bloch: un Schelling Marxista. *In:* HABERMAS, Jürgen (Org.); FREITAG, Bárbara; ROUANET, Sérgio Paulo. São Paulo: Editora Ática, 180. Coleção Grandes Cientistas Sociais. Coordenador: Florestan Fernandes.

HABERMAS, Jürgen. Modernidad versus Postmodernidad. *In*: PICÓ, Josef (Org.). *Modernidad y Postmodernidad*. Trad. esp. Madrid: Alianza Editorial, 1988a.

HABERMAS, Jürgen. *Direito e democracia entre facticidade e validade*. Trad. port. 2. ed. Rio de Janeiro: Tempo Brasileiro, 2003.

HABERMAS, Jürgen. *Teoria de La Acción Comunicativa*. 2. ed. Trad. esp. Madrid: Taurus, 1988. 2 v.

HARTMANN, Nicolai. *A filosofia de idealismo alemão*. 2. ed. Trad. port. Lisboa: Fundação Calouste Gulbenkian, 1983.

HARVEY, David. *Condição pós-moderna*. São Paulo: Loyola, 1992.

HECKSCHER, Eli. *La Época Mercantilista*. Trad. esp. México: F.C.E., 1943.

HEGEL, G. W. F. *A fenomenologia do espírito*. Trad. port. São Paulo: Abril Cultural, 1974. Coleção Os Pensadores.

HEGEL, G. W. F. *Ciencia de la Lógica*. Trad. esp. 2. ed. Buenos Aires: Solar/Hachette, 1968.

HEGEL, G. W. F. *Enciclopédia das Ciências Filosóficas em Compêndio (1830). A Ciência da Lógica*. Trad. port. São Paulo: Edições Loyola, 1995. v. I.

HEGEL, G. W. F. *Fenomenologia do espírito*. (Parte I). Trad. port. Petrópolis: Vozes, 1992.

HEGEL, G. W. F. *Introdução à História da Filosofia*. 2. ed. Trad. port. Coimbra: Arménio Amado, Editor, Sucessor, 1961.

HEGEL, G. W. F. *Lecciones sobre la Historia de la Filosofía*. Trad. esp. 2. ed. México: Fondo de Cultura Económica, 1977. v. III.

HEGEL;. G. W. F. *Introdução à História da Filosofia*. Trad. port. São Paulo: Abril Cultural, 1974. Coleção Os Pensadores.

HILFERDING, Rudolf. La Crítica de Böhm Bawerk. *In: Economia Burguesa y Economia Socialista*, op. cit.

HIRST, Paul; THOMPSON, Grahame. *Globalização em questão*. Trad. port. Petrópolis: Vozes, 1998.

HOBSBAWM, Eric J. "O Princípio da Esperança". *In: Revolucionários*. Trad. port., Rio de Janeiro, Paz e Terra, 1982.

HOBSBAWM, Eric. *Os trabalhadores*. Trad. port. Rio de Janeiro: Paz e Terra, 1981.

HOMERO. *Odisseia*. Trad. port. 13. ed. São Paulo: Cultrix, 1997.

HUIZINGA, Johan. *O declínio da Idade Média*. Lisboa: Ulisséia, s.d.

Internacional Council Correspondance *in* KORSCH; MATTICK; PANNEKOEK; RUMLE/WAGNER. *La contra-révolution bureaucratique*. Trad. francesa. Paris: Unión Genérale D'Edition, 1973.

INWOOD, Michael. *Dicionário Hegel*. Trad. port. Rio de Janeiro: Jorge Zahar Editor, 1997.

JAEGER, Werner. *Paideia: los ideales de la cultura griega*. Trad. esp. México: F.C.E., 1957.

KAFKA, Franz. *Metamorfose*. 3. ed. Trad. port. Rio de Janeiro: Civilização Brasileira, 1969.

KANT, Immanuel. *Filosofía de La Historia*. 4. ed. México: F.C.E., 1992.

KORSCH, Heda. "Memoria de Karl Korsch" *in* KORSCH, Karl. *Que es la Socialización? Un Programa de Socialismo Practico*. Trad. esp., Buenos Aires, Cuadernos Pasado y Presente, n. 45, 1973.

KORSCH, Karl. *Marxismo y Filosofia*. Trad. esp., 2ª edição, México, Ediciones ERA, 1977. [Há tradução portuguesa desse texto: Rio de Janeiro, EUFRJ, 2008.

KOSIK, Karel. A crise do Homem Contemporâneo e o Socialismo. *In: Revista Civilização Brasileira*, Caderno Especial 3, Rio de Janeiro, 1968.

KOSIK, Karel. *Dialética do concreto*. Trad. port. 2. ed. Rio de Janeiro: Paz e Terra, 1976.

KOYRÉ, Alexandre. *Estudos de História do Pensamento Filosófico*. Trad. port. Rio de Janeiro: Forense Universitária, 1991.

KOYRÉ, Alexandre. *Estudos de História e do Pensamento Científico*. Trad. port. Rio de Janeiro: Forense Universitária/EUnB, 1982.

KOYRÉ, Alexandre. *Galileu e Platão*. Lisboa: Gradiva, s.d.

LALANDE, André. *Vocabulário Técnico y Crítico de La Filosofia*. Trad. esp. Buenos Aires: Libraria "El Ateneo" Editorial, 1953. Tomo II.

LANDES, David. *Riqueza e a pobreza das nações*. Trad. port. Rio de Janeiro: Campus, 1998.

LE GOFF, Jacques. *Por amor à cidade*. Trad. port. São Paulo: EUNESP, 1998.

LEFEBVRE, Henri. *De lo Rural a lo Urbano*. Trad. esp. 4. ed. Barcelona: Península, 1978.

LEFEBVRE, Henri. *Espacio y Politica. El Derecho a le Ciudad, II*. Trad. esp. Barcelona: Península, 1976.

LEFEBVRE, Henri. *Metafilosofia*. Trad. port. Rio de Janeiro: Civilização Brasileira, 1967.

LEFEBVRE, Henri. *Nietzsche*. 3. ed. México: F.C.E., 1993.

LEFEBVRE, Henri. *Revolução urbana*. 2. ed. Trad. port. Belo Horizonte: EUFMG, 2002.

LENIN, V.I. U. *La Enfermidad Infantil del "Izquerdismo" en El Communismo*. *In: Obras Escojidas*. Trad. esp. Moscou: Editorial Progreso, 1981. v. 3.

LENINE, V. I. U. *Cahiers Philosophiques*. Trad. francesa, Paris, Editions Sociales/Editions du Progrés-Moscou, 1973. [Há tradução desse texto para o português: Rio de Janeiro, EUFRJ, 2011].

LEPENIES, Wolf. *As três culturas*. Trad. port. São Paulo: EDUSP, 1996.

LIMA, João Heraldo; LEMOS, Maurício Borges. Uma nova contribuição para o debate sobre a demanda efetiva. *Revista de Economia Política*, n. 4, v. 2, abr./jun. 1984.

LIPOVETSKY, Gilles. *A era do vazio*. Lisboa: Antropos, 1989.

LOUREIRO, Isabel Maria. *Rosa Luxemburg. Os dilemas da ação revolucionária*. 2. ed. Trad. port. São Paulo: EUNESP/FPA, 2004.

LÖWY, Michael; BENSAÏD, Daniel. *Marxismo, modernidade e utopia*. São Paulo: Xamã, 2000.

LÖWY, Michael. De Marx ao ecossocialismo. *In:* SADER, Emir; GENTILI, Pablo (Org.). *Pós-neoliberalismo II*. Petrópolis: Vozes/Clacso, 2000.

LÖWY, Michael. *Redenção e utopia*. Trad. port. São Paulo: Companhia das Letras, 1989.

LUKÁCS, Georg. *Conversando com Lukács*. Trad. port. Rio de Janeiro: Paz e Terra, 1969.

LUKÁCS, Georg. Karl Marx y Friedrich Theodor Vischer. *In: Aportaciones a le Historia de la Estética*. Trad. esp. México: Grijalbo, 1966.

LUKÁCS, Georges. *Brève Histoire de la Literature Allemande*. Trad. francesa. Paris: Nagel, s.d.

LUKÁCS, Georges. *Goethe et son Époque*. Trad. francesa. Paris: Nagel, 1972.

LUKÁCS, György. *A falsa e a verdadeira ontologia de Hegel*. Trad. port. São Paulo: Livraria Editora Ciências Humanas, 1979.

LUXEMBURGO, Rosa. *Greve de massas, partido e sindicatos (1906)*. Trad. port. São Paulo: Kairós, 1979.

LUXEMBURGO, Rosa. *Reforma ou revolução?* Trad. port. 3. ed. Lisboa: Estampa, 1974.

LYOTARD, Jean-François. *A condição pós-moderna*. 2. ed. Lisboa: Gradiva, 1989.

MACHADO, Carlos Eduardo Jordão. *Um capítulo da história da modernidade estética: debate sobre o Expressionismo*. São Paulo: EUNESP, 1998.

MANDEL, Ernest. *A formação do pensamento econômico de Karl Marx*. Rio de Janeiro: Zahar, 1968.

MAQUIAVEL, Nicolau. *História de Florença*. Trad. port. São Paulo: Musa, 1995.

MAQUIAVEL, Nicolau. *O príncipe*. Portugal: Europa-América, 1972.

MARX, Karl; ENGELS, Friedrich. *Works*. Trad. ingl. Londres: New York/Moscou, Lawrence & Wishort Ltd. / International Publishers Co. Inc. / Progress Publishers, 1975. v. 1.

MARX, Karl. Glosas Marginales al "Tratado de economia política" de Adolph Wagner. *In*: DOBB, Maurice et al. *Estudios sobre el capital I*. Trad. esp. México: Siglo XXI, 1977.

MARX, Karl. *Los Fundamentos de la Crítica de la Economia Política* (GRUNDRISSE...) Trad. esp. Madrid: Alberto Corazón Editor, 1972. v. 1.

MARX, Karl. *O Capital*. Trad. port. Rio de Janeiro: Civilização Brasileira, livros I, II e III, 1968, 1970 e 1974.

MARX, Karl. *Contribuição à crítica da economia política*. Trad. port. São Paulo: Abril Cultural, 1974a. Coleção Os Pensadores.

MARX, Karl. *Cuadernos de Paris (Notas de Lectura de 1844)*. Trad. esp. México: Ediciones ERA, 1974.

MARX, Karl. *El Capital*. Libro I, cap. VI (inédito). Trad. esp. 2. ed. Buenos Aires: Siglo XXI, 1972.

MARX, Karl. *Grundrisse*. Trad. port. Rio de Janeiro: EUFRJ/Boitempo Editorial, 2011.

MARX, Karl. *Introducción General a la crítica da Economia Política/1857*. 6. ed. Trad. esp. *Cuadernos Pásado y Presente*, Córdoba, n. 1, 1972.

MARX, Karl. *Manuscrits de 1861-1863*. (Cahriers I a V). Trad. francesa. Paris: Edition Sociales, 1979.

MARX, Karl. *Para a crítica da economia política*. Manuscrito de 1861-1863/Cadernos I a V. Terceiro capítulo: O Capital em geral. Trad. port. Belo Horizonte: Autêntica Editora, 2010.

MARX, Karl. *Teorias sobre la Plusvalía*. Trad. esp. México: Fondo de Cultura Económica, 1980. Tomo III.

MARX, Karl; ENGELS, Friedrich. *Cartas sobre El Capital*. Trad. esp. Barcelona: Editorial Laia, 1974.

MATTICK, Paul. Anton Pannekoek (1873-1960). *In*: PANNEKOEK, Anton. *Lenin Filósofo*. Trad. esp. *Cuadernos Pasado y Presente*, Buenos Aires, n. 42, 1973.

MATTICK, Paul. *Integração capitalista e ruptura operária*. Trad. port. Porto: A Regra do Jogo, 1977.

MEEK, Ronald. *Economia e ideologia*. Trad. port. Rio de Janeiro: Zahar Editores, 1971.

MERLEAU-PONTY, Maurice. *As aventuras da Dialética*. Trad. port. São Paulo: Martins Fontes, 2006.

MERQUIOR, José Guilherme. Ernest Gellner e as liberalizações políticas. *In: GELLNER na UnB*. Brasília: EUnB, 1981.

MILL, John Stuart. *Princípios de economia política*. Trad. esp. México: Fondo de Cultura Económica, 1943.

MÜLLER, Marcos Lutz. Exposição e método dialético em "O Capital". *In: Boletim SEAF*, n. 2, *MARX*, Belo Horizonte: SEAF, 1982.

MÜLLER, Marcos. "Prefácio" a GRESPAN, Jorge Luis da Silva. *O negativo do capital*. São Paulo, FAPESP/Editora HUCITEC, 1998.

MUMFORD, Lewis. *A cidade na História*. Trad. port. Belo Horizonte: Itatiaia, 1965, 2 v.

MÜNSTER, Arno. *Ernst Bloch. Filosofia da praxis e utopia concreta*. São Paulo: EUNESP, 1993.

MÜNSTER, Arno. *Utopia, messianismo e apocalipse nas primeiras obras de Ernst Bloch*.Trad. port. São Paulo: EUNESP, 1997.

MURATORE, Giorgio. *La Ciudad Renascentista*. Trad. esp. Madrid: Instituto de Estudios de Administración Local, 1980.

NEGT, Oskar. Espaço público e experiência. *In*: PALLAMIN, Vera (Org.). *Cidade e cultura*. São Paulo: Estação Liberdade, 2002.

NOVALIS (Georg Philipp Friedrich von Hardenberg). *Escritos Esgogidos*. Trad. esp. Madrid: Visor Madrid, 1984.

PANNEKOEK, Anton. *Escritos sobre los Consejos obreros*. Trad. esp. Madrid/ Bilbao: Editora Zero, 1975.

PANNEKOEK, Anton. *Una Nueva Forma de Marxismo*. Trad. esp. Madrid/Bilbao: Editora Zero, 1978.

PASTERNAK, Boris. *O ano de 1905*. Trad. port. São Paulo: Edil, s.d.

PAULA, João Antonio de. A dialética valores e preços. *In: Revista de Economia Política*, São Paulo, n. 80, v. 20, 4 out./dez. 2000.

PAULA, João Antonio de. O Outubro de Marx. *In: Revista Nova Economia*, v. 18, n. 2, maio/ago. 2008.

PENROSE, Roland. *Miró*. Trad. port. Lisboa: Editorial Verso, 1972.

PESSANHA, José Américo Motta. As delícias do Jardim. *In*: NOVAES, Adauto (Org.). *Ética*. 4. ed. São Paulo: Companhia das Letras, 1996.

PESSANHA, José Américo Motta. Marx e os Atomistas Gregos. *In*: MARX, Karl. *Diferença entre as filosofias da natureza em Demócrito e Epicuro*. Trad. port. São Paulo: Global Editora, s.d.

PESSANHA, José Américo Motta. *Introdução à vida e obra de Epicuro*. São Paulo: Abril Cultural, 1980. Coleção Os Pensadores.

PICÓ, Josep. Introducción. *In*: PICÓ, Josep (Org.). *Modernidad y Pos modernidad*. Madrid: Alianza, 1988.

PIRENNE, Henri. *As cidades da Idade Média*. 3. ed. Lisboa: Europa/América, 1973.

POLANYI, Karl et al. (Org.). *Comércio y Mercado en los Imperios Antiguos*. Barcelona: Labor, 1976.

POLANYI, Karl. *A grande transformação*. Trad. port. Rio de Janeiro: Campus, 1980.

POSSAS, Mário Luiz. O projeto teórico da Escola da Regulação. *Novos Estudos CEBRAP*, São Paulo, n. 21, jul. 1988.

POSSAS, Silvia. *Concorrência e competitividade*. São Paulo: Hucitec, 1999.

PREOBRAJENSKY, E. *A nova econômica*. Trad. port. Rio de Janeiro: Paz e Terra, 1979.

PRIGOGINE, Ilya. *O movimento do tempo*. Lisboa: Edição 70, 1990.

RANCIÉRE, Jacques. *En los bordes de lo político*. Trad. esp. 2. ed. Buenos Aires: La Cebra, 2011.

RIESER, Vittorio. La "aparencia" del capitalismo en el análisis de Marx. *In*: DOBB, Maurice et al. *Estudos sobre El Capital I, op. cit.*

ROLL, Eric. *História das doutrinas econômicas*. 3. ed. São Paulo: Cia. Editora Nacional, 1973.

ROSDOLSKY, Roman. La. *In: Leyendo El Capital*. Trad. esp. Madrid: Fundamentos, 1972.

ROSDOLSKY, Roman. *Genesis y Estructura de "El Capital" de Marx*. Trad. esp. México: Siglo XXI, 1978.

ROSDOLSKY, Roman. *Gênese e estrutura de "O Capital" de Karl Marx*. Trad. port. Rio de Janeiro: EDEUERJ/Contraponto, 2001.

ROWTHORN, Bob. Neoclassicismo, neo-ricardianismo e marxismo. *In: Capitalismo, conflito e inflação*. Trad. port. Rio de Janeiro: Zahar Editores, 1972.

RUBEL, Maximilien. *Karl Marx. Ensayo de Biografia Intelectual*. Trad. esp. Buenos Aires: Paidós, 1970.

RUBIN, Isaak I. Ensayos sobre la Teoria Marxista del Valor. Trad. esp. *Cuadernos pasado y presente*, Buenos Aires, n. 53, 1974.

SALVADORI, Massimo. A social-democracia alemã e a Revolução Russa de 1905. O debate sobre a greve de massas e sobre as "diferenças" entre Oriente e Ocidente. *In*: HOBSBAWM, Eric. *História do Marxismo*. 2ª parte. Trad. port. Rio de Janeiro: Paz e Terra, 1984. v. 3.

SÁNCHEZ VÁZQUEZ, Adolfo. Prólogo a KORSCH, Karl. *Marxismo y Filosofia. Op. cit.*

SANTOS, Boaventura de Souza. *Pela mão de Alice*. 6. ed. São Paulo: Cortez, 1999.

SANTOS, Milton. *Por uma outra globalização*. 4. ed. Rio de Janeiro: Record, 2000.

SCHLEGEL, Friedrich. *Poesía y Filosofía*. Trad. esp. Madrid: Alianza Editorial, 1994.

SERENI, Emilio. La categoria de "formación económico-social". *In:* LUPO RINI, Cesare e outros. *El concepto de "Formación Económico-Social*. Buenos Aires: Siglo XXI, *Cuadernos Pasado y Presente*, n. 39, 1973.

SERRA, Francisco. *História, Política y Derecho en Ernst Bloch*. Madrid: Editorial Trotta, 1998.

SKINNER, Quentin. *As fundações do pensamento político moderno*. Trad. port. São Paulo: Companhia das Letras, 1996.

SUBIRATS, Eduardo (Org.). *Karl Korsch e El Movimiento de una Nueva Época*. Trad. esp. Barcelona: Editorial Anagrama, 1973.

SUZUKI, Márcio. *O gênio romântico. Crítica e História da Filosofia em Fridriech Schlegel*. São Paulo: FAPESP/Iluminuras, 1998.

TROTSKY, Leon. *A história da Revolução Russa*. Trad. port. Rio de Janeiro: Saga, 1967. v. 1.

VAZ, Henrique Cláudio de Lima. Notas à fenomenologia do espírito. *In:* HEGEL, G. W. F. *op. cit.*, 1974.

VAZ, Henrique C. de Lima. *Escritos de Filosofia II. Ética e cultura*. São Paulo: Edições Loyola, 1988.

VAZ, Henrique C. de Lima. *Escritos de Filosofia VII. Raízes da modernidade*. São Paulo: Edições Loyola, 2002.

VAZ, Henrique Cláudio de Lima. "Apresentação" à HEGEL, G. W. F. *Fenomenologia do espírito*. (Parte I). Trad. port. Petrópolis: Vozes, 1992.

VEDDA, Miguel. *La sugestión de ló concreto. Estudios sobre Teoria Literaria Marxista*. Buenos Aires: Editorial Gorla, 2006.

VILLEGAS, M. Francisco Gil. *Los Profetas y el Mesias*. México: Colégio de México/Fondo de Cultura Económica, 1996.

WEBER, Marianne. *Biografia de Max Weber*. Trad. esp. México: Fondo de Cultura Econômica, 1995.

WÖLFFLIN, H. *Conceptos fundamentales en la historia de arte*. 7 ed. Madrid: Espasa-Calpe, 1979.

WOOD, Ellen Meiksins. *A origem do Capitalismo*. Trad. port. Rio de Janeiro: Jorge Zahar, 2001.

ZECCHI, Stefano. *Utopia y Esperanza en el Comunismo*. Trad. esp. Barcelona: Ediciones Península, 1978.

Este livro foi composto com tipografia Minion Pro e impresso em papel Pólen Soft 80 g/m² na Paulinelli Serviços Gráficos.